EL NACIMIENTO CRISTIANO NORMAL

*Cómo dar a los nuevos creyentes
un inicio correcto en la vida*

DAVID PAWSON

Copyright © 2023 David Pawson Ministerio CIO

El derecho de David Pawson a ser identificado como autor de esta obra ha sido ejercido por él de conformidad con la Ley de Derechos de Autor, Diseños y Patentes de 1988.

Publicado por primera vez en 2013
Esta edición publicada en Gran Bretaña en 2023 por
Anchor que es un nombre comercial de David Pawson Publishing Ltd
Synegis House, 21 Crockhamwell Road, Woodley, Reading RG5 3LE

Ninguna parte de esta publicación puede ser reproducida o transmitida de ninguna forma o por ningún medio, electrónico o mecánico, incluidas fotocopias, grabaciones o cualquier sistema de almacenamiento y recuperación de información, sin el permiso previo por escrito del editor.

A menos que se indique lo contrario, las citas bíblicas son tomadas de La Santa Biblia, Nueva Versión Internacional® NVI® © 1999 by Biblica, Inc.® Usada con permiso. Todos los derechos reservados en todo el mundo.

Otras versiones bíblicas usadas e indicadas: (RVR60) Reina-Valera © 1960 Sociedades Bíblicas en América Latina; © renovado 1988 Sociedades Bíblicas Unidas. (LBLA) La Biblia de las Américas®, © 1986, 1995, 1997 by The Lockman Foundation. (NBLH) Nueva Biblia Latinoamericana de Hoy® © 2005 by The Lockman Foundation. (DHH) Dios Habla Hoy®, Tercera edición © Sociedades Bíblicas Unidas, 1966, 1970, 1979, 1983, 1996. (NTV) Santa Biblia, Nueva Traducción Viviente, © Tyndale House Foundation, 2010.

Traducido por Alejandro Field
Revisado por María Alejandra Ayanegui Alcérreca

Para más información sobre las enseñanzas de David Pawson, incluidos DVD y CD, visite www.davidpawson.com

PARA DESCARGAS GRATUITAS, vaya a www.davidpawson.org

Para más información, envíe un correo electrónico a contact@davidpawsonpublishing.com

ISBN 978-1-913472-77-1

Impreso por Ingram Spark

"Pero la puerta es angosta —contraída por la presión— y estrecho y comprimido es el camino que conduce hacia la vida, y pocos son los que la hallan". (Mt 7:14, traducción de la versión inglesa Amplified Bible)

"Respondió Jesús: De cierto, de cierto te digo, que el que no naciere de agua y de Espíritu, no puede entrar en el Reino de Dios". (Jn 3:5, Biblia Jubileo 2000)

"Pedro contestó: —Cada uno de ustedes debe arrepentirse de sus pecados y volver a Dios, y ser bautizado en el nombre de Jesucristo para el perdón de sus pecados. Entonces recibirán el regalo del Espíritu Santo". (Hch 2:38, Nueva Traducción Viviente)

ÍNDICE

PRÓLOGO: Unas palabras para las parteras　7

PRIMERA PARTE:
EL PARTO NORMAL DE AYER – La dimensión teológica　13

1　Cuatro puertas espirituales　15
2　Arrepentirse de sus pecados hacia Dios　29
3　Creer en el Señor Jesús　38
4　Ser bautizado en agua　51
5　Recibir el Espíritu Santo　65
6　Nacido de nuevo　89

SEGUNDA PARTE:
LOS PASAJES "DIFÍCILES" – La dimensión bíblica　103

7　La gran comisión　104
8　La posdata de Marcos　111
9　El ladrón moribundo　114
10　El segundo nacimiento　119
11　Los ríos de agua viva　128
12　El extraño conocido　133
13　Los primeros once　138
14　El día cincuenta　146
15　Los tres mil　157
16　Los conversos samaritanos　167
17　El eunuco etíope　175
18　El centurión romano　178
19　Las casas enteras　186
20　Los discípulos efesios　195

21 La prueba de fuego	208
22 La familia santa	217
23 El cuerpo desarticulado	220
24 Los muertos bautizados	231
25 La nueva circuncisión	235
26 El baño regenerador	243
27 Las enseñanzas elementales	247
28 La fe que obra	255
29 El diluvio salvador	260
30 La puerta cerrada	267

TERCERA PARTE:
LA TÍPICA DECISIÓN DE HOY – La dimensión pastoral 273

31 Una decisión estándar	274
32 Cómo ayudar a los discípulos a arrepentirse	283
33 Cómo ayudar a los discípulos a creer	294
34 Cómo ayudar a los discípulos a ser bautizados	302
35 Cómo ayudar a los discípulos a recibir	309
36 Por fin salvos	321

EPÍLOGO:
Una palabra para la familia	331

APÉNDICES
1	El bautismo de infantes	337
2	"Espíritu" sin el artículo definido	352
3	¿Trinidad o Triteísmo?	358

PRÓLOGO:
UNAS PALABRAS PARA LAS PARTERAS

Este es un manual sobre obstetricia espiritual. No es solo para evangelistas, si bien tiene mucho que ver con su ministerio. Es para pastores, líderes juveniles, obreros de la iglesia y, por cierto, para todos los cristianos que anhelan ganar a otros para Cristo, todos aquellos que en algún momento se encuentren "asistiendo" cuando una persona "nace de nuevo".

En esencia, este libro trata sobre cómo llegar a ser un "cristiano". Surge de una carga por una mejor calidad de la "conversión" (además de una mayor cantidad, que todos deseamos ver).

El nacimiento afecta la vida. Es lo que ocurre con el nacimiento físico. Un buen "parto", rápido, limpio y sin complicaciones, produce un bebé sano. Un nacimiento prolongado, doloroso y complicado puede tener efectos perjudiciales, tanto fisiológicos como psicológicos, produciendo una salud deficiente y un desarrollo lento.

Ocurre exactamente lo mismo con el nacimiento espiritual. Muchos "cristianos", incluyéndome a mí, hemos tenido malos partos. Completar la iniciación llevó años, o permaneció trunca. En muchos casos, ha quedado sin cortar el cordón umbilical hacia el pasado. Algunos nunca han sido lavados. ¡Otros nunca tuvieron una imposición de manos para que inspiraran y clamaran! Algunos están apenas vivos o fueron abandonados rápidamente (como ocurrió con el pueblo de Israel, según Ez 15:4-5).

Existe un vacío notable en la literatura sobre este tema. Por un lado, hay muchos libritos para entregar a los "interesados", que explican cómo responder al evangelio. La mayoría de éstos, como veremos, han simplificado demasiado el procedimiento, produciendo distorsión y desorientación, basados por lo general en interpretaciones erróneas de dos textos aislados, Juan 1:12 y Apocalipsis 3:20 (ver capítulos 5 y 30). La típica "oración del pecador" es peligrosamente inadecuada (ver capítulo 31).

Por otro lado, los últimos años han visto un aluvión

de volúmenes eruditos sobre el "complejo de iniciación" escritos por estudiosos para estudiosos (los nombres de Frederick Dale Bruner, James D. G. Dunn y George R. Beasley-Murray saltan a la mente). El desafío de integrar las perspectivas sacramentales o pentecostales con el punto de vista evangélico tradicional ha estimulado estas publicaciones. Si bien comparto el objetivo, ¡he llegado a mis propias conclusiones acerca de la mezcla!

Entre las necesidades del interesado y el erudito queda un vacío que este libro busca llenar. Es un estudio serio para quienes están dispuestos a sentarse con una Biblia abierta y una mente abierta, que no temen entrar en territorios inexplorados y aman a Dios con toda su mente. No es un tratado académico, no requiere ningún conocimiento de griego o hebreo (si bien se mencionarán y explicarán algunos puntos relacionados), contiene pocas referencias a otras obras (aunque un lector perspicaz se dará cuenta de que muchas han sido estudiadas durante la preparación de este volumen) y requiere una inteligencia media para comprender los temas concretos. Sin embargo, será esencial una disposición para *des*aprender, ya que muchas premisas tradicionales serán cuestionadas.

Tengo una preocupación especial por ver fluir juntas la corriente "evangélica" y la "pentecostal". Estos son los dos puntos de mayor crecimiento en la escena cristiana, y (según algunas encuestas estadísticas) su integración suele quintuplicar la eficacia evangelística. No obstante, las relaciones actuales entre ambas parecen estar basadas en una tolerancia comprensiva más que en una verdad compartida. Aunque hoy existe mucho menos discrepancia o incomodidad acerca de los "dones del Espíritu", sigue habiendo un gran abismo cuando se trata del "bautismo del Espíritu", que tiene una relación más directa con nuestro tema.

Los lectores que quieran conocer lo peor rápidamente sacarán provecho de un resumen de los principales desafíos en estas páginas (¡si bien los aliento a no desechar el todo porque discrepan con sus partes!).

A la tradición evangélica se le pide que reconsidere su suposición de que "creer en Jesús" y "recibir el Espíritu"

PRÓLOGO

son sinónimos y simultáneos (agrupados por lo general en la frase "recibir a Jesús"). A la tradición pentecostal se le pide que reconsidere su suposición de que "recibir el Espíritu" y ser "bautizado en el Espíritu" *no* son sinónimos o simultáneos (con la idea de que lo segundo es alguna especie de "segunda" etapa o bendición). A ambas corrientes se les pide que reconsideren sus suposiciones de que el bautismo en agua es un acto más simbólico que sacramental (el temor a la "regeneración bautismal" puede volverse irracional y antibíblico).

La postura que he asumido está a mitad de camino entre la evangélica y la pentecostal. ¡Esto podría reducirse a contrariar a ambos y terminar en tierra de nadie! O podría verse como un auténtico punto de encuentro donde pueda producirse una amalgama auténticamente bíblica.

En síntesis, yo creo que "el nacimiento cristiano normal" consiste de un verdadero arrepentimiento y una auténtica fe, expresados y efectuados en el bautismo en agua, con una recepción consciente de la persona del Espíritu con poder. Esta visión de la "iniciación" se desarrolla en tres dimensiones:

Teológica. La primera sección comprende una exposición de todo el proceso, seguida por un análisis de sus cuatro elementos, y concluye con un capítulo que lo relaciona todo con la doctrina de la regeneración.

Bíblica. Por lo general, un estudio de las escrituras pertinentes debería preceder cualquier declaración de sus conclusiones. Si bien esta sección del libro fue escrita en realidad en primer lugar (y algunos estudiantes entusiastas de la Biblia bien podrían comenzar por aquí), ¡ha sido colocada en segundo lugar para que los lectores puedan ver el bosque antes de examinar los árboles! Los pasajes han sido escogidos para un estudio detallado porque son cruciales o controversiales. No es necesario (y tal vez no sea provechoso) estudiar cada uno de ellos en una primera lectura. Pero se alienta al lector a considerar los capítulos 9, 10, 13, 16, 20, 21, 23, 27 y 30, que son fundamentales para toda la presentación. Sin duda, ¡cada lector tendrá su propio texto de prueba también!

Pastoral. ¡La tentación de avanzar presurosos hacia la aplicación práctica debe ser resistida! Intentar aplicar toda esta enseñanza antes que el Espíritu lo convenza de que es fiel a la Biblia podría ser desastroso. Por desgracia, una era pragmática está más interesada en la pregunta "¿Funciona?" que en la pregunta más importante: "¿Es correcto?". Los cristianos pragmáticos preguntan: "¿Es bendecido?" en vez de "¿Es bíblico?". Un auténtico discípulo aprende a comprender primero los principios, antes de ponerlos en práctica. ¡Es moralmente incorrecto usar a los seres humanos como conejillos de indias! No obstante, espero que este estudio hará más que cambiar opiniones; de ahí que la última sección esté llena de sugerencias y consejos prácticos para el "ganador de almas".

Los Apéndices cubren algunos temas especializados que no son esenciales para el argumento principal, pero que serán de interés y de preocupación para algunos lectores. He tenido que ser completamente sincero al afirmar mi convicción de que el bautismo de infantes no puede ser integrado a la visión de nacimiento espiritual presentada aquí. Espero que quien encuentre esto ofensivo no descarte todo el libro por este motivo, sino que igual encuentre mucho que lo ayude en su ministerio. Con relación al artículo definido ("el"), no soy el primero en notar su ausencia conspicua en muchas afirmaciones del Nuevo Testamento acerca del Espíritu Santo (como en "bautizado en Espíritu Santo," "lleno de Espíritu" y "¿Recibieron ustedes Espíritu?"). Si bien, junto con otros, encuentro que este uso tiene una importancia teológica además de gramatical, mi argumento principal no se apoya en este punto; de ahí su relegación a un apéndice. No obstante, brinda una confirmación interesante de mi tesis de que recibir (el) Espíritu es una experiencia consciente con evidencia audible.

Como ocurre con todo escrito serio, este libro llevó muchos años de elaboración. Fue martillado en los yunques gemelos del estudio bíblico y el cuidado pastoral. La tesis básica fue publicada por primera vez en 1977, en mi libro *Truth to Tell* (Hodder & Stoughton), cuyo capítulo 9 ("Got

PRÓLOGO

a conversion complex?")[1] contiene la esencia de este libro. Prometí allí brindar un "tratamiento más profundo y detallado en el futuro". Esa promesa, que me recordó mi esposa, queda cumplida ahora en este libro. El material presentado aquí ha sido refinado por su uso en seminarios para líderes de iglesias de muchas denominaciones en éste y otros países.

Quiero dedicar este libro a una gran cantidad de amigos que comparten mi convicción de que lo "evangélico" y lo "carismático" van de la mano. A Gordon Bailey, John Barr, Alex Buchanan, Clive Calver (que me invitó a proclamar este mensaje en una gira de Juventud para Cristo de veintiún ciudades denominada "Let God speak")[2], Michael Cassidy, Gerald Coates, Michael Cole, Barney Coombs, Derek Copley, Nick Cuthbert, Don Double, Bryan Gilbert, Bob Gordon, Jim Graham (mi sucesor en Gold Hill, Chalfont St Peter), Ian Grant, Lynn Green, Michael Green, Michael Griffiths, Chris Hill, Graham Kendrick, Cecil Kerr, Gilbert Kirby, Douglas McBain, David McInnes, Brian Mills, John Noble, Ian Petit, Derek Prince, Ian Smale ("Ishmael"), Colin Urquhart, Terry Virgo, Philip Vogel, Rob White, y tantos más que han buscado, a su manera, una síntesis de la experiencia carismática del Espíritu con la exégesis evangélica de la Biblia, y que por su afecto personal me han estimulado a "ir y hacer lo mismo". Casi no es necesario agregar que ninguno de ellos debe ser responsabilizado por los puntos de vista expresados aquí (¡deseo mantener su amistad!).

Por último, pero de ninguna forma menos importante, quiero mencionar a mi esposa, quien me dio la valentía y el café para perseverar, creyendo que sería tal vez lo más significativo que haga jamás en mi ministerio. Ella asumió humildemente el papel de "su lector promedio" y ha estudiado cada capítulo con cuidado desde esa perspectiva. Sin su apoyo, este libro no se hubiera escrito.

Sherborne St. John

---

[1] En español, *Una verdad que contar*; capítulo 9: *¿Tienes un complejo de conversión?*
[2] En español, *Deja que hable Dios*.

Primera Parte

EL PARTO NORMAL DE AYER
La dimensión teológica

1. CUATRO PUERTAS ESPIRITUALES

La tesis de este libro puede enunciarse de manera sencilla: *la iniciación cristiana es un compuesto de cuatro elementos: arrepentirse hacia Dios, creer en el Señor Jesucristo, ser bautizado en agua y recibir el Espíritu Santo.* Cada uno de estos elementos es bastante diferente de los demás. Todos son esenciales para entrar en el reino de Dios. No son mutuamente excluyentes, pero son plenamente complementarios y, juntos, constituyen el proceso de "convertirse en cristiano". Pueden ocurrir muy cerca el uno del otro o a lo largo de un período de tiempo. Lo más importante es que se completen, y no que coincidan.

UN ENFOQUE EQUILIBRADO

Dado que cada uno de los cuatro elementos es necesario, es un ejercicio inútil clasificarlos en importancia. Sin embargo, diferentes corrientes de la vida eclesiástica han tendido a enfatizar uno, a veces a costa de los demás. El pensamiento *liberal* se ha concentrado en el arrepentimiento, sobre todo en términos de cambios radicales de actitudes y estilos de vida, si bien en años recientes el énfasis ha estado en la injusticia social por encima de la inmoralidad personal. El pensamiento *evangélico* ha centrado su mayor atención en la fe, en especial en sus aspectos individuales e interiores, si bien a veces resaltando la verdad doctrinal por encima de la confianza personal. El pensamiento *sacramental* ha enfatizado el bautismo en agua, si bien por lo general ha sentido la necesidad de agregar un rito de "confirmación" cuando los bautizados han sido bebés (en lugar de creyentes). El pensamiento *pentecostal* ha redescubierto el bautismo en el Espíritu, si bien lo ha considerado una experiencia posterior más que una parte integral de la iniciación.

Creo que estas cuatro corrientes tienen razón en lo que afirman, pero se equivocan en lo que tienden a menospreciar, ignorar o aun negar. Intentaremos sintetizar lo mejor de cada punto de vista, pero no como una iniciativa ecuménica; se trata más de una exégesis bíblica que podría proveer una base para la verdadera integración, basada en la corrección sincera más que la concesión insincera. Las cuatro hebras aparecen entretejidas en el Nuevo Testamento. La iniciación cristiana se entiende ahí como una combinación de reforma ética, relación eterna, rito externo y renovación existencial.

La esencia de una herejía consiste en tomar parte de la verdad y convertirla en el todo. A menudo la verdad bíblica completa sobre un tema solo se entiende cuando se mantienen juntos aspectos diferentes, aun dispares, en la tensión adecuada. Por ejemplo, este libro debe especializarse inevitablemente en los aspectos *humanos* del nuevo nacimiento —en la necesidad de arrepentirse, ser bautizado y recibir el Espíritu, además de la necesidad de "creer en el Señor Jesús"—, lo que hará que algunos lectores se pregunten si esto es compatible con el principio de la Reforma de la "justificación *solo* por la fe".

Hay dos convicciones que subyacen cada afirmación de este libro que, por lo tanto, deben ser enunciadas de manera categórica desde el principio:

Primero, que la obra terminada de Cristo en la cruz es *objetivamente suficiente*, en y por sí misma, para salvar al *mundo* del pecado. No hay nada que se le pueda o deba agregar. Mediante su muerte, sepultura y resurrección, él ha llevado a cabo todo lo que debía hacerse "por nosotros los hombres y por nuestra salvación". Ha hecho expiación por el pecado y nos ha reconciliado con el Padre. Estamos suponiendo que todo esto ya ha sido aclarado perfectamente con la persona que desea ser salvada.

Segundo, su obra completada no es *subjetivamente eficiente*, en el sentido de salvar a cualquier *individuo* específico de sus pecados. Debe ser apropiada y aplicada de manera personal. El receptor de estos "beneficios de su pasión" es activo más que pasivo. El evangelio exige una respuesta. Una persona puede tener derecho a una herencia, pero no la poseerá hasta que la reclame; la apropiación activa no sugiere, de ninguna forma, que ha sido ganada.

CUATRO PUERTAS ESPIRITUALES

Por lo tanto, la controversia no es sobre algo que necesita ser *agregado* a la fe, sino sobre cómo debe ser *ejercida* la fe a fin de apropiar lo que ofrece la gracia. Por ejemplo, considerar el bautismo en agua como un agregado a la fe mediante el cual las personas se vuelven más dignas o más merecedoras de la salvación es una tergiversación terrible. Considerarlo como una expresión y consumación de la fe, mediante el cual el creyente arrepentido se identifica con Cristo en su muerte, sepultura y resurrección, es un enfoque totalmente distinto. El bautismo es visto entonces como el medio para *experimentar*, no ganarse, la liberación que lograron esos sucesos.

Desde este punto de vista, la fe es el más fundamental de los cuatro elementos y, en realidad, subyace los tres restantes. El arrepentimiento se vincula con la fe desde el comienzo del evangelio de Marcos (Mr 1:15). El bautismo, al final del mismo evangelio (Mr 16:16). El Espíritu es recibido por fe, no por obras (Gá 3:2). Por lo tanto, en un sentido real, tener fe es arrepentirse, ser bautizado y recibir el Espíritu (Hch 2:38; ver capítulo 15).

UN ENFOQUE BÍBLICO

Ya hemos comenzado a incluir referencias bíblicas. Sin embargo, afirmar una tesis y apoyarla con textos de prueba reunidos al azar no es un procedimiento válido para establecer la verdad bíblica. Una adecuada estrategia de estudio general necesita ser acompañada por un análisis contextual de pasajes específicos. Se debe arribar a las conclusiones *después* de este proceso, aun cuando puedan afirmarse al principio de una presentación completa.

El tema mismo de la iniciación *cristiana* fijó algunas de las pautas básicas. En particular, quedó indicado el punto de partida de la investigación bíblica. Obviamente, esto significó concentrarse en el *Nuevo Testamento*, aun cuando había algunas referencias "anunciadoras" en el Antiguo. Pero, ¿dónde comenzar en el Nuevo Testamento?

Candidatos inadecuados

Para sorpresa nuestra, los sucesos relatados en los Evangelios son demasiado *tempranos* para el objetivo que nos hemos propuesto. Al cubrir el período entre la llegada y la ascensión de Jesús, estos textos no pueden darnos un cuadro completo del patrón de iniciación normal según lo entendía la iglesia después de Pentecostés (que es el precedente para la "era" en la que vivimos también nosotros). Si bien se menciona tanto el arrepentimiento como el bautismo y el Espíritu, con algunas perspectivas útiles sobre sus significados, ninguno de ellos podría tomar ese pleno significado "cristiano" que adquirieron después de los sucesos de la Pascua y Pentecostés. Por ejemplo, el bautismo practicado por Juan (y por los discípulos de Jesús) era tan diferente del bautismo posterior en el nombre de Jesús que requería un nuevo bautismo (Hch 19:1-6; ver capítulo 20). Por otra parte, el Espíritu Santo había estado "con" los discípulos durante el período de los evangelios, pero solo pudo estar "en" ellos después de Pentecostés (cuando lo "recibieron"), y esto solo pudo ocurrir después que Jesús fue "glorificado" (Jn 7:39; 14:17; ver capítulos 11 y 12). Aun la fe solo podía centrarse en la capacidad de Jesús de sanar y liberar como el Mesías; aún no podía abarcarlo como el Salvador del mundo (entregado por su muerte) o el Hijo de Dios (declarado por su resurrección), y mucho menos Señor de todo. Ésta es una razón por la cual el ladrón moribundo no debe ser considerado como un modelo de conversión cristiana (ver capítulo 9). Paradójicamente, ¡no podemos encontrar el evangelio completo en los cuatro Evangelios! Aunque todos los elementos están presentes en estado embrionario, su gestación dista de ser completa (¡al parecer, la razón por la cual Dios nos dio el resto del Nuevo Testamento!).

Pero las epístolas y Apocalipsis son demasiado *tardíos* para nuestro propósito. Todos estos escritos fueron dirigidos a creyentes, ¡que ya habían sido iniciados! No aparece, por lo tanto, ningún tratamiento directo o sistemático de nuestro tema. El desconocimiento de esta realidad ha llevado al mal uso de algunos textos. (Apocalipsis 3:20 es un ejemplo clásico: una reprimenda a creyentes ha sido usado casi de manera universal como una invitación a incrédulos; ver capítulo 30). No obstante, hay frecuentes recordatorios en las epístolas y en Apocalipsis acerca de las distintas facetas de la iniciación; la selección depende de su pertinencia con las necesidades inmediatas de los creyentes en cuestión (ver más abajo algunos ejemplos). Pero es casi imposible reconstruir un informe completo a partir de estas referencias incidentales. Como veremos, los escritores de las epístolas siempre dan por sentado el bautismo en agua y el bautismo en el Espíritu de sus lectores, ¡pero en ninguna parte describen o definen ninguno de los sucesos! Sólo mencionan sus efectos o sus implicaciones.

Un buen punto de partida
Así que, si los evangelios son demasiado tempranos y las epístolas y Apocalipsis demasiado tardías para nuestro punto de partida, ¿qué nos queda? ¡El libro de Hechos! Es el único libro del Nuevo Testamento que se especializa en la evangelización después de Pentecostés. Está repleto de detalles acerca de cómo los incrédulos se volvieron creyentes, cómo los pecadores se volvieron santos. Es una crónica del aspecto divino y el humano de la salvación, contándonos los hechos de los apóstoles para llevar a Cristo a las personas y los hechos del Espíritu para llevar a las personas a Cristo. La mayor parte de la enseñanza que transcribe Lucas está dirigida a los no salvados. No solo obtenemos una valiosa perspectiva de la forma en que fue comunicado el mensaje, sino que vemos la respuesta esperada y la obtenida. Solo aquí podemos estudiar a Pedro, Juan y Pablo involucrados de manera concreta en la evangelización. En los ejemplos donde aconsejan a personas interesadas podemos discernir su visión de la iniciación.

Algunas objeciones al uso de Hechos
Sin embargo, algunos estudiosos de la Biblia objetan fuertemente el uso de Hechos como fuente de doctrina. Esta objeción ha asumido dos formas. La crítica *general*

es que la doctrina solo puede estar basada en las porciones didácticas (de enseñanza) de la Biblia (como las epístolas), y no debe edificarse sobre relatos (como Hechos). La crítica *particular* es que Lucas era un historiador, pero no un teólogo. Por estas dos razones, se argumenta que debemos comenzar por las epístolas, especialmente las de Pablo (¡que *era* un teólogo!) y leer Hechos a la luz de su teología. Aparte de las dificultades de este enfoque respecto de la iniciación (descritas arriba), hay serios defectos en ambas objeciones.

El "genio" de la revelación en la Biblia consiste en que la verdad aparece encarnada en situaciones concretas más que en proposiciones abstractas. Toda la Biblia es un relato, desde el jardín del Edén hasta la nueva Jerusalén. Las grandes verdades de la creación y la redención están envueltas en el relato de sucesos. La mayor parte del Antiguo Testamento y gran parte del Nuevo tienen forma de narración. La Biblia no es tanto un libro de teología sistemática como una historia de teísmo situacional. Y todo este "relato" fue escrito para que pudiéramos "aprender" de él (Ro 15:4; 1Co 10:6). *Toda* la Escritura es útil para enseñar, porque está toda inspirada por Dios (2Ti 3:16). Podemos aprender tanto de las acciones de Dios como de sus palabras; por cierto, van de la mano y se iluminan mutuamente. La crónica de los sucesos es para instrucción y para información. La Biblia no presenta una historia exhaustiva del mundo, de la nación de Israel o de la iglesia. Es una *selección* de hechos significativos acompañados por una *interpretación* profética de esos hechos, donde ambos son obra del Espíritu de Dios. (Hechos 15 mismo contiene un ejemplo perfecto de resolución de una disputa doctrinal mediante el relato de la actividad divina, confirmada por las escrituras.)

Lucas no es solo un historiador, aunque asegura la integridad de sus precisos informes en su primer volumen (Lucas 1:1-4). Él selecciona los hechos que registra y los detalles incluidos en esos hechos. Luego los entreteje en un patrón general basándose en su conocimiento profundo. Si teología significa entender a Dios, ¡Lucas era todo un teólogo! La idea de que es imposible extraer una "teología de Lucas" de sus escritos, como podemos hacer con Pablo, es un mito que necesita ser refutado. (Sobre el tema de Lucas como *teólogo*, se recomienda a los lectores que consulten el libro de Roger Stronstad, *The Charismatic Theology of Luke*[3] *(*Hendrickson, 1984). El intento de introducir una cuña entre el relato descriptivo de Hechos y la naturaleza didáctica de las epístolas es bastante inviable. Todos fueron escritos al mismo tiempo y acerca de las mismas situaciones (recuerde que Pablo y Lucas fueron compañeros de viaje). Hechos contiene pasajes "didácticos" y las epístolas contienen relatos (compare Hechos 15 con Gálatas 1-2). La unidad de perspectiva que comparten supera la variedad de expresión.

El uso de Hechos como fuente para una teología de la iniciación
Así que podemos abordar el libro con confianza. Tiene la gran ventaja de haber sido escrito "en el lugar de los hechos", en palabras de un escritor. Se trata de relatos de testigos presenciales, de primera y segunda mano, que cuentan cómo los apóstoles se propusieron evangelizar al mundo. Lo que ellos dijeron e hicieron constituye nuestro material básico para una teología de la iniciación.

¿Dónde deberíamos comenzar dentro de Hechos? Sin duda, por aquellos pasajes que contengan los relatos más detallados de lo que ocurrió cuando las personas se hicieron cristianas. Los dos que primero vienen a la mente se encuentran en Hechos 8 y 19. Los sucesos en Samaria y Éfeso se relatan con mucho detalle por una razón. En ambos casos la iniciación había sido incompleta, lo que hizo que los intranquilos apóstoles tomaran las medidas necesarias para corregir las omisiones. La única verdadera diferencia entre ambos grupos en cuestión era que los samaritanos estaban muchos más "avanzados" que los efesios cuando los apóstoles arribaron a la escena y, por lo tanto, necesitaron menos ministerio "suplementario". Pero

---

3 En español, *La teología carismática de Lucas*.

el contenido y la secuencia básicos de sus iniciaciones eran idénticos: un cuádruple modelo de arrepentimiento, fe, bautismo y recepción del Espíritu. Dado que tres apóstoles clave (Pedro, Juan y Pablo) estuvieron involucrados, estamos plenamente justificados en suponer que su "técnica" en estas ocasiones reflejaba su práctica general, y representa la respuesta esperada al evangelio por la iglesia primitiva.

A menudo se objeta que las circunstancias fueron excepcionales en ambos casos, y que la iniciación había sido, por lo tanto, "anormal". Dado que la evangelización hoy día no está dirigida ni a los samaritanos ni a los discípulos de Juan el Bautista, se nos dice que no podemos usar estos sucesos como precedente. Estas críticas no logran distinguir entre los aspectos que eran excepcionales y los que eran normales. Pierde de vista que los apóstoles estaban preocupados por alinear una condición *anormal* con un patrón *normal*. La introducción de estos conversos puede haber sido diferente de la de otros, pero su iniciación fue la misma (a algunos lectores tal vez les resulte útil aquí consultar la exégesis detallada de los dos pasajes, en los capítulos 16 y 20).

Con este cuádruple marco en el fondo de nuestras mentes, podemos considerar el relato de Lucas de otras "conversiones", notando cuántos elementos aparecen en cada ocasión:

Hechos 2   Pedro menciona el arrepentimiento, el bautismo y la recepción del Espíritu, pero no la fe (aunque puede estar implícita en la pregunta de los interesados y puede deducirse de la frase "recibieron su mensaje").

Hechos 8   El etíope solo fue "bautizado", según el mejor texto (algunos manuscritos agregan una profesión de fe, y uno agrega la recepción del Espíritu; ver capítulo 17).

CUATRO PUERTAS ESPIRITUALES

Hechos 9	Pablo es "bautizado" y "recibe el Espíritu" tres días después de su encuentro con el Señor camino a Damasco (cf. v. 18 con 22:16). Pero no hay ninguna referencia específica a su arrepentimiento o fe (si bien ambos son sugeridos claramente en su conversación con Jesús y sus comentarios y acciones posteriores).
Hechos 10	Cornelio claramente "se arrepintió" (cf. 10:35 con 11:18) y "creyó" (cf. 10:43 con 11:1 y 15:7), pero "recibió el Espíritu" *antes* de ser "bautizado en agua" (el *único* ejemplo de esta secuencia; ver capítulo 18 para una explicación).
Hechos 16	El carcelero de Filipos "creyó" (con toda su casa) y fue "bautizado" (con toda su casa), pero no hay ninguna mención de su "arrepentimiento" o "recepción" (ver capítulo 19 para el significado e implicaciones de la palabra "casa").

Otras ocasiones diseminadas en el relato de Hechos limitan la iniciación al hecho de "creer". Los *cuatro* elementos no aparecen de manera explícita fuera de los casos de Samaria y de Éfeso, si bien Cornelio y su casa se acercan. El bautismo es el que se incluye con más frecuencia; el arrepentimiento es el menos frecuente.

¿Qué podemos sacar de todo esto? ¿Por qué no menciona Lucas los cuatro elementos cada vez? Aparte de toda otra razón, ¡su destreza literaria le impediría aburrirnos con tantas repeticiones! Pero hay una lógica detrás de esta selectividad: en cada situación él resalta los aspectos más llamativos o significativos. ¡Es razonable que la imagen de tres mil bautismos simultáneos en un estanque (¿Betesda?) o el sonido de todo un hogar recibiendo un derramamiento pentecostal en medio del sermón haya relegado los demás detalles a un segundo plano! ¡Lo que era una experiencia perfectamente normal para creyentes judíos pasa a ser "noticia" cuando ocurre a samaritanos o aun a gentiles! Sería erróneo concluir que las omisiones indican que no son necesarios cada uno de los cuatro elementos para cada persona. ¡Si entendiéramos Hechos de esta forma, significaría que la mayoría de los conversos no necesitan arrepentirse, muchos no necesitan creer, algunos no necesitan recibir el Espíritu y algunos pocos no necesitan ser bautizados! Sin embargo, está claro que la totalidad de los cuatro elementos constituían una iniciación "normal" para Lucas, pero que selecciona los más pertinentes para su propósito en su relato de hechos específicos. Como veremos, el mismo procedimiento de selección por pertinencia ocurre en las epístolas.

Debe señalarse un punto adicional: todo el proceso de iniciación, desde el "arrepentimiento" hasta la "recepción", llevaba tiempo, a veces corto y a veces largo:
para los doce apóstoles, llevó algunos *años*;
para los discípulos de Éfeso, probablemente *meses*;
para los conversos samaritanos, tal vez *semanas*;
para el apóstol Pablo, unos pocos *días*;
para el carcelero de Filipos, solo *horas*; y
para la casa de Cornelio, aparentemente *minutos*.
Está claro que la velocidad del proceso es irrelevante, pero su finalización es vital. ¡Lucas y los apóstoles estaban mucho más preocupados por la validez que por la rapidez!

La iniciación en los Evangelios
Con este cuádruple marco derivado de Hechos, podemos volvernos ahora a los Evangelios. ¡El primer descubrimiento es que el ministerio de Juan el Bautista incluía todos los elementos! Enseñó la necesidad de arrepentimiento de los pecados (Lc 3:8); vino para que a través de él todos pudieran creer (Jn 1:7); inauguró el bautismo en agua (Mt 3:11) y predijo el bautismo en el Espíritu (esto último es enfatizado en los cuatro evangelios: Mt 3:11; Mr 1:8; Lc 3:16; Jn 1:33). Juan tenía plena conciencia de su propia incapacidad y de las limitaciones de su ministerio. Su bautismo podía tratar con el pasado, pero no con el futuro; para eso, sus seguidores necesitarían un poder que él no

podía impartir (y que tal vez no haya tenido él mismo, ya que era menos que el más pequeño en el reino de Dios y no obró milagros; ver Lc 7:28 y Jn 10:41; pero cf. Lc 1:15). Jesús arrancó donde dejó Juan. Predicó el arrepentimiento y la fe (Mr 1:15), practicó el bautismo (Jn 4:1-2) y prometió el Espíritu Santo (Jn 7:37-39). Sin embargo, ya ha habido algún desarrollo en los conceptos. La fe en el reino que "está cerca" (es decir, al alcance de la mano) es ahora mucho más personal, dado que el Rey también "está cerca" y su nombre es Jesús. La fe se ha convertido en "creer en su nombre" (Jn 1:12; 2:23). La "inmersión" venidera en el Espíritu Santo también será un "trago" que producirá una fuente desde la profundidad del ser de una persona (hay un notable paralelo entre Jn 4:14 y 1Co 12:13; ver capítulos 11 y 23); sobre todo, este bautismo del Espíritu no sólo traerá un *poder* a las vidas humanas; "Espíritu Santo" es una *persona*, "otro apoyo", igual que Jesús (Jn 14:16).

Es aún más significativo que cada uno de los cuatro aspectos de la iniciación figura en forma destacada en los breves resúmenes de la instrucción de Jesús a los apóstoles, entre su resurrección y ascensión. Cuando combinamos los cuatro evangelios nos encontramos con un mandato misionero integral que explica plenamente el patrón del ministerio apostólico que ya hemos encontrado en Hechos. Debían predicar el arrepentimiento (Lc 24:47), predicar el evangelio para que las personas creyeran (Mr 16:15-16) y bautizarlas cuando lo hicieran (Mr 16:16; Mt 28:19). Sobre todo, este ministerio no podría siquiera iniciarse sin el bautismo en el Espíritu para los apóstoles mismos (Lc 24:49; Jn 20:22; Hch 1:5), y el mismo poder fue prometido para sus conversos también (Mr 16:17, lo cual explica el ofrecimiento confiado de Pedro a sus oyentes en Hch 2:39).

La iniciación en las epístolas
Este parece ser un buen momento para dirigirnos a las epístolas. A la luz de los cuidadosos consejos que hemos visto que el apóstol da a las personas interesadas en Éfeso

(Hch 19:1-6; ver capítulo 20), no debería sorprendernos en los más mínimo que Pablo dé por sentado cada uno de los cuatro elementos cuando escribe a las iglesias que él mismo fundó. Hay referencias dispersas en sus cartas de que sus lectores
se arrepintieron (2Co 7:9; 1Ts 1:9);
creyeron (1Co 15:11; Ef 1:13);
fueron bautizados (Gá 3:27; Ef 5:26);
recibieron (2Co 1:22; Gá 3:2).
Pablo incluso se refiere a estos elementos cuando escribe a una iglesia que él mismo no había plantado (Ro 2:4; 3:26; 6:3; 8:9). Es cierto que nunca menciona a los cuatro juntos en el mismo contexto (por la misma razón que Lucas raramente lo hace en Hechos: selecciona los aspectos más pertinentes para su propósito inmediato). Lo que es significativo es que cada vez que menciona *cualquiera* de ellos, supone que *todos* sus lectores saben por experiencia propia de lo que les está hablando. (Algunos han dicho que hay una excepción a esta "regla" en sus referencias al bautismo en agua en Romanos 6:3 y Gálatas 3:27. Sin embargo, a pesar de que sus palabras podrían dar a entender que algunos no han sido bautizados, su frase "todos los que fuimos bautizados" en vez de "aquellos que fuimos bautizados", indica que el contraste es con incrédulos no bautizados más que con creyentes no bautizados.)

Es precisamente porque puede dar por sentadas estas cuatro cosas con todos sus lectores que no hay ni una orden ni una exhortación en ninguna parte de las cartas de Pablo para que sean bautizados en agua o en el Espíritu. Pero es un gran error concluir de todo esto que las cuatro cosas se pueden suponer *hoy*, como acostumbran hacer los que separan las epístolas de Pablo de los Hechos de Lucas, edificando una doctrina de iniciación sobre el primer material y dejando de lado el segundo. Si bien Pablo las suponía en las epístolas, él mismo, junto con los demás apóstoles, ¡*no* hacía lo mismo en Hechos! Al contrario, en su evangelización insistían en verificarlas y luego completaban toda iniciación que carecía de algún componente vital. Por ejemplo, Pablo solo podía suponer que todos sus lectores de Corinto habían sido "bautizados en un Espíritu" porque él había plantado su iglesia y se había asegurado bien de que todos estuvieran plenamente iniciados (1Co 12:13; ver capítulo 23 para un tratamiento más completo de este punto vital). Si el apóstol visitara muchas iglesias hoy, ¡es mucho más probable que haga la pregunta: "¿Recibieron ustedes el Espíritu Santo cuando creyeron?" (Hch 19:2) que diga que todos han sido "bautizados en el Espíritu"!

Hay una razón más sutil por la cual las epístolas de Pablo deben ser estudiadas a la luz de Hechos: parte de su instrucción "didáctica" no puede ser comprendida por completo sin la información descriptiva que provee Lucas. ¡Pablo *nunca* vincula el verbo "bautizar" o el sustantivo "bautismo" con la palabra "agua"! ¡Esto ha llevado a que algunos eruditos respetables, que estudian la teología de Pablo de manera aislada, digan que su concepto del bautismo (en versículos como Ro 6:4; Gá 3:27; Ef 4:5) no tiene absolutamente nada que ver con el agua! Solo a partir de su experiencia en Hechos, tanto al ser bautizado y haber bautizado a otros, junto con las claras referencias de Lucas al agua (Hch 8:36, por ejemplo), podemos suponer que Pablo vinculaba a ambos (hay un contexto donde usa la palabra "agua" pero no "bautismo": Ef 5:26).

De manera similar, Pablo usa la frase "bautizado en el Espíritu" (en 1Co 12:13) sin ninguna definición o descripción de lo que quiere decir. Lo mismo ocurre con el uso de la frase en cada uno de los cuatro evangelios. *Solo a partir del relato de los acontecimientos que hace Lucas en Hechos podemos saber con exactitud lo que implica ser "bautizado en el Espíritu".* Cuando se separan estas frases paulinas de su contexto "lucano", se les pueden atribuir significados completamente distintos, que pueden ser insertados de manera arbitraria a partir de una perspectiva teológica preconcebida (una libertad hermenéutica que distorsiona la doctrina).

Los demás autores del Nuevo Testamento también se refieren a la iniciación. Pedro, por ejemplo, es el único escritor de cartas que usa las palabras "bautismo" y "agua" juntas (1P 3:21; ver capítulo 20). El tema central de Juan es creer en Jesús y recibir el Espíritu (1Jn 3:24; 4:13; 5:1-5). Pero el autor anónimo de la epístola a los Hebreos lista cada una de las partes de la iniciación en una única oración y en su secuencia normal (Heb 6:1-2; ver capítulo 27). Sobre la base del material considerado en este capítulo, podemos concluir que hay un cuádruple patrón de la iniciación cristiana *expresado* cuidadosamente en Hechos, *anticipado* claramente en los evangelios y *supuesto* consistentemente en las epístolas. Consideremos ahora estas "cuatro puertas espirituales" que conducen al reino de Dios en la tierra.

2. ARREPENTIRSE DE SUS PECADOS HACIA DIOS

Es probable que el arrepentimiento sea la menos polémica de las cuatro partes de la iniciación, ¡pero quizá por esa razón justamente sea la menos considerada y la más descuidada! Es una palabra que entienden mejor los judíos que los gentiles. Era una parte integral de la historia de Israel, en especial durante los tiempos que llevaron a su exilio, cuando profeta tras profeta buscó evitar el inminente desastre clamando por el arrepentimiento nacional. Todo el que estuviera familiarizado con Amós 4 o Jeremías 18-19 sabría a la perfección el significado del arrepentimiento. Tal vez sea ésta la razón por la que casi nunca se lo define en el Nuevo Testamento.

Se ha vuelto casi un lugar común decir que el arrepentimiento no es solo "lamentarse". Este sentimiento puede ser la expresión de diferentes actitudes. A veces, simplemente lamentamos que nuestras acciones hayan producido ciertas consecuencias sobre *nosotros*; esto es poco más que autocompasión, y revela que un corazón que sigue siendo egocéntrico (Caín y Esaú son buenos ejemplos de esta emoción: Gn 4:13 y Heb 12:17). Más encomiable es aquel remordimiento abrumador ante las consecuencias de nuestras acciones en *otros*, porque está menos centrado en uno mismo (Pablo tiene que haber sentido esto cuando recordaba su persecución de la iglesia; cf. Hch 9:1-2 con Fil 3:6). El verdadero arrepentimiento, sin embargo, comienza cuando nos damos cuenta de las consecuencias para *Dios* (y su Hijo); ésta es aquella "tristeza piadosa" que en sí misma no constituye arrepentimiento, pero que puede conducir a él (2Co 7:9). Surge la luz cuando nos damos cuenta de que hemos "pecado contra el cielo", además de pecar contra otros y, en un sentido, contra nosotros (Lc 15:18, 21). Recién entonces logramos comprender que hemos desafiado la autoridad de Dios, hemos quebrantado sus leyes, hemos contaminado su creación, hemos arruinado su placer, hemos provocado su ira y hemos merecido su juicio. Nuestra infelicidad entonces tendrá más que un tinte de temor.

Con este trasfondo emocional, cuya intensidad variará muchísimo según el carácter individual y las circunstancias de la iluminación, consideremos aquel verdadero arrepentimiento hacia el cual estos sentimientos pueden y deben avanzar.

El arrepentimiento bíblico involucra tres dimensiones: pensamiento, palabra y acción. Al atravesar estas fases —mental, verbal y práctica— se produce un movimiento desde el "corazón interior" hacia la "vida exterior". Expresar lo último sin lo primero es ofensivo moralmente ("rásguense el corazón, y no las vestiduras" es una típica reprensión profética; Jl 2:13). Profesar lo primero sin lo último, es hipocresía. Una simple ilustración puede ser útil; un conductor de taxi de Londres lleva a un visitante del exterior por un largo camino al aeropuerto de Heathrow con el objetivo de ganar un dinero que necesita con desesperación; acuciado por su conciencia por aprovecharse de la ignorancia del extranjero, se disculpa y devuelve la tarifa completa. Ha *cambiado,* en pensamiento, en palabra y en acción; se ha arrepentido de su pecado.

PENSAMIENTO: LA CONVICCIÓN DE PECADOS PASADOS

La palabra "arrepentirse" (griego: *metanoeo*) significa literalmente cambiar la mente de una persona. Significa pensar nuevamente, en particular con relación a la conducta pasada. Un ejemplo típico del Nuevo Testamento sería la exigencia de Pedro de que sus oyentes judíos reconsideraran la crucifixión de Jesús y se dieran cuenta de que había sido un asesinato judicial de nadie menos que el Mesías, el propio Hijo de Dios (Hch 2:32-38; 3:13-19).

Arrepentirse significa pensar acerca de las cosas desde el punto de vista de Dios, coincidir con su análisis y aceptar su veredicto. Es decir "sí" al "sí" de Dios, y asentir a su "no". Es aprender a decir "amén" a la palabra de Dios. Es tener una visión clara del pecado humano, medido según el patrón de la justicia divina y el juicio inevitable que debe tener lugar cuando ambos se encuentren (Jn 16:8). Es llegar a "conocer la verdad" (2Ti 2:25) acerca de Dios y acerca de uno mismo. En cierto nivel, este descubrimiento será en términos *generales*. Por un lado, una persona adquirirá una profunda conciencia de que Dios es mucho *mejor* de lo que suele pensarse. El Señor es absolutamente santo, absolutamente puro, absolutamente justo. Por otro lado, la persona tendrá una dolorosa conciencia de que ella misma es mucho, mucho *peor* de lo que pensaba que era. En vez de pensar de sí misma como una persona básicamente buena que ha hecho cosas malas de vez en cuando (la visión "humanista"), descubre que es una persona básicamente mala que ha logrado hacer algunas cosas buenas de vez en cuando (la visión de Jesús de la naturaleza humana: Lc 11:13; cf. Jn 2:24). Peor aún, hasta las cosas buenas que ha hecho pueden ser tan ofensivas para Dios como las malas, y también necesitan arrepentimiento (Is 64:6 describe la justicia humana como una toalla higiénica; ¡Fil 3:8 la describe en términos de excrementos humanos!) Este descubrimiento, que Dios encuentra la justicia propia más ofensiva y desagradable que el pecado grosero, resulta un golpe muy grande para el orgullo humano y completa la revolución de pensamiento inherente al auténtico arrepentimiento.

Una vez alcanzada esta etapa, la nueva forma de pensar se dirige al nivel de lo *particular*. Este es el aspecto más importante del arrepentimiento: que tiene que ver con "pecados" (plural) específicos, en vez del "pecado" (singular) general. Hasta tanto el concepto algo abstracto de "pecado" sea traducido a términos detallados y concretos, es difícil avanzar hacia nuevas etapas del arrepentimiento. Jesús vino para salvarnos de nuestros *pecados*, no de nuestro pecado (Mt 1:21). Es vital saber cuáles son los pecados de los cuales necesitamos ser salvados.

Hasta ahora hemos considerado solo los aspectos *interiores* del arrepentimiento. Pero esto necesita ser seguido por dos aspectos *exteriores*. ¡Uno lo convierte en *audible*; el otro, en *visible*!

EL NACIMIENTO CRISTIANO NORMAL

PALABRA: LA CONFESIÓN DE PECADOS PASADOS

Pensar de manera diferente acerca de acciones anteriores necesita ser seguido por *hablar* de otra forma acerca de ellas. La boca es por lo general el canal de comunicación entre el interior y el exterior de una persona (Mt 12:37; Mr 7:18-21; Stg 3:9-12). El ministerio de Juan el Bautista se centró en aquel arrepentimiento que era crucial para el reino que se acercaba. El bautismo en agua era la culminación o consumación del arrepentimiento (Mt 3:11; note la importancia de la preposición: *"para (a)* arrepentimiento" RVR60). La confesión de pecados (plural) era un acompañamiento clave del bautismo (Mt 3:6). No consistía en ninguna liturgia formalizada, ni en ninguna confesión abarcadora "general" (¡es posible confesar omisiones y comisiones sin pensar en una sola transgresión concreta!). Juan el Bautista esperaba la admisión pública verbalizada de la culpa personal en asuntos específicos. Los hechos de la oscuridad debían ser traídos a la luz ante Dios y el hombre.

Esta confesión de *pecados* (a diferencia de *el pecado*) tiene dos grandes beneficios. El primero ya ha sido abordado, pero hace falta repetirlo: a saber, la *particularidad*. Nombrar los pecados implica identificarlos primero. Las vagas generalidades simplemente no sirven ("Bueno, estoy seguro que alguna vez tengo que haber pecado, en algún lugar; después de todo, ¿no lo han hecho todos?".). Reconocemos la realidad de nuestros pecados cuando hacemos una confesión concreta ("¡He hecho esto . . . y esto . . . y esto!). Por supuesto, este sinceramiento significa tragarse el orgullo; nunca es fácil reconocer que uno se ha equivocado. Pero es mucho mejor hacerlo ahora de manera voluntaria que tener que reconocerlo contra la voluntad después. Lo que el hombre descubre hoy será cubierto por la misericordia de Dios; lo que cubre ahora será descubierto por el juicio de Dios.

El segundo beneficio de la confesión verbal es la aceptación de la *responsabilidad*. No pueden incluirse excusas en una confesión; no pueden alegarse circunstancias atenuantes. El individuo está aceptando tanto su responsabilidad ante Dios como por sí mismo. Es relativamente fácil reconocer la necesidad de ayuda (o, en estos días, de "sanidad interior"), ¡ya que deja gran parte de nuestro amor propio intacto! La confesión auténtica reconoce que el verdadero problema es la culpa consciente y que la verdadera necesidad es el perdón inmerecido. La confesión abre el canal para que fluya la gracia (1Jn 1:9).

A menudo suele ser útil agregar la *renuncia* a la parte verbal del arrepentimiento, en especial cuando los pecados tienen que ver con obsesiones o el ocultismo. Puede ser terapéutico y liberador manifestar el repudio en estos casos. El diccionario inglés *Oxford English Dictionary* define el verbo "renunciar" (*renounce*) como (traduciendo): "abandonar, rendir, renunciar, repudiar, rehusarse a reconocer, rechazar la asociación con, desdeñar la comunión con, retirarse de, discontinuar, prescindir". ¡Un niño lo describió de manera más sucinta: "lamentarlo tanto como para dejar de hacerlo"! A través de una progresión natural, ya hemos alcanzado la tercera dimensión del arrepentimiento.

ACCIÓN: CORRECCIÓN DE PECADOS PASADOS

Las *palabras* de arrepentimiento necesitan ser seguidas por *acciones* de arrepentimiento. Juan insistía en que los candidatos para su bautismo primero "produzcan frutos que demuestren arrepentimiento" (Lc 3:8). Cuando le pidieron que explicara lo que esperaba que *hicieran*, fue a la vez específico y práctico en su respuesta: ¡debían distribuir su ropa sobrante entre los pobres, debían asegurarse de que sus cuentas financieras estuvieran listas para el auditor, debían dejar de aprovecharse de su autoridad y debían dejar de protestar pidiendo salarios más altos! Es interesante notar que ninguno de estos pecados era "religioso" o "espiritual".

Un ejemplo tomado del ministerio de Jesús (Lc 19:1-10) es el caso de Zaqueo, quien no solo prometió "andar derecho" en el *futuro* sino también resarcir a los que había defraudado en el *pasado* (con intereses y una importante bonificación). Jesús anunció gozoso que la salvación había entrado en la casa junto con él.

De igual forma, Pablo esperaba que el arrepentimiento fuera demostrado de maneras prácticas. La "visión celestial" a la que no fue desobediente era una misión a los gentiles, llamándolos a que se "arrepintieran y se conviertan a Dios, y que demostraran su arrepentimiento con sus buenas obras" (Hch 26:20).

Juan el Bautista, Jesús y Pablo demuestran que el arrepentimiento implica corregir el pasado cada vez que sea posible.

Parte de esta corrección asumirá la forma de acciones *negativas*. Puede incluir la destrucción de fuentes de tentaciones (los efesios quemaron una enorme cantidad de literatura ocultista, por ejemplo, Hch 19:19). Las relaciones incorrectas deberán ser terminadas, en especial relaciones sexuales extramatrimoniales u homosexuales ("eso *eran* algunos de ustedes", 1Co 6:11). Todo cordón umbilical con el pasado deberá ser anudado y cortado. El pasado debe tener un punto final.

Gran parte de esta corrección tomará la forma de acciones *positivas*, como sucedió con Zaqueo. La palabra para esto es *restitución*, que implica una compensación adecuada para los que han sido perjudicados. El perdón restaura la relación con Dios como si nunca se hubiera roto; en cuanto a él concierne, el pasado queda olvidado además de perdonado (¡qué control asombroso tiene Dios sobre su propia memoria!). La razón por la que encontramos que es tan difícil "perdonarnos" es que no tenemos esta capacidad de "tachar" estos recuerdos. En el nivel de las relaciones humanas, el perdón de parte de Dios no libera a una persona de su obligación para con los demás, sea ésta marital, comercial o incluso penal. La gracia de Dios ha llevado a muchos a pagar sus deudas, a restaurar sus matrimonios y aun a confesar crímenes por los cuales nunca han sido castigados. En muchos casos, la *reconciliación* será otro "fruto" del arrepentimiento, tanto en aquellos que han sido afectados como en quienes han hecho el mal (Mt 5:23-24).

Todo esto es la parte más difícil del verdadero arrepentimiento. Hay quienes dudan de la capacidad de un pecador de realizar esta clase de acciones cuando se vuelve por primera vez a Dios, y sugieren que este tipo de arrepentimiento seguirá a la iniciación en vez de constituir su primera parte. Se olvidan de que la ayuda divina siempre estará disponible para cualquiera que realmente desee arrepentirse (note que Dios "otorgó" el arrepentimiento a Cornelio y su casa, lo cual les permitió "actuar con justicia" aun antes que escucharan el evangelio; Hch 10:35). No puede haber sido fácil para Pablo enviar a Onésimo (su nombre significa "inútil") de vuelta a su amo, ni para Onésimo ir, o aun para Filemón recibirlo nuevamente (note que Pablo ofrece hacer restitución por él; Flm 12-14, 19).

Si arreglar las cosas es la parte más difícil del arrepentimiento, es también la más gratificante. Encontramos un profundo alivio cuando reparamos un agravio (un gozo compartido por el Redentor, si bien nunca tuvo que hacerlo para sí mismo). El gozo del padre cuando el hijo pródigo volvió se reflejó en el gozo del hijo pródigo por haber hecho finalmente lo correcto.

Este "volverse" de los pecados hacia Dios es la esencia de la palabra "conversión" en el Nuevo Testamento. La palabra significa darse vuelta, cambiar de curso, ir en dirección contraria. Por lo tanto, es muy próxima a la palabra arrepentimiento, pero está relacionada sobre todo con este tercer aspecto que posee. Una vida cambiada es evidencia del arrepentimiento, aunque no necesariamente una prueba de la regeneración (ver capítulo 6). Esta evidencia de arrepentimiento era esperada *antes* de administrar el bautismo, porque este rito marcaba el corte final con la antigua vida de pecado y la culminación del perdón purificador de Dios (Mr 1:4; Hch 2:38).

Aun los desastres naturales pueden ser vistos como llamados al arrepentimiento, porque nos recuerdan que todos encontraremos nuestra ruina de manera inesperada, a menos que nos arrepintamos de nuestros pecados (Lc 13:1-9). El horror de este juicio futuro de Dios justifica cualquier sacrificio presente: de cosas que queramos ver o tocar, o de lugares adonde deseemos ir (Mt 5:29-30). Es mejor que nosotros nos alejemos de los pecados ahora y no que Dios se aleje de nosotros más adelante.

¡Volvernos a Dios ahora significa que él puede volverse a nosotros! La Biblia se atreve a decir que cuando nos arrepentimos hacia él, ¡él se arrepiente hacia nosotros! Por supuesto, cuando la palabra arrepentimiento se usa para Dios es en su sentido mental más que moral: él "piensa de nuevo". Cuando cambiamos de opinión acerca de los pecados, él puede cambiar su opinión acerca de nosotros. Una de las afirmaciones más claras acerca de esto en la Biblia es la observación de Jeremías del alfarero y el barro (Jer 18:1-10). ¡Hay pocas metáforas que hayan sido más malentendidas! La mayoría de los exégetas dan a entender que el barro no juega ningún papel en su forma final (¡un concepto más cercano a la filosofía islámica que a la judeocristiana!). De hecho, es el barro el que escoge en qué tipo de objeto se convierte. Cuando no responde a la intención original del alfarero, éste decide hacer una olla tosca en vez de una vasija elegante. El barro está en una relación activa y dinámica con el alfarero; cada uno afecta al otro, si bien el alfarero tiene la última palabra, ya que tiene el control general de la situación (el barro no puede convertirse en nada por su cuenta sin el alfarero). Es una imagen del pueblo de Dios, Israel. Si la nación se arrepiente, Dios se arrepentirá y hará de ella una vasija hermosa, llena de su misericordia; si no lo hace, hará de ella una vasija horrible, llena de su juicio.

Por lo tanto, es el arrepentimiento lo que permite otorgar el perdón. Esto ocurre aun en el nivel humano. Jesús dijo a sus discípulos que un hermano que peca primero debe ser reprendido, pero luego perdonado; siete veces al día, cuarenta y nueve veces a la semana, mil cuatrocientos setenta veces al mes . . . *si se arrepiente* (Lc 17:3-4). De la misma forma, Dios puede "cambiar de opinión", del juicio a la misericordia, acerca de nosotros solo si nos arrepentimos de verdad de aquellas cosas que merecen lo primero pero requieren lo segundo. Éste es el motivo más fuerte que alguien podría tener jamás para arrepentirse de sus pecados. "Por tanto, para que sean borrados sus pecados, arrepiéntanse y vuélvanse a Dios, a fin de que vengan tiempos de descanso de parte del Señor, enviándoles el Mesías que ya había sido preparado para ustedes, el cual es Jesús" (Hch 3:19-20).

Pero convertir el arrepentimiento en el único, o aun el principal factor, sería caer en la trampa de la salvación hecha por uno mismo. El énfasis estaría entonces en los que el hombre hace para Dios en vez de lo que Dios hace para el hombre. Un "cristiano" sería definido en términos de reforma moral, la versión del cristianismo que está centrada en "hacer el bien", ¡que es la más frecuente afuera de la iglesia y no es infrecuente adentro!

La Biblia no enseña la justificación por el arrepentimiento, sino la justificación por la fe. Volverse del pecado en arrepentimiento es el preludio adecuado para volverse a Cristo en fe, el tema que debemos abordar ahora.

3. CREER EN EL SEÑOR JESÚS

No es posible exagerar la importancia de la fe en la iniciación, salvo si nos lleva a convertir a los demás componentes en opcionales o accesorios. De las "cuatro puertas espirituales", ésta es sin duda la más crucial, y sin ella las otras tres pierden su significado y eficacia. Es difícil que alguien se arrepienta de sus pecados si no "creyera" ya en la certeza del juicio y la posibilidad de la salvación (lo cual quizá explique por qué Pedro no mencionó la fe cuando la multitud en Pentecostés le preguntó qué debían hacer; ver capítulo 15). Un elemento esencial del bautismo en agua es la fe del candidato en el poder de Dios para resucitar a alguien que ha muerto y ha sido sepultado (Col 2:12; ver capítulo 25). El Espíritu Santo es recibido por fe (Gá 3:2). Así que todo el proceso de iniciación es un ejercicio y una expresión de fe. Con razón, entonces, la respuesta más simple dada jamás a la pregunta: "¿Qué tengo que hacer para ser salvo?" fue: "Cree en el Señor Jesucristo, y serás salvo..." (Hch 16:30-31).

¿Podemos dar por sentado que los cristianos, aun entre los evangélicos, entienden de qué se trata la fe? Es probable que no en su totalidad. Porque el concepto en el Nuevo Testamento tiene varias dimensiones diferentes. Por ejemplo, la expresión verbal de la fe es clave (Ro 10:9), pero tomar una *profesión* de fe" como evidencia suficiente de "creer" puede dar lugar a serios errores de apreciación, en detrimento tanto de la iglesia como del individuo. *Decir que tenemos fe no nos salva.* La fe necesita ser poseída y practicada, ¡además de profesada y proclamada!

Hay cinco facetas fundamentales que constituyen, en conjunto, la fe completa, según la doctrina apostólica: histórica, personal, verbal, práctica y continua.

LA FE ES HISTÓRICA

Que la fe está basada en hechos y no en sentimientos, es una obviedad. Pero es algo que necesita ser repetido, máxime en una cultura existencial donde la experiencia subjetiva es considerada como la piedra de toque de la realidad. ¡Esto ha llevado al insólito extremo de tener fe en la fe misma! Muchos creen que lo que hace que la fe sea eficaz es el *hecho* de creer y no los *hechos* que son creídos. Creer en algo es muy superior a no creer en nada. En términos coloquiales, "No importa lo que creas, mientras seas sincero". ¡La religión se convierte en un placebo!

En esta atmósfera de relativismo y credulidad, es ofensivo decir que la validez de la fe depende de la realidad objetiva más que de la sinceridad subjetiva. Pero tal es la aseveración cristiana, que debe ser hecha frente al espíritu contrario de nuestra era. La única fe *salvadora* (con independencia de lo que otros tipos de fe puedan o no lograr) está basada en sucesos históricos que ya han tenido lugar o aún deben ocurrir.

La Biblia es, en esencia, una historia del mundo. Comienza antes y termina después de todos los demás anales de este tipo, principalmente porque sus escritores tenían acceso (mediante la revelación divina) a aquellas eras (pasadas y futuras) que ningún ser humano ha podido observar y registrar. Solo Dios puede saber cómo comenzó y cómo terminará todo, ya que él es la causa de todo.

Hoy es mucho más necesario comenzar por este marco grande de la fe que nunca antes. Es posible que haya habido un tiempo en que se podía dar por sentada la fe en un Dios como Creador pasado y Juez futuro en un país "cristiano". Esto ya no ocurre, a la luz de la filosofía laicista y el pluralismo religioso de la sociedad contemporánea. Se ha vuelto necesario no solo indagar si las personas creen en Dios, ¡sino también en qué clase de Dios creen!

Por fortuna, la Biblia anticipó esta necesidad de comenzar por una fe básica en un "Dios bueno". Quienquiera que esté buscando a Dios debe primero "creer" que realmente existe y quiere ser hallado (Heb 11:6). Es significativo que cuando los apóstoles predicaban a públicos gentiles (a diferencia de públicos judíos), buscaban siempre establecer este "marco de Dios" *antes* de mencionar a Jesucristo (Hch 14:15-17; 17:22-31).

Pero la fe en Dios no se preocupa solamente por su actividad en la inauguración y la culminación de la historia. Debe aceptar también el hecho de su intervención en el medio de la historia (dividiéndola en a.c. y d.C.) para salvar a una raza rebelde. La fe implica reconocer la decisión de Dios de alcanzar a todas las naciones mediante una nación (los judíos) y a todos los individuos mediante un individuo (el judío llamado Jesús). Para una era relativista, que considera que todos tienen *alguna* verdad y nadie tiene *toda* la verdad, este "escándalo de la particularidad" es profundamente ofensivo. Que los judíos en general y un judío en particular tengan el monopolio de la salvación (Jn 4:22; 14:6; Hch 4:12, etc.) está en las antípodas del pensamiento moderno. Sin embargo, esto es algo que también es esencial para la fe salvadora.

De todos modos, el meollo se encuentra en los sucesos cruciales que constituyen la verdadera "bisagra de la historia": a saber, la muerte en una cruz, la sepultura en una tumba (note su lugar destacado en la Biblia y en los credos) y la resurrección con un cuerpo, todo lo cual ocurrió en el espacio de unos pocos días al ser humano histórico llamado Jesús de Nazaret (1Co 15:3-4 identifica a estos tres hechos como los más fundamentales de la fe cristiana). Pero la Biblia explica los sucesos históricos además de registrarlos. La fe incluye la aceptación del *significado* de los sucesos además de su *existencia*. Dado que el Jesús que fue crucificado, sepultado y resucitado demostró de esta forma que era lo que decía ser, el Hijo encarnado de Dios, estos acontecimientos pasan a ser importantes para toda la historia y para toda la raza humana.

Si Dios está entonces en control, el curso de la historia está determinado por elecciones personales más que el azar impersonal, y por juicios morales más que fuerzas materiales, en contraposición con el punto de vista popular de que la historia es un ciclo fortuito de sucesos arbitrarios. Sin embargo, como Dios es eterno, su mano aparece de manera más clara en el largo plazo que en el corto. La excepción fue el breve período durante el cual su Hijo estuvo sobre la tierra. Si sus juicios operan lentamente en la historia, sus acciones de misericordia fueron logradas rápidamente (esta diferencia misma es un indicio de su carácter, Jon 4:2). La muerte y resurrección de Jesús, al expiar el pecado y vencer la muerte, se han convertido en el corazón de la historia de la salvación. Esta progresión desde el Dios de toda la historia al Jesús de la historia era el marco de fe predicado por los apóstoles. Por ejemplo, los dos polos de la predicación de Pablo fueron el "reino de Dios" y el "Señor Jesucristo" (Hch 28:31); lo mismo ocurrió con Felipe (Hch 8:12). En consecuencia, este evangelio "histórico" era a la vez *extensivo* (el "gobierno" de Dios es universal, Sal 103:19) e *intensivo* (la autoridad de Dios está "focalizada" en Jesús, quien es ahora "Señor" de todo). Es también *exclusivo* de otras creencias y religiones.

Es vital enfatizar esta base histórica para la fe salvadora. Las presiones sociales contra una afirmación de este tipo son hoy tan grandes como lo fueron en los días del Imperio Romano, si no mayores. No obstante, esta fe venció al mundo de entonces (1Jn 5:5), ¡y puede volver a hacerlo!

LA FE ES PERSONAL

Detenerse en la dimensión histórica sería convertir a la fe en la confesión de un credo, una aceptación intelectual. Es cierto que los credos fueron compuestos para este preciso propósito: salvaguardar el vital elemento histórico (tanto los hechos como su significado) para generaciones futuras. Pero es posible recitar los credos con sinceridad y aun con convicción sin esa relación y compromiso que son los ingredientes esenciales de la fe salvadora. Los credos ciertamente comienzan de manera personal (*"Yo* creo . . ."), pero no logran aplicar la confesión de manera personal. Decir "Yo creo que esto es cierto" no es lo mismo que decir "Esto es cierto para mí". Creer que Jesús es el Salvador del mundo no equivale a creer que él es mi Salvador. ¡Ser un "testigo" de Jesús involucra un testimonio de primera mano además de un credo de segunda mano!
    La fe cristiana es creer en una única persona más que en una serie de proposiciones. No es solo creer *que* Jesús

murió y resucitó; es creer *en* el Jesús que murió y resucitó. El cambio de palabra es crucial, ya que transfiere la fe desde la mente, el lugar de inicio correcto, a la voluntad (la ciudadela de nuestra personalidad y muy cercana a lo que la Biblia llama "corazón"). Es un desplazamiento desde lo objetivo (información acerca de Jesús) hacia lo subjetivo (confianza en Jesús). Si en la sección anterior resaltamos el peligro de la fe subjetiva sin ningún contenido objetivo, ¡ahora debemos tomar conciencia del peligro opuesto!

Tal vez sea significativo que los escritores del Nuevo Testamento (y especialmente Juan) por lo general prefieren el verbo "creer" al sustantivo "fe", enfatizando que es algo para hacer más que algo para tener (ver más adelante la sección *La fe es práctica*). Si bien en ocasiones se refieren a la fe como un "cuerpo de verdad" (normalmente con el artículo definido, como en "la fe", bastante habitual en las epístolas "pastorales" de Pablo a Timoteo y a Tito), la connotación habitual de la fe es una "actitud de confianza".

Esta actitud confiada implica una acción obediente. La palabra de María a los sirvientes de Caná ("Hagan lo que les ordene", Jn 2:5) es una profunda expresión de fe en su hijo. Si queremos decirlo de manera más teológica: la fe en Jesús significa obedecerlo como Señor además de confiar en él como Salvador. Si realmente confiamos en alguien, no dudaremos en hacer todo lo que nos diga. (Ésta es una razón por la que el bautismo es esencial para la fe y, por lo tanto, para la salvación: decir que confiamos en él cuando ni siquiera hemos hecho la primera cosa que ordenó, es un contrasentido, cuando no pura hipocresía.)

Pero aun la obediencia puede ser bastante impersonal, si está limitada a la "ley de Cristo" registrada en el Nuevo Testamento. Si la esencia de la fe es una relación personal con el Jesús resucitado, que se expresa mejor en el concepto bíblico de "conocer" a una persona (Jn 17:3; cf. Gn 4:1), entonces difícilmente el hecho de obedecer sus órdenes escritas o aun creer que su muerte expiatoria es aplicable de manera personal y eficaz fomente este tipo de intimidad. Hay algo más que falta . . .

LA FE ES VERBAL

Una herejía moderna dice que expresar un deseo en palabras puede llegar a convertirlo en realidad ("Lo que dices, recibes"), sea de manera psicológica en nosotros o parapsicológica en otros. Es algo que está más relacionado con el concepto pagano de los supuestos poderes divinos inherentes al ser humano que con la fe en el Dios bíblico. Sin embargo, hay un elemento de verdad en este tipo de filosofía: a saber, nuestras palabras refuerzan nuestros pensamientos, además de reflejarlos.

El Nuevo Testamento enseña claramente que la fe necesita ser expresada en palabras. Pero el énfasis no está en las personas *que* las pronuncian, sino en las personas *a quienes* son dirigidas. La mera verbalización, donde uno se habla a sí mismo en soledad (¡no importa cuán edificante o provechoso!), no suele ser una señal de estabilidad mental, y mucho menos de beneficio espiritual. La fe salvadora se expresa cuando se comparte con los demás. Solo se expresa en voz alta cuando hay otras personas escuchando, y solo porque están escuchando se vuelven eficaces las palabras de fe.

El primer y principal ejemplo de esta expresión verbal es cuando nos dirigimos a Jesús por nombre al buscar la salvación. Pedro cita a Joel en este sentido en su primer sermón en Pentecostés ("... y todo el que invoque el nombre del Señor será salvo", Jl 2:32 en Hch 2:21), y pronto resultó obvio que él había interpretado esta predicción como una referencia a Jesús. Es muy llamativa la frecuencia con que aparece el *"nombre"* de Jesús de aquí en adelante en el libro de Hechos (2:38; 3:6; 4:7, 10, 12, 17, 18, 30; 5:28, 40, 41; etc.). Otras referencias secundarias indican que se alentaba a los nuevos discípulos a "invocar" a Jesús por nombre, especialmente en el momento de su bautismo (Hch 22:16).

Los evangelios están llenos de ejemplos de hombres y mujeres que hicieron justamente esto. Un caso clásico es el ciego que rehusó callarse hasta que Jesús lo escuchó (Mr. 10:46-52). La frase "tu fe te ha sanado" no significaba que se había sanado por gritar, sino que sus enérgicas palabras habían sido el medio para liberar el poder sanador de Jesús en su cuerpo. Tal vez por esta precisa razón los escritores de los Evangelios han registrado tantas historias como ésta, para alentar a generaciones posteriores a hacer lo propio, aun cuando no estuvieran en condiciones de verlo u oírlo físicamente; después de todo, ¡el ciego de Jericó tampoco lo podía ver!

Dirigirse a Jesús por nombre en voz alta significa expresar la creencia en su presencia junto con su existencia continuada. Precisamente, porque él está vivo y en todas partes (por su Espíritu), es que son tan eficaces estas palabras de fe. "Clamé al Señor y me oyó..." es tan cierto de Jesús en el Nuevo Testamento como de Yavé en el Antiguo.

El muy poco probable que la recitación litúrgica pueda considerarse una "palabra de fe". Solo el Señor sabe cuántos integrantes de una congregación que repiten "Cristo, ten misericordia de nosotros" en la etapa adecuada del culto están buscando de verdad su misericordia (o siquiera se den cuenta de cuánto la necesitan). La repetición de las palabras de otra persona, a menos que surjan de manera espontánea en la mente, no suele ser un auténtico clamor del corazón pidiendo ayuda (ver capítulo 31 para una crítica del uso de la "oración del pecador" en la evangelización). "Invocar" está asociado con ese tono de voz elevado que es propio de una aguda ansiedad ante la conciencia de un auténtico peligro. En una palabra, es el clamor de alguien que tiene una imperiosa necesidad de ser "salvado".

Es probable que la afirmación de Pablo acerca de la necesidad de verbalizar la fe sea la que se cita con mayor frecuencia ("si confiesas con tu boca que Jesús es el Señor, y crees en tu corazón que Dios lo levantó de entre los muertos, serás salvo. Porque con el corazón se cree para ser justificado, pero con la boca se confiesa para ser salvo", Ro 10:9-10). Pero la frase necesita ser desmenuzada con cuidado. El apóstol está aplicando al evangelio un principio que Moisés atribuye originalmente a la ley (Dt 30:11-14). El vínculo entre ambos es la "justicia", exigida por la ley y ofrecida por el evangelio.

En ambos casos, esta "justicia" no es una norma lejana y por completo fuera de nuestro alcance, sino tan cerca de una persona como las palabras de sus labios; por cierto, expresarla en palabras es el primer paso para obtenerla (cf. Jos 1:8). En el caso de la justicia de la ley, involucraba la recitación de las leyes de Moisés, pero en el caso de la justicia de la fe, implica la confesión del señorío de Jesús. Note que los mandamientos han sido reemplazados por el Cristo como "el camino" de la justicia.

Pero, ¿"confesar" ante quién? La mayoría de los estudiantes de la Biblia han sido demasiado rápidos en suponer que se refiere a una confesión ante los hombres, ya sea como una declaración de un credo con otros creyentes (las traducciones que ponen la frase "Jesús es el Señor" entre comillas invitan esta interpretación) o como un simple testimonio ante incrédulos. Pero el contexto habla de confiar en el Señor y de invocar su nombre (ver vv. 11-13), así que el sentido principal sería la necesidad de dirigirse a Jesús mismo como Señor (tal como lo había hecho Pablo camino a Damasco, Hch 22:8, 10).

Sin embargo, las dos direcciones de esta "confesión" no son incompatibles. Tal vez Pablo mismo tenía una aplicación doble en mente. Confesar a Jesús como Señor a la propia cara necesita ser seguido por la misma confesión a la cara de otros, en especial aquellos que aún no reconocen su señorío, aunque un día tendrán que reconocer su posición (Fil 2:9-11). El hecho es que la confesión de nuestra relación con Cristo ante los hombres y la confesión de su relación con nosotros ante su Padre están vinculadas de manera indisoluble es un tema recurrente en los Evangelios y las epístolas (Mr 8:32; 2Ti 2:11-13).

Confesar que reconocemos su señorío ante el mismo Jesús es un acto de fe que nos permite contar con su justicia en nuestras vidas; ¡confesarlo ante los demás es un acto de fe que vuelve muy necesaria esa justicia! Esta confesión puede ser el primero de todos los "actos" de fe que realizará un discípulo, pero no debe ser el último.

LA FE ES PRÁCTICA

Ya hemos señalado que la fe es algo que hacemos, más que algo que tenemos (de ahí la preferencia del Nuevo Testamento por el verbo frente al sustantivo). Juan relata un interesante diálogo entre Jesús y la multitud: "—¿Qué tenemos que hacer para realizar las obras que Dios exige? —le preguntaron", y obtuvieron la respuesta: "—Ésa es la obra de Dios: que crean en aquel a quien él envió" (Jn 6:28-29). Un evangélico moderno habría respondido: "No deben ni siquiera intentar hacer alguna obra; ¡simplemente crean!". Pero hubiera sido una simplificación excesiva. Creer es "obedecer a la fe" (Hch 6:7). La fe del Nuevo Testamento es muy práctica.

Es una gran pena que la palabra "obras" haya tomado una connotación tan negativa, en especial entre quienes construyen la mayor parte de su teología, si no toda, sobre la enseñanza de Pablo. A decir verdad, la palabra es en esencia neutra, tomando un sabor positivo o negativo solo cuando se la asocia con otros conceptos. Es clave darnos cuenta de que Pablo acostumbra a referirse a las "obras de la ley", y desalienta enfáticamente toda idea de que estas obras puedan producir algún mérito (¡o que puedan realizarse de manera adecuada!), especialmente en relación con la justificación (ser aceptables ante Dios). Pero, si bien de ninguna forma podemos ser salvados *por* estas obras (Ef 2:9), Pablo subraya con el mismo énfasis que somos salvados *para* "buenas obras" (Ef 2:10). Podemos obsesionarnos tanto con el concepto incorrecto de las "obras de la ley" que nos volvamos ciegos al lugar correcto de las "obras de amor", las "buenas obras" y, en esta discusión, las "obras de la fe".

Es que la palabra "obras" significa simplemente "acciones". Se refiere a poner algo en práctica. En este sentido Santiago dice con razón que "la fe sin obras [acciones] es estéril" (Stg 2:20): ¡no sirve para salvar a nadie! No está contradiciendo a Pablo, sino que lo está complementando, cuando agrega "Como pueden ver, a una persona se le declara justa por las obras, y no solo por la fe" (Stg 2:24, considerado de manera bastante errónea como en conflicto con textos como Gá 2:16). Pablo está pensando en las "obras de la ley"; Santiago, en las "obras de la fe". Los ejemplos que escoge Santiago para ilustrar su punto (Rajab, la prostituta, y Abraham, el patriarca) muestran que ni siquiera está considerando logros morales. Ambos estaban arriesgando todo su futuro porque confiaban en Dios (todo esto está desarrollado en detalle en el capítulo 28). Santiago subraya con mucha fuerza el concepto que ha establecido antes en el mismo capítulo: la confesión de un credo por sí sola dista de ser una fe salvadora, si no se hace nada al respecto. Señala que los demonios son también grandes monoteístas, ¡pero no son creyentes (Stg 2:19)! Pablo y Santiago estarían de acuerdo en que *"la justificación es solo por las obras de la fe"*. Es la fe en acción la que salva.

Hay otro escritor del Nuevo Testamento que hace un profundo aporte a nuestra comprensión de este aspecto práctico de la fe: el autor anónimo de la epístola a los Hebreos (ver capítulo 27 para el trasfondo y el propósito de esta carta singular). Hebreos 11 es un exposición clásica de la naturaleza de la fe; no solo de lo que es ("la garantía de lo que se espera, la certeza de lo que no se ve", v. 1) sino principalmente de lo que hace: traslada lo invisible a lo visible, el futuro al presente, lo celestial a lo terrenal, el allí y entonces al aquí y ahora. Los ejemplos que toma son todas "obras de la fe", lo que hombres y mujeres *hicieron* porque confiaron en el Señor: Abel ofreció el sacrificio correcto; Enoc caminó con Dios (¡hasta llegar al mismo cielo!); Noé construyó un arca; Abraham dejó su hogar por una carpa a los ochenta años de edad, hizo el amor a su esposa anciana y estuvo dispuesto a matar a su hijo; tanto Isaac como Jacob dejaron propiedades a sus hijos que aún no eran suyas; José hizo arreglos para su propio funeral en una tierra que no había visto desde su juventud; los padres de Moisés arriesgaron sus vidas para ocultar a su bebé; el mismo Moisés dejó un palacio para conducir a sus parientes esclavizados a una trampa entre el ejército y el mar; Josué marchó alrededor de los muros de la ciudad; Rajab ocultó a los espías, etc. No hay una sola palabra acerca de lo que pensaban o sentían acerca de su fe, sino solo lo que hicieron al respecto. Si bien todos estos ejemplos pertenecen a la historia judía (apropiado para una carta a los "hebreos"), son modelos para la fe cristiana también; y, por cierto, ¡están esperando que los cristianos los alcancen (v. 40)! Su confianza interior en el futuro quedó demostrada por su conducta exterior en el presente.

En otras palabras, la fe no consiste solo en *aceptar* la verdad de la palabra de Dios; es *actuar* según esa verdad. Hay siempre un elemento de riesgo involucrado: si no es verdadera, habrá una pérdida futura; si es verdadera, implicará una ganancia futura. Pero las acciones de confianza y obediencia deben ser mantenidas hasta que la fe se convierta en algo visible (note la asombrosa declaración en v. 13: "Todos ellos vivieron por la fe, y murieron sin haber recibido las cosas prometidas"), lo cual significa que:

LA FE ES CONTINUA

Es también propio de la esencia de la fe *continuar* actuando según la palabra de Dios, no importa el tiempo para que sus promesas se cumplan. Es por esto que la misma carta a los Hebreos continúa con una exhortación a los cristianos a seguir el ejemplo de los santos del Antiguo Testamento y "correr con *perseverancia*", fijando la mirada en Jesús, el iniciador y perfeccionador de su fe (es decir, el que le da comienzo y el que le da término), quien enfrentó y atravesó el final amargo por el gozo que había después (Heb 12:1-2).

El énfasis en la continuidad de la fe comienza en el Antiguo Testamento. Cuando Habacuc temía que el inminente juicio divino en forma de una invasión babilonia no discriminaría entre los pocos justos y los muchos malos en Israel, Dios le aseguró que "el justo vivirá por su fe" (Hab 2:4). La palabra traducida aquí como "fe" no es frecuente en el Antiguo Testamento, y en todos los demás contextos significa "fidelidad, lealtad, mantenerse fiel a alguien" (la palabra hebrea es *emunah*); es algo que uno "rompe" si no mantiene. La palabra "vivirá" en este contexto significa simplemente "sobrevivirá el juicio venidero". La palabra "justo" se refiere a aquellos que Dios (no el hombre) considera justos a sus ojos. Así que podemos parafrasear el texto de Habacuc así: "Aquel que Dios considera justo sobrevivirá el juicio venidero si *se mantiene fiel* a él". El profeta mismo fue uno de los que se mantuvieron fieles al Dios de Israel a lo largo del desastre, aun cuando los invasores babilonios destruyeron todos los árboles y los animales, como era su implacable costumbre (Hab 2:17; 3:17-18).

Este "texto dorado" de Habacuc aparece citado muchas veces en el Nuevo Testamento (y se convirtió en el grito de batalla de la Reforma, siglos después). Cuando es usado por los escritores apostólicos, el énfasis siempre está en la continuidad de la fe, en mantenerse fieles a Dios. Pablo lo cita por esta razón ("por fe de principio a fin" o, más literalmente, "de fe a fe", Ro 1:17) y el autor de Hebreos establece el mismo concepto ("y si se vuelve atrás", una expresión náutica para arriar las velas, Heb 10:38).

En el griego ocurre lo mismo que en el hebreo: "fe" y "fidelidad" son exactamente la misma palabra (*pistis*), y se la traduce como un don del Espíritu (1Co 12:9), en el primer sentido, y como fruto del Espíritu (Gá 5:22), en el segundo. Por cierto, a veces es difícil saber cuál usar, y el significado debe ser evaluado de acuerdo con el contexto. Estar lleno de fe es lo mismo que ser "fiel".

Encontramos otro indicador de la continuidad de la fe en los tiempos verbales griegos usados para el verbo "creer". Cuando se menciona el paso inicial de fe que inaugura la vida de un creyente, se usa el tiempo aoristo, refiriéndose a un suceso o instante único (encontramos ejemplos en Hch 16:31; 19:2). Pero en muchas ocasiones se usa el tiempo presente, lo cual indica una acción continua o presente, a diferencia de una condición pasada. A Juan le gusta en particular esta segunda forma: "Porque tanto amó Dios al mundo, que dio a su Hijo unigénito, para que todo el que cree [es decir, *siga* creyendo, o está creyendo *ahora*] en él no se pierda, sino que tenga [es decir, aquí y ahora, no solo en el futuro, ver. v. 36] vida eterna" (Jn 3:16); "—Ésta es la obra de Dios: que crean [es decir, *sigan* creyendo, o estén creyendo] en aquel a quien él envió —les respondió Jesús"

(Jn 6:29); "Pero éstas se han escrito para que ustedes crean [es decir, *sigan* creyendo, o estén creyendo] que Jesús es el Cristo, el Hijo de Dios, y para que al creer [*seguir* creyendo] en su nombre tengan [es decir, continúen teniendo] vida" (Jn 20:31). (Note que esto hace que Evangelio de Juan sea más apropiado para creyentes que para incrédulos, ya que su objetivo es mantener a los creyentes en la fe más que llevarlos a la fe, lo que explica por qué fue escrito después de los tres sinópticos.)

Pablo nunca se apoyó en su paso de fe *pasado* en el camino a Damasco. En el medio de su peregrinaje se basaba en su fe *presente*: "lo que ahora vivo en el cuerpo, lo vivo por la fe en el Hijo de Dios..." (Gá 2:20). Al final de su vida pudo decir: "me he mantenido en la fe" (2Ti 4:7). Su enseñanza está llena de advertencias acerca de la necesidad de "continuar" en la fe (Hch 11:23; 14:22; Ro 11:22; 1Co 15:2; Col 1:23; 1Ti 2:15). Hay malas noticias para los que se "desviaron" de la fe (1Ti 6:10, 21) y aun han "naufragado" en la fe (1Ti 1:19). Con razón él exhorta a los corintios: "Examínense para ver si *están* [es decir, ahora] en la fe; pruébense a sí mismos" (2Co 13:5).

La implicación de este testimonio es clara: la verdadera fe significa "mantener la fe". La verdadera fe es aquella con la que terminamos, no con la que comenzamos. Podemos tener la justificación en un instante de fe; la santificación y la glorificación son los resultados de toda una vida de fe. (La incidencia de esto en el concepto del tema "una vez salvo, siempre salvo" será discutida con mayor detalle en el capítulo 27, que considera los pasajes sobre la "apostasía" en Hebreos, y en el capítulo 36, que se pregunta cuándo una persona es "salva".)

La fe salvadora no es solo un *paso*; es una *caminata*, una serie de pasos que se extienden desde esta vida hasta la próxima (1Co 13:13). Una vez que una persona ha puesto su confianza en el Señor Jesucristo, el paso de fe siguiente es ser bautizada en agua...

4. SER BAUTIZADO EN AGUA

La inclusión del bautismo como un elemento esencial de la iniciación cristiana genera mucha incomodidad. Algunos temen que este énfasis en lo que es obviamente una acción *humana* abra la puerta a la "salvación por obras" y ponga en peligro la doctrina de la "justificación solo por la fe". Pero, como ya hemos señalado, no parecen tan preocupados por "agregar" el arrepentimiento a la fe, o la confesión con la boca. Lo cierto es que la verdadera inquietud con relación al bautismo es más profunda, y es la preocupación más común acerca de la "necesidad" del bautismo.

El problema básico es que es una acción tan *física*, cuando se supone que la iniciación cristiana es esencialmente "espiritual". ¿Cómo puede un rito material afectar realidades morales (o aun representarlas)? Por supuesto, un momento de reflexión confirmará que cada uno de los otros tres elementos tiene conexiones físicas. El arrepentimiento puede involucrar ropa (Lc 3:11), dinero (Lc 19:8) y libros (Hch 19:19). La fe implica el uso de la boca (Ro 10:10 dice que es "esencial" para ser salvo). La recepción del Espíritu a menudo viene a través de la imposición de manos (Hch 8:17; 9:17; 19:6). Pero estos tres aspectos todavía "parecen" más espirituales que físicos, ¡en tanto que el bautismo "parece" más físico que espiritual! Pero, ¿por qué debería ser esto un problema tan grande?

La incapacidad de relacionar lo físico con lo espiritual es endémica en el mundo occidental y surge de las raíces del pensamiento occidental en la filosofía griega, en la cual la separación de los "mundos" físico y espiritual era fundamental. Esto afectó profundamente el comportamiento griego, llevándolo a dos extremos, la indulgencia y el ascetismo. Afectó también sus creencias, produciendo un gran debate acerca de cuál mundo era más "real": el físico (Aristóteles) o el espiritual (Platón). En Occidente, el pensamiento "secular" ha seguido a Aristóteles, en tanto que el pensamiento "sagrado" ha seguido a Platón. Esto ha generado una "espiritualización" excesiva en el cristianismo (más afín al misticismo oriental, por una extraña ironía). Detrás de esta yace la definición de un "sacramento" como "una señal exterior y visible de una gracia interior y espiritual". Hay muchos que ven el agua del bautismo como un "mero" símbolo, en tanto que la parte "real" es enteramente "espiritual." Esta separación entre los aspectos "exteriores" e "interiores" sugeriría la posibilidad de tener la "realidad espiritual" del bautismo sin el rito físico.

Hay quienes piensan sinceramente que el propio Nuevo Testamento alienta esta dicotomía entre el "mundo" físico y el espiritual. Tomándose del énfasis profético en la realidad por sobre los ritos del Antiguo Testamento (ver, por ejemplo, Is 58:6-7 y Os 6:6), ven la culminación de esta tendencia en la indiferencia de Jesús hacia los ritos de purificación externos (Mr 7:1-23) y su insistencia en la limpieza del corazón. De manera similar, el concepto profético de la circuncisión del corazón (Dt 10:6) es recogido por el apóstol Pablo (Col 2:11). Sobre todo, la epístola a los Hebreos contrasta los "tipos" físicos "terrenales" del "antiguo" pacto (templos, altares, sacrificios, sacerdocio, vestimentas, incienso, etc.) con los "antitipos" espirituales "celestiales" del "nuevo" pacto. Sin duda, entonces, los cristianos deberían concentrarse en lo espiritual y dejar atrás lo físico.

Pero esto no es toda la verdad acerca del "nuevo" pacto. El mismo Jesús que criticó el lavamiento ritual antes de las comidas ordenó el bautismo para todos sus seguidores (Mt 28:19; ver capítulo 7). El mismo Pablo que habló de la circuncisión del corazón la vinculó con el bautismo (Col 2:11-12; ver capítulo 25). El mismo escritor a los Hebreos habló de la necesidad de acudir a Dios con *cuerpos* lavados en agua pura (Heb 10:22, RVR60; ver capítulo 27). Porque todos ellos eran judíos, no griegos. El pensamiento hebreo nunca cometió el error de separar lo espiritual de lo físico, ya que el Dios que era Espíritu creó el mundo material para ser afirmado y disfrutado. Para la Biblia, ¡el ascetismo es una herejía! Las relaciones sexuales tienen un significado espiritual (solo en el pensamiento "griego" el celibato es considerado un estado más noble que el matrimonio).

En la Biblia, las cosas físicas no son solo metáforas convenientes y analogías adecuadas de cosas espirituales; lo físico puede ser el medio concreto para comunicar lo espiritual. Este principio se mantiene vigente desde los orígenes mismos, desde los árboles de la vida y del conocimiento del bien y del mal del Edén, hasta el barro y la saliva usados por Jesús para curar la ceguera. Encuentra su expresión suprema en la encarnación misma, el Verbo hecho carne. Fue en su *cuerpo* que Jesús llevó nuestros pecados sobre la cruz (1P 2:24), y fue la resurrección de su *cuerpo* que trajo la esperanza de vida eterna. Con razón el cristianismo ha sido denominado "la más materialista de todas las religiones del mundo" (un comentario atribuido al arzobispo William Temple).

No es una sorpresa que el Señor haya ordenado a sus seguidores participar en dos acciones físicas, una para comenzar la vida de un discípulo y la otra para continuarla. Ambas tendrían efectos profundos. Con relación a la Cena del Señor, Pablo describe en detalle los efectos positivos de la "comunión" y los efectos negativos de la "condenación" que pueden fluir de este "sacramento" (1Co 10-11).

Después de haber citado una definición "griega" de un "sacramento", ¡intentaremos una definición "hebrea"! Es *un suceso físico con un efecto espiritual*. Con esto en mente, podemos abordar nuestro estudio del bautismo y su parte en la iniciación cristiana, haciendo cuatro preguntas básicas: ¿dónde, cómo, por qué y cuándo se hacía?

¿DÓNDE SE HACÍA?

¿Dónde se originó la práctica? ¿Quién la comenzó? La idea del lavamiento ritual es casi universal, desde bañar al novio antes de la boda —una práctica antigua y generalizada— al obsesivo lavado de manos que tratan los psiquiatras modernos. Pero, ¿cuándo se volvió específicamente religioso, y cuáles son las raíces del rito cristiano?

Es poco probable que encontremos la raíces del bautismo del Nuevo Testamento en la religión pagana (si bien puede haber una referencia tal en la mención del bautismo "por los muertos" en 1Co 15:29; ver capítulo 24). Es mucho más probable que el trasfondo sea judío. Por cierto, el Antiguo Testamento contiene detalles de lavamientos rituales, especialmente en conexión con el sacerdocio. Los profetas también esperaban un lavamiento profundo del pueblo (note el "agua pura" de Ez 36:25).

Los baños rituales descubiertos en la comunidad esenia de Qumrán también dan testimonio del lugar que ocupaba, al menos en una corriente de la tradición judía, la purificación habitual por inmersión; la proximidad de esta práctica, tanto en tiempo como en lugar, al ministerio de Juan y de Jesús, es llamativa. No obstante, si bien puede haber una asociación de ideas, no existe evidencia alguna de un vínculo directo, en especial en las mentes de las personas que fueron bautizadas en el Jordán. No consideraban que se estaban separando de su sociedad, sino de sus pecados, en respuesta a la primera voz profética en siglos (note cómo Juan adoptó la forma de vestirse de Elías) y el anuncio de la inminente llegada del Mesías.

Muchos eruditos han visto un precedente en el bautismo de "prosélitos" de los judíos, que se desarrolló en la diáspora (la "dispersión" de los judíos fuera de su propio país), como una forma de preparar a los gentiles adherentes para ser miembros plenos del pueblo judío. Pero la primera evidencia concreta de la práctica viene de fines del primer siglo d.C., así que desconocemos si ya era una práctica común en el tiempo de Jesús. En todo caso, existían verdaderas diferencias entre este bautismo y el bautismo cristiano. Era acompañado por la circuncisión; era autoadministrado; era administrado a familias completas, pero *no* a ningún bebé nacido después; y, sobre todo, estaba ideado para quitar la contaminación racial, no la culpa moral. Si ya era conocido antes que Juan el Bautista comenzara su ministerio, ¡cuán ofensivo tiene que haber sido exigírselo a los *judíos*!

A pesar de todo este trasfondo, no nos equivocaremos si consideramos al bautismo como un práctica original introducida por Juan ante la revelación y el mandato directos de Dios, pero que sería comprendida fácilmente ante el telón de fondo de todas las purificaciones físicas y espirituales con agua.

El rasgo destacado de la predicación y la práctica de Juan acerca del bautismo era el fuerte énfasis en el contenido *moral*. Anunció la largamente esperada noticia de que el reino (el gobierno, no la esfera) de Dios estaba a punto de irrumpir en la historia, trayendo normas de justicia tan elevadas a los asuntos humanos que los prerrequisitos urgentes para la ciudadanía eran el arrepentimiento y el perdón. Juan entendió que el acto de inmersión (ver la próxima sección) en el río Jordán era a la vez la consumación del arrepentimiento y la comunicación del perdón (Mt 3:11; Mr 1:4; Lc 3:3).

El vínculo entre el bautismo de Juan y la práctica cristiana posterior es doble. Primero, Jesús mismo se sometió a Juan, si bien para él se trataba de "cumplir con lo que es justo" más que de arrepentimiento (Mt 3:15). ¡Su sumisión y comentario son una represión permanente para cualquiera de sus seguidores que lo considera innecesario! Segundo, Jesús mismo siguió bautizando a otros luego de comenzar su propio ministerio. Por cierto, en un momento Juan y Jesús estaban usando el mismo río, separados por unos pocos kilómetros, dando lugar a antipáticas comparaciones de cantidades (Jn 3:22-26). En realidad, Jesús no lo hacía él mismo, sino que lo dejaba a sus discípulos (tal vez por la misma razón que Pedro y Pablo lo dejaban a sus ayudantes; cf. Jn 4:2 con Hch 10:48 y 1Co 1:14-17).

Para sorpresa nuestra, durante la mayor parte del ministerio de Jesús no aparece ninguna mención del bautismo, ni siquiera cuando los doce y los setenta son enviados en giras misioneras. Sin embargo, está en primerísimo plano en las instrucciones finales a los apóstoles entre su resurrección y su ascensión. Su clara inclusión del bautismo en el mandato misionero (Mt 28:19; cf. Mr 16:16) es más que una explicación adecuada para su aplicación universal en la iglesia primitiva. Para entonces, como veremos, el significado de la práctica había tenido un considerable desarrollo, pero el modo o método seguía igual.

EL NACIMIENTO CRISTIANO NORMAL

¿CÓMO SE HACÍA?

Las representaciones de Juan en el Jordán por artistas cristianos de siglos posteriores ha mostrado a menudo a los candidatos parados en el agua hasta las rodillas, muslos o aun la cintura, mientras Juan rocía una gotas de agua con una valva de vieira sobre sus cabezas; las imágenes son una transigencia entre el relato bíblico y la práctica litúrgica posterior (¡inmersión de la mitad inferior y afusión para la mitad superior!). ¡Cuán importante es leer la Biblia sin ponernos los anteojos de la tradición!

El Nuevo Testamento deja en claro que los bautismos de Juan y los apóstoles eran por inmersión total en agua ("sumersión" podría ser una palabra mejor). Juan escogió un tramo específico del río Jordán, precisamente por su profundidad adecuada (Jn 3:23). Pedro y el etíope "bajaron al agua" (Hch 8:38). Se ha objetado que no habría suficiente agua en Jerusalén para bautizar a tres mil personas a la vez, pero esto pasa por alto los estanques de Betesda y de Siloé. Y, por supuesto, ¡el relato bíblico no afirma que estaban todos en el agua al mismo tiempo!

La palabra "bautizar" misma implica esta inmersión total. No se había convertido, en los tiempos del Nuevo Testamento, en una expresión *definidora* para un rito eclesiástico. Era una palabra griega común (*baptizein*) de naturaleza *descriptiva*. Se usaba para el hundimiento de un barco (¡no su botadura!), al introducir una copa en un cuenco de vino y al remojar una tela en una cuba de tintura. La palabra griega se usaba donde usaríamos en español remojar, sumergir, embeber, zambullir, empapar, anegar o impregnar, hundir, inundar, imbuir, permear, saturar. También se usaba de manera más general como una metáfora con el significado de "abrumar". Que Juan fuera llamado "el Bautista" no era porque fuera un título, y mucho menos el rótulo denominacional en que se ha convertido; era un apodo descriptivo, que significaba el Sumergidor, el Zambullidor (la misma frase descriptiva fue aplicada a Jesús, el "bautizador" en Espíritu Santo, Jn 1:33; ¡así que Jesús era tan Bautista como Juan!).

Este concepto de bautismo fue comprendido durante siglos. Aun cuando fuera aplicado más tarde a los bebés (ver Apéndice 1), eran sumergidos (observe las dimensiones de las pilas bautismales medievales). Las iglesias ortodoxas griegas aún *sumergen* a los bebés (¡tres veces en el nombre de la Trinidad!), ¡probablemente porque saben griego! Es una lástima que la palabra en raras ocasiones se traduzca a un equivalente español en nuestras versiones de la Biblia, apareciendo en cambio como una simple transliteración con fonemas españoles. De hecho, su significado ahora es tan técnico que ha perdido en la práctica su connotación original. ¡Hablar de "bautismo por rociamiento" tendría tanto sentido para un griego como dibujar un círculo cuadrado o freír la nieve!

El bautismo del Nuevo Testamento necesitaba agua, "y mucha". Pero también necesitaba *palabras*. En el bautismo de Juan, se le pedía al candidato que hiciera una confesión verbal de pecados específicos (como se mencionó en el capítulo 2). En el bautismo de los apóstoles, se esperaba que el candidato "invocara" el nombre de Jesús. También se requería que el bautizador lo hiciera *a* su nombre (ver Hch 19:5). No parece haber habido una fórmula fija, como suele insistirse hoy, pero lo importante era incluir el nombre "Jesús" (ver capítulo 7 para una discusión acerca de la extraña discrepancia entre el "nombre" trinitario de Mt 28:19 y el uso "unitario" del nombre de Jesús a lo largo de Hechos).

Finalmente, con relación al modo, si bien el bautismo nunca era autoadministrado, su eficacia parece haber dependido mucho más del estado espiritual del bautizado que del bautizador (Jesús fue bautizado por alguien que no había sido bautizado él mismo, Mt 3:14).

¿POR QUÉ SE HACÍA?

Ya hemos notado que el bautismo de Juan buscaba consumar el arrepentimiento y comunicar el perdón. Este doble propósito fue continuado en el bautismo cristiano

(Hch 2:39). Pero se le agregó un nuevo énfasis después de la muerte, sepultura y resurrección de Jesús.

El bautismo es un baño para los que están sucios
Es para lavar los pecados (Hch 22:16; Ef 5:26; Heb 10:22). Su acción purificadora es interior más que exterior, de la conciencia más que del cuerpo (1P 3:21). Aun esta terminología va más allá de lo que entendía Juan. Pero se agrega toda una nueva dimensión con el siguiente concepto.

El bautismo es un sepelio para los que están muertos
El preludio necesario del bautismo es "despojarse del cuerpo pecaminoso", como hizo Jesús, ser crucificados con él; ésta es la "circuncisión" hecha no por mano humana a la que se refiere Pablo (Col 2:9-12; ver capítulo 25). El "sepelio" en agua es el enlace vital entre la muerte del creyente a su vida antigua y su resurrección a la vida nueva (Ro 6:4; Col 2:12; 1P 3:21). Cuán apropiado para este significado es el acto de inmersión total: sumergir y emerger, sepultado y resucitado (todas las otras modalidades centran la atención en el aspecto del baño más que en el aspecto del sepelio).

Es muy llamativo que en la mayoría de las referencias al bautismo en el Nuevo Testamento, la terminología es instrumental más que simbólica. No es solo como un baño; *es* un baño. No es solo como un sepelio; *es* un sepelio. La "señal" cumple realmente lo que significa. Cuando se piensa en el bautismo como un "mero" símbolo que apunta a una realidad espiritual externa, queda abierto el camino para pensar que puede apuntar hacia algo que puede "ocurrir" en otro momento, ya sea un tiempo antes del bautismo (en el caso de los incrédulos) o mucho tiempo después del bautismo (en el caso de los bebés). (Uno de los mejores libros sobre esta visión "instrumental" del bautismo es *Baptism in the New Testament*,[4] de G. R. Beasley-Murray (Eerdmans, 1962), si bien no distingue de manera demasiado clara entre el bautismo en agua y el bautismo en el Espíritu.)

---

4 En español, *El bautismo en el Nuevo Testamento*.

Pero la terminología del Nuevo Testamento es *simultánea* además de instrumental, describiendo lo que ocurre concretamente en el momento mismo del bautismo. Esto pone el énfasis en la actividad *divina* por encima del acto humano. Considerarlo solo un "acto de obediencia" o un "testimonio" (una especie de declaración húmeda) es no entender su propósito esencial. Es un "medio de gracia", un medio de gracia *salvadora*. Los escritores del Nuevo Testamento no titubean en usar la palabra "salvar" con relación al bautismo (Mr 16:16; Hch 2:40-41; 1P 3:21; esta última es la declaración más fuerte de todas, cuando dice: "el bautismo que ahora los salva"). En este "lavamiento de la regeneración" (Tit 3:5; ver capítulo 20) una persona "nace de agua" (Jn 3:5; ver capítulo 10).

Con razón los apóstoles asociaban el acto con algunos de los grandes sucesos redentores de la historia previa. Pedro vio un tipo del bautismo cristiano en el diluvio de Noé, en el sentido que él y siete familiares fueron separados de su antiguo entorno por el agua (1P 3:20; ver capítulo 29). Pablo vio el cruce del Mar Rojo como un tipo del bautismo cristiano (1Co 10:1-2); es tentador sacar la conclusión de que lo que significaba para el judío pasar por esa agua con relación al faraón, era lo que significaba el bautismo para el cristiano con relación a Satanás (por cierto, después del bautismo "el pecado no tendrá dominio", Ro 6:11-14). Es el sacramento de romper con el pasado y comenzar a foja cero.

Para algunos lectores, todo esto les resultará algo difícil de aceptar, y sin duda sospecharán que estoy enseñando la temida doctrina de la "regeneración bautismal". Pero el temor a esta distorsión puede reducir el rito a un mero símbolo. Evitaremos el error si recordamos que en ninguna parte el Nuevo Testamento sugiere que el bautismo logra resultado alguno por sí mismo (la descripción técnica de esta idea mecánica, aun mágica, es la frase latina *ex opere operato*). Solo en ciertas condiciones espirituales es "eficaz" el bautismo. El agua por sí misma no puede hacer nada más que quitar la suciedad del cuerpo. Es el poder de Dios a través de su Espíritu en respuesta al arrepentimiento y la fe humanos lo que permite que el acto físico tenga tal efecto espiritual. Lo cual nos lleva, mediante una simple progresión del pensamiento, a nuestra pregunta final.

¿CUÁNDO SE HACÍA?

¿Cuándo se bautizaban las personas en el tiempo de los apóstoles? La respuesta sencilla es: tan pronto como podían convencer a otros de que realmente se habían arrepentido y habían creído. Por lo tanto, podía ocurrir el mismo día que escuchaban el evangelio por primera vez (Hch 10:48) o aun la misma noche (Hch 16:33).

Por supuesto, el juicio humano estaba involucrado en esto, y se cometían errores de vez en cuando (Hch 8:13), si bien se corregía con firmeza una vez descubiertos (Hch 8:18-23). Lo importante era que el criterio para evaluar el arrepentimiento estaba basado en las evidencias más que en las declaraciones (Hch 26:20). No obstante, mientras que el arrepentimiento era la única condición exigida para el bautismo de Juan, el bautismo cristiano requería además la fe en el Señor Jesucristo (Hch 19:4-5).

Desde esta perspectiva, el estado espiritual del candidato era un factor muchísimo más importante que la cantidad de agua o la forma de las palabras usadas en el rito, ya que sin esta fe penitente era ineficaz para el hombre e inaceptable para Dios (si el bautismo comparte el mismo carácter sacramental que la Cena del Señor, hasta podría llegar a ser dañino si se administra a un incrédulo no arrepentido). Por lo tanto, es un paso *voluntario* que debe ser dado por personas moralmente responsables (1P 3:21; ver capítulo 29). No puede haber ningún arrepentimiento o fe *vicarios* cuando se trata de la salvación personal. Cada individuo debe dar su propia respuesta al evangelio y hacer su propio pedido de bautismo (note que "cada uno de ustedes" califica tanto a "arrepiéntase" como a "bautícese" en Hch 2:38; ver capítulo 15).

Esto explica el uso inusual de la voz media en el verbo "bautizar" (por ejemplo, en Hch 22:16). El significado de la voz activa sería "bautízate"; el de la voz pasiva, "sé bautizado". La voz media, que es la que se usa en el original, significa "hazte bautizar" (es decir, por otra persona). Si bien es hecho por otros, es decidido por *uno mismo*. Tanto la voluntad como la conciencia del individuo están involucradas. El bautismo es una acción consciente y concienzuda.

EL BAUTISMO DE "INFANTES"

Todo lo cual plantea de manera inevitable la cuestión del bautismo de "infantes" (aclararía el debate usar la palabra "bebés", en vez de "infantes", dejando bien en claro que el asunto tiene que ver con quienes son por completo incapaces de arrepentirse o de creer por su cuenta; en realidad, ¡no tienen capacidad alguna de cometer los pecados que lava el bautismo!). La cuestión será tratada con mayor detalle bajo otros títulos (ver capítulos 15, 19, 34 y el Apéndice 1); acá solo nos interesan las referencias del Nuevo Testamento al bautismo.

La mayoría de los estudiosos acepta que no hay ningún registro explícito del bautismo de un bebé (de padres creyentes o incrédulos) en el Nuevo Testamento, ya sea por Juan el Bautista o la iglesia primitiva. Muchos proceden a explicar este "silencio" diciendo que se trata de la "primera generación" de cristianos, y todos los conversos serían *adultos*. Sin embargo, ¡es inconcebible que ninguno de aquellos primeros conversos fueran padres o abuelos, y que ninguno de los miles que acudieron a Juan en el Jordán o a los apóstoles en Pentecostés haya tenido familia! El silencio se vuelve ensordecedor.

No obstante, existe más evidencia positiva de que los bebés no eran incluidos. Se dice del bautismo de Juan que era para arrepentimiento, y que los candidatos confesaban sus pecados, ambas acciones imposible de aplicar a bebés. En Pentecostés, se dice de manera específica que aquellos que fueron bautizados fueron los que "recibieron su mensaje" (Hch 2:41; exactamente las mismas palabras se usan para las "casas" que fueron bautizadas: ver capítulo 19 para un estudio detallado).

Se han usado otros pasajes como evidencia indirecta para la inclusión de bebés. La afirmación de Pedro, "la promesa es para ustedes, para sus hijos" es, sin embargo, una referencia al bautismo en el Espíritu, no al bautismo en agua, y está claramente calificada por la recepción de un llamado divino y la respuesta a ese llamado, y ofrecida por igual a "todos los que están lejos" (Hch 2:39, NVI lectura alternativa; ver capítulo 15). Pablo dice a una esposa creyente que sus hijos "son santos" (1Co 7:14; ver capítulo 22); pero por la misma razón, también lo es el esposo incrédulo, y el contexto de la declaración de Pablo es el tema del divorcio, no el bautismo. Se habla de los hijos en las epístolas de Pablo como "en el Señor" (Ef. 6:1; ver Col 3:20); pero está claro que tienen la edad suficiente como para poder enfrentarse a la responsabilidad moral.

La mayoría de los estudiosos reconoce que no hay ninguna evidencia directa a favor del bautismo de bebés en el Nuevo Testamento; pero algunos quieren establecer el concepto opuesto, que tampoco hay nada en su contra. Pero no es así. El problema es que es imposible aplicar la teoría del bautismo del Nuevo Testamento (es decir, su significado e importancia, según lo descrito) a bebés sin que la práctica se convierta, en el mejor de los casos, en meramente simbólica (de anhelos futuros) o, en el peor de los casos, en abiertamente supersticiosa (salvar al bebé del infierno), con una posición intermedia ligeramente sentimental (la "ceremonia de presentación" del bebé). Considerarlo como un baño para lavar los pecados o como el sepelio del pecador, requiere una fe que va más allá de las palabras de la Biblia. Porque el hecho simple es que la terminología que usa el Nuevo Testamento acerca del bautismo *no puede* aplicarse al bautismo de bebés tal como está. Hace falta hacer una modificación sustancial a sus condiciones o sus efectos, o aun descartarlos, para que "encajen" en la situación de los recién nacidos.

Los verdaderos fundamentos del bautismo de bebés son teológicos antes que textuales (como intentamos dejar en claro en el Apéndice 1). Lo que ocurre es esto: un concepto bíblico, que puede ser válido dentro de su propio contexto, es exaltado para convertirlo en un principio que es usado luego para interpretar asuntos más allá de su propia esfera. Las tres doctrinas que han sido usadas de esta forma (ver el Apéndice 1 para una explicación más detallada) son el pecado original, el pacto hereditario y la gracia anticipatoria, ninguna de las cuales están relacionadas de manera directa con el bautismo en el Nuevo Testamento (el bautismo es para la purificación de pecados reales, no el pecado original; es para lo que han nacido del Espíritu, no para los que han nacido de la carne; es el sacramento de la gracia apropiada, no el símbolo de la gracia anticipatoria).

LO QUE NO PUEDE HACER

El bautismo marca el fin de la vida antigua y el comienzo de una vida nueva, la muerte de un pecador y el nacimiento de un santo, el sepelio del hombre viejo y la resurrección del hombre nuevo. Es el "lavamiento de la regeneración", ¡que produce no solo un nuevo comienzo en la vida sino una nueva vida con la cual comenzar!

¡Pero estas palabras pueden crear demasiadas esperanzas! Muchos han pensado que su bautismo no solo les permitiría *comenzar* la nueva vida limpios sino también *mantenerse* limpios, que trataría con su futuro además de su pasado, que resultaría ser "la cura doble", tanto del dominio como de la contaminación del pecado. ¡El primer pecado que cometemos después del bautismo es terriblemente traumático! ¿He deshecho mi bautismo? ¿Necesitaré otro bautismo? ¿Estaba realmente listo? En realidad, ¡tal vez solo necesitemos lavarnos los pies (Jn 13:10)!

La situación real es que el bautismo en agua no fue diseñado para que hiciera todo esto por nosotros. Puede tratar con nuestro pasado, pero no con nuestro futuro. Necesitamos recordar que Juan el Bautista reconoció las limitaciones del bautismo en agua. Reconoció la necesidad de poder además de pureza. Mediante revelación, sabía que se requeriría otro "bautismo", y que muy pronto estaría disponible. Sabía incluso quién sería la persona que lo administraría. Su perspectiva profética comprendió el ministerio doble del Mesías, de "quitar el pecado del mundo" (Jn 1:29) y "bautizar con el Espíritu Santo" (Jn 1:33), ¡y la persona que lo haría sería su propio primo, Jesús!

Todo creyente necesita recibir ambos bautismos: uno, de un cristiano y el otro, de Cristo. En uno recibimos el don del Hijo de Dios en su muerte, sepultura y resurrección; en el otro, el don del Espíritu de Dios en su poder y pureza. Para ser consagrados, los sacerdotes levíticos del pacto antiguo eran lavados en agua y ungidos con aceite (Ex 29:4, 7; Lv 8:6, 12). En el nuevo pacto, todos los que pertenecen al pueblo de Dios son sacerdotes y necesitan esta doble consagración. Luego de estudiar el "lavamiento", pasamos a considerar la "unción".

5. RECIBIR EL ESPÍRITU SANTO

Si bien los primeros creyentes nunca usaron el nombre "cristiano" para sí mismos, es probable que no lo hubieran considerado apropiado para ninguna persona hasta que hubiera recibido el Espíritu Santo. La palabra "Cristo" significa "el ungido", y se originó en la práctica de ungir a un nuevo rey (en nuestro servicio de coronación, esta parte específica aún es conocida como "la crisma"). En la Biblia, el aceite era un símbolo del Espíritu de Dios, así que el Mesías esperado, el "ungido" (Sal 2:2 es el único uso explícito de la frase), el Cristo (griego: *christos*), sería ungido por el Espíritu (Is. 61:1). Jesús fue reconocido como el Cristo (por Pedro, en Mt 16:16, y por Marta, en Jn 11:27).

Como extensión natural, sus seguidores recibieron el apodo de "cristianos", pero es significativo que esto haya ocurrido por primera vez en una ciudad gentil (Antioquía), donde fueron percibidos por primera vez como una nueva religión (cuyo "dios" se llamaba "Cristo") y no como una secta judía (como había ocurrido en Jerusalén).

Sin embargo, de haber adoptado los discípulos este término para sí, como lo hicieron claramente generaciones posteriores, casi con certeza hubiera profundizado su significado. En vez de significar solo "un seguidor del ungido", habría comunicado la idea de "un seguidor ungido del ungido" o, de manera literal, alguien que había sido "acristianado". Porque era fundamental para el evangelio que Aquel ungido por el Espíritu ungiera luego a otros, multiplicando de esta forma su ministerio a través de ellos (Mt 3:11; Mr 1:8; Lc 3:16; Jn 1:33, en particular Jn 14:12). Si la iglesia primitiva hubiera usado la palabra "acristianar" (un sinónimo de "bautizar") la hubiera aplicado no al bautismo en agua, como suele hacerse hoy, sino al bautismo en el Espíritu. Hubiera traído a la mente la cuarta etapa de la iniciación, y no la tercera.

¡La recepción del Espíritu puede ser considerada también como una "confirmación", además de un "acristianamiento"! Los apóstoles Pedro, Juan y Pablo no estaban conformes con una respuesta al evangelio hasta que el Espíritu Santo no fuera recibido (ver capítulo 16, sobre Hechos 8, y capítulo 20, sobre Hechos 19). ¡No se conformaban porque no se convencían! El don del Espíritu, recibido de manera audible y visible, era la "confirmación" divina, la evidencia de que el creyente arrepentido y bautizado había sido aceptado por Dios y ahora le pertenecía. La experiencia "carismática" de los conversos corintios de Pablo, que había liberado todos los dones espirituales entre ellos, fue considerada por él como la "confirmación" de su predicación, así como de su conversión (1Co 1:6-7). Por lo tanto, la posesión del Espíritu era la marca del cristiano (ver capítulo 21, sobre Ro 8:9), el sello visible de la propiedad divina (ver más abajo), el fundamento básico de la seguridad (1Jn 3:24; 4:13). Era esencial para ingresar al reino (ver capítulo 10, sobre Jn 3:5) y para vivir en el "nuevo" pacto (2Co 3).

La recepción del Espíritu necesita ser estudiada desde tres puntos de vista. Primero, debemos diferenciarla de manera clara de los otros tres componentes de la iniciación. Segundo, debemos considerar la variedad en la terminología usada. Tercero, debemos preguntar cómo ocurre exactamente en la experiencia del discípulo individual.

SU NECESIDAD DISTINTIVA

Es absolutamente clave notar que en el Nuevo Testamento la recepción del Espíritu *nunca* se identifica o se confunde con el arrepentimiento, la fe o el bautismo en agua. Cada uno de los cuatro son muy específicos, y los cuatro son necesarios.

Pocos confunden el arrepentimiento con la recepción del Espíritu
Parece obvio en la Biblia que uno es el preludio del otro. Es necesario sacar los *pecados* del camino antes que el Espíritu *Santo* pueda fijar su residencia. Por otra parte, ¡es peligroso despejar el mal sin llenar el vacío que queda (Mt 12:43-45)!

RECIBIR EL ESPÍRITU SANTO

En consecuencia, el ministerio de Juan el Bautista se malentiende si se lo considera como completo en sí mismo, aun cuando haya llevado a muchos, a través del arrepentimiento de sus pecados, a una experiencia de verdadero perdón en el bautismo en agua (Mr 1:4). Juan reconoció la insuficiencia de su ministerio, y señaló con claridad a sus discípulos un bautismo en el Espíritu tan diferente que él mismo no se los podía dar. Sin embargo, no existe un solo indicio de que este bautismo superior, administrado por un bautizador muy superior, volvería obsoleto el arrepentimiento o el bautismo en agua.

Muchos confunden la fe con la recepción del Espíritu
Está tan generalizada la creencia de que "creer en Jesús" y "recibir el Espíritu" son sinónimos (y, por lo tanto, simultáneos), que las dos frases, siempre distintas en el Nuevo Testamento, han sido unidas en la mayoría de las apelaciones evangelísticas, exhortando a los oyentes a "recibir a Jesús". Se supone de manera indiscutida que todo el que ha "recibido a Jesús" además y automáticamente ha "recibido el Espíritu", ¡con o sin el acompañamiento de alguna experiencia consciente y evidencia exterior! Pero esta idea es contraria a la enseñanza del Nuevo Testamento en dos importantes aspectos:

Primero, *es obvio que en varias ocasiones "creer" y "recibir" no eran simultáneos y, por lo tanto, tampoco son sinónimos*. Se acepta que este fue el caso de los doce apóstoles, por ejemplo. Claramente, creyeron en Jesús algunos años antes de recibir el Espíritu (Jn 7:39; note que "creyeran" aquí es un participio aoristo, indicando un paso de fe que se ha dado en el pasado y de una vez para siempre). Pero este caso suele descartarse porque ocurrió antes de Pentecostés. No pudieron recibir el Espíritu cuando creyeron porque "hasta ese momento el Espíritu no había sido (dado)". Este argumento sería válido si no hubiera ejemplos después de Pentecostés, pero no es el caso. Hubo, por cierto, varias situaciones posteriores en las que las personas "creyeron" algún tiempo antes que "recibieran". El ejemplo más claro es Samaria, donde las personas "creyeron" (Hch 8:12, nuevamente el tiempo aoristo) sin "recibir" (Hch 8:17). Algunos han tratado de eludir esto poniendo en tela de juicio si su "creencia" era una fe cristiana "plena", pero Lucas nunca dice esto, y ni Pedro ni Juan hicieron corrección alguna en este aspecto. Otros señalan las circunstancias únicas que pueden explicar la "demora", pero esto elude las verdaderas preguntas planteadas por este incidente (por ejemplo, ¿cómo sabía alguien que no habían recibido?). El hecho es que su "creencia" y "recepción" *estuvieron* separadas en el tiempo (ver capítulo 16 para un análisis más detallado de este suceso). Alcanzaría con *un* caso de separación después de Pentecostés para sostener la distinción, pero hay otros ejemplos en el libro de Hechos, particularmente en Éfeso (ver capítulo 20). La pregunta del propio Pablo a los "discípulos" del lugar, "¿Recibieron ustedes el Espíritu Santo cuando creyeron?" (Hch 19:2, participio aoristo nuevamente), revela que él mismo entendía que los dos elementos podrían diferenciarse, tanto en la mente como en la experiencia. Si bien es cierto que descubrió con posterioridad que también era deficiente la fe de ellos, las inferencias de su pregunta original siguen siendo válidas. Y la fe "más plena" a la que los llevó *antes* de bautizarlos en el nombre de Jesús seguía siendo distinta de recibir el Espíritu, que ocurrió *después* de su bautismo. Esta secuencia de fe-bautismo-recepción parece haber sido el patrón habitual para la mayoría de los discípulos del Nuevo Testamento (ver capítulo 27 sobre Heb 6:1-6; la única excepción registrada fue la casa de Cornelio, donde la secuencia fue fe-recepción-bautismo; ver capítulo 18).

Segundo, *la frase "recibir a Jesús" nunca fue usada en la evangelización apostólica.* Se da por sentado que su uso casi universal hoy es bíblico, pero está basado en una lectura superficial más que en un estudio cuidadoso. Hay un claro cambio en la aplicación de la palabra "recibir" entre los cuatro Evangelios, por una parte, y Hechos y las epístolas por otra, que corresponden con el período previo a la Pascua y al período posterior a Pentecostés. Pocos parecen haber notado este cambio, a pesar de que tiene un profundo significado teológico, además de interés histórico. Mientras el Hijo de Dios estuvo aquí en la tierra, en la carne y entre "los suyos", fue rechazado por muchos pero "recibido" por algunos; a quienes lo recibieron se les dio la "autoridad" (*exousia*, aún no el poder, *dunamis*, que no estuvo disponible antes de Pentecostés) de ser hijos de Dios, ya que el hecho de recibir/creer significaba que habían "nacido de Dios" (Jn 1:11-13; preste mucha atención al tiempo aoristo de los verbos, que limitan la declaración al período histórico de la encarnación). La palabra "recibir" sigue siendo usada para Jesús, tanto por él mismo como acerca de él, durante el resto de su ministerio (por ejemplo, Jn 5:43). Sin embargo, después que ascendió al cielo y envió a "otra" persona para tomar su lugar en la tierra, el verbo "recibir" es transferido de manera sistemática de la segunda persona de la Trinidad a la tercera, el Espíritu Santo (Hch 2:38; 8:17; 10:47; 19:2; 1Co 2:12; Gá 3:2; etc.)

Hay solo dos aparentes excepciones a esta "regla". En una ocasión, Jesús dijo que recibir a uno de sus apóstoles equivaldría a recibirlo a él, que a su vez sería equivalente a recibir a aquel (su Padre) de quien Jesús había sido un "apóstol", un "enviado" (Jn 13:20; el verbo *apostellein*, "enviar", y el sustantivo *apostolos*, "enviado", son casi lo mismo). Como lo dijo la última noche de su vida, nos lleva a pensar que se estaba refiriendo a la misión de los apóstoles después de Pentecostés. Pero es importante notar que no dice: "El que cree el evangelio me recibe", sino "El que los recibe a ustedes como personas me está recibiendo a mí, porque ustedes son mis representantes" (un principio que Jesús ya había explicado con relación al juicio final, Mt 25:31-46). Pablo descubriría el lado negativo de esta verdad cuando persiguió a la iglesia (Hch 9:4). El texto no equipara "creer" con "recibir", y no hace mención alguna del Espíritu Santo.

La otra "excepción" es la exhortación de Pablo a los colosenses: "Por eso, de la manera que recibieron a Cristo Jesús como Señor, vivan [lit: "caminen"] ahora en él, arraigados y edificados en él, confirmados en la fe como se les enseñó, y llenos de gratitud" (Col 2:6-7). Lo primero que debemos notar es que el contexto no está relacionado con evangelizar a los incrédulos sino con edificar a los creyentes; no hay ningún registro de que Pablo, o ningún otro apóstol, haya exhortado a un pecador a "recibir" al Salvador. Más significativo es la palabra traducida como "recibir"; no es la simple palabra griega *lambanein* ("recibir"), sino *paralambanein*, un verbo compuesto, con un prefijo que significa "al lado". "Recibir-al-lado" era una palabra menos directa, que significaba recibir a través de otra persona: oír acerca de alguien, ser enseñado acerca de alguien, recibir conocimiento o información acerca de ella. Esta recepción "indirecta" encaja perfectamente con lo que Pablo está queriendo decir y el contexto de su comentario. Está recordando a los colosenses acerca de la instrucción original que habían "recibido" acerca de las implicaciones de la vida cotidiana vivida bajo el señorío de Jesucristo. Si deseaban permanecer "en él", esa enseñanza original debía ser mantenida y aplicada, para que su relación con él no se deteriorara, especialmente si prestaban atención a otras filosofías (v. 8). Este verbo indirecto para "recibir" también se usa en un pasaje considerado antes (Jn 1:11-12; aquí, quienes "no lo recibieron" [*paralambanein*], que indicaba a quienes habían *oído* acerca de él pero no se habían encontrado con él cara a cara —tal vez se esté refiriendo a los sacerdotes y a los líderes nacionales— se diferencian de quienes sí lo recibieron [*lambanein*], indicando a quienes tuvieron un contacto personal con Jesús).

Llegamos a la conclusión aquí de que no hay ningún fundamento posterior a Pentecostés para usar la expresión "recibir a Jesús" para la iniciación cristiana. En su uso actual, debería ser considerado como un equivalente engañoso de "creer en Jesús" pero que no abarca "recibir el Espíritu". Esta amalgama de dos entidades bastante diferentes ha producido mucha confusión de ideas y experiencia. En el "creer", la referencia principal es a la actividad humana; en el "recibir", a la actividad divina. En la iniciación "normal" una precede el bautismo en agua y la otra lo sigue.

Algunos confunden el bautismo en agua con la recepción del Espíritu

Quienes quieren dar legítimamente al bautismo su pleno significado sacramental (en vez de ser un mero simbolismo) son muy propensos a este error. Perciben de manera correcta la regeneración como el fin de la vida antigua y el comienzo de la nueva, pero combinan el bautismo en agua (que tiene una referencia principal al pasado) con el bautismo en el Espíritu (que tiene una referencia principal al futuro) en un único suceso y experiencia. Es posible que la estrecha conjunción de "agua-y-Espíritu" en la propia enseñanza de Jesús sobre el nuevo nacimiento haya alentado este error (ver capítulo 10). El hábito de Pablo de usar el verbo "bautizado" (ej: Gá 3:27) y el sustantivo "bautismo" (ej: Ef 4:5) sin ninguna calificación adicional ha llevado a algunos estudiosos a imaginar que el apóstol mismo había combinado ambos bautismos en uno solo. Sin embargo, hay dos piezas de evidencia del Nuevo Testamento que apuntan en dirección contraria.

Primero, no hay ningún registro de que alguien haya recibido el Espíritu *durante* su bautismo en agua. Una vez fue justo *antes* (Hch 10:47). Normalmente, sin embargo, era justo *después* (ej: Hch 19:6), si bien una vez fue mucho después (Hch 8:16). Este patrón seguía la experiencia de Jesús mismo, que "recibió" después de subir del agua (Mt 3:16).

Segundo, el Nuevo Testamento enseña claramente que es posible tener un bautismo sin el otro. Quienes han recibido el Espíritu también necesitan ser bautizados en agua (como Cornelio y su casa); quienes han sido bautizados en agua también necesitan recibir el Espíritu (como los samaritanos). Ninguno convierte en obsoleto al otro.

Dicho esto, es cierto que parece haber un verdadero vínculo entre ambos. El bautismo en agua generalmente, aunque no siempre, conducía al bautismo en el Espíritu. Cuando Pablo descubrió que los discípulos efesios no habían recibido el Espíritu, ¡sospechó de inmediato de la validez de su bautismo en agua (Hch 19:3; ver capítulo 20)! Tal vez la conexión se pueda encontrar en el concepto de la resurrección. Así como la muerte y la sepultura de Jesús lo llevó a emerger del sepulcro por el poder del Espíritu (Ro 8:11), es esperable que la sepultura del creyente arrepentido en el sepulcro acuoso del bautismo lleve a una experiencia de vida de resurrección por ese mismo poder del Espíritu (esta nota suena de manera clara en pasajes como Ro 6:3-4; Col 2:9-12, ver capítulo 25; 1P 3:18-22, ver capítulo 29). Así como la muerte, sepultura y resurrección de Jesús presentan un todo integrado en el evangelio, también el bautismo en agua y el bautismo en el Espíritu van juntos en la respuesta a ese evangelio, aunque en ambos casos las partes no se identifican ni se confunden entre sí.

Pero, ¿qué es exactamente el "bautismo en el Espíritu"? Podemos comenzar a contestar esta pregunta considerando las palabras usadas en el Nuevo Testamento para describirlo.

SU MATIZ DESCRIPTIVO

A juzgar por el vocabulario usado para describir la recepción del Espíritu, ¡sin duda debe ser una experiencia muy rica! Se usan muchas metáforas y símiles, además de sustantivos y verbos directos. Antes de estudiar cualquiera de estos en detalle, no puede enfatizarse demasiado que las palabras son descriptivas (que amplían nuestra comprensión) más que definidoras (que limitan su significado). Deben ser tratadas como términos dinámicos más que doctrinales, y deben ser apreciadas existencialmente en la vida antes que intelectualmente en la lógica. Los verbos son más vívidos, pero comenzaremos por los sustantivos.

Promesa
Esta es la palabra que vincula la profecía con el cumplimiento. Confirma un suceso que ha sido predicho y que, por lo tanto, debe ser esperado. Sobre todo, da un ejemplo de la confiabilidad de Dios al cumplir con su palabra. Dado que la Biblia contiene más de setecientas predicciones distintas (¡de las que más del ochenta por ciento se han cumplido!), esta palabra juega un papel importante en las escrituras y hasta se ha considerado como la clave de la teología del Antiguo

RECIBIR EL ESPÍRITU SANTO

Testamento. Lucas usa el sustantivo en el día de Pentecostés, para la experiencia de los 120 y de los 3.000 (Hch 2:33, 39). Por supuesto, el Espíritu Santo fue prometido por Jesús mismo, tanto antes de su muerte (Jn 7:37-39) como después de su resurrección (Hch 1:5). Pero solo estaba repitiendo una promesa ya hecha por su Padre (Lc 24:49) varios siglos antes a través de los profetas de Israel (en particular en Jl 2:28-29; pero también en Is 32:15; Ez 36:27 y en otras partes). Por cierto, ¡Pablo da indicios de que este derramamiento del Espíritu estaba implícito en la promesa hecha a Abraham, al comienzo mismo de todo (Gá 3:14)!

Don

Esta palabra, vinculada con "promesa" (a menudo en el mismo contexto, "hasta que el Padre les envíe el regalo que les prometió", Hch 1:4, NTV), a menudo subraya tanto el origen divino como la naturaleza gratuita del Espíritu derramado. No puede ser ganado, no puede negociarse ni puede uno hacer algo para conseguirlo; solo puede ser "recibido" con gratitud (¡o rechazado!). Los estudiosos han discutido acerca del significado del genitivo en Hch 2:38, si "del" significa el don que consiste en el Espíritu Santo o el don comunicado por el Espíritu Santo; lo primero parecer ser lo más probable (cf. Hch 10:45 y 11:17) y, por lo tanto, el don *del* Espíritu mismo entonces libera los otros dones *del* Espíritu (1Co 1:7). El "carisma" (singular) del Espíritu trae los "carismata" (plural). Hay una conjunción de frases interesante en la epístola a los Hebreos: ". . . han saboreado el don celestial, . . . han tenido parte en el Espíritu Santo . . ." (6:4; ver capítulo 27), que enfatiza el carácter experiencial del don.

Depósito

La palabra griega (*arrabon*) se traduce de diferentes maneras: "fianza, prenda, anticipo, adelanto, garantía, primicias" son solo algunas de las alternativas. Por supuesto, es un término comercial. Hoy sería usado principalmente con relación al dinero, y describe el primer adelanto que asegura la compra total (de ahí, "depósito"). En los tiempos del Nuevo Testamento, se usaba de manera más general para artículos, y representaba la primera entrega de un pedido mayor, como garantía de que el resto estaba en camino (de ahí, "prenda"). Ambas aplicaciones estarían cubiertas por la frase "primer anticipo". Pablo usa la palabra tres veces (Ro 8:23; 2Co 1:22; Ef 1:14).

Así como "promesa" da al don una referencia al *pasado*, "depósito" lo vuelve hacia el *futuro*. ¡Recibir el Espíritu es solo el comienzo! No solo habrá *más* para tener en la tierra, sino que habrá *mucho más* en el cielo. De hecho, ¡vivir en el Espíritu es un anticipo del cielo! Una señal de esto es el gozo que se expresa en la música (Ef 5:18-20). Otra, la comunión experimentada por el pueblo de Dios entre sí y con él. Una tercera, el conocimiento cada vez mayor de la mente y el corazón de Dios (mediante palabras de conocimiento, de sabiduría, profecía e interpretación).

Renovación
Usada una sola vez con relación al "derramamiento del Espíritu Santo" (Tit 3:5-6; ver capítulo 26), "renovación" es una palabra esclarecedora, que habla de hacer volver algo a su condición original, restaurando lo que se ha perdido. La Biblia enseña que la imagen de Dios en el hombre ha sido arruinada y que la influencia del Espíritu puede ser quitada (Gn 6:3; note que el resultado fue la violencia universal). Es a través del Espíritu que la imagen se encuentra ahora en proceso de ser restaurada (2Co 3:17-18). El proceso comienza cuando el Espíritu es "derramado" sobre nosotros (ver más abajo).

Luego de estos sustantivos, pasamos a considerar los verbos.

Dado/Recibido
Estos dos verbos corresponden simplemente al sustantivo "don", si bien el primero describe el lado divino del suceso y el segundo, el lado humano. "Recibido" no es totalmente pasivo, sin embargo; es necesaria una cooperación activa al aceptar el don, como ocurre en todo dar y recibir (ver capítulo 13 sobre Jn 20:22, y el capítulo 35).

De hecho, el verbo "dado" se usa mucho más que el sustantivo "don" (ver Hch 8:19; 11:17; 15:8; Ro 5:5; 2Co

1:22; 5:5; 1Jn 3:24; 4:13). Una de las características que hacen que la palabra de Dios sea "viva y eficaz" es este uso más frecuente de verbos que sustantivos, que tienden a ser demasiado "estáticos", y el uso aún menos frecuente de adjetivos (comparar 1Co 13:4-7; el "amor" no es solo algo que uno *tiene*, ¡sino algo que uno *hace*!)

Bautizado
Esta palabra se usa a veces como sinónimo de "recibido" (cf. Hch 10:47 con 11:16). El sustantivo "bautismo" *nunca* se usa para la recepción del Espíritu (a diferencia de la predicación pentecostal moderna); solo se usa el verbo "bautizar", seguido por la preposición "en" (griego: *en*) y las palabras "Espíritu Santo" (en el caso dativo *pneumati*, y sin el artículo definido "el"; para la importancia de este último punto, ver Apéndice 2). La frase completa "bautizado en Espíritu Santo" es usada por Juan el precursor, Jesús mismo y el apóstol Pablo (ver capítulo 23, para las razones por las que se cree que 1Co 12:13 contiene la frase exacta, si bien la mayoría de las traducciones traducen *"en"* como "por", convirtiendo al Espíritu en el agente y no el medio del bautismo).

Todo bautismo requiere un *agente* (que lo realiza), un *medio* (donde se realiza) y un *propósito* (para el cual se realiza). Así como Juan era el "agente" del bautismo en agua, Jesús es el "agente" del bautismo en el Espíritu; de ahí que a ambos se les da el título de "el bautista" o "el bautizador" (griego: *ho baptizon,* Mt 3:1; Jn 1:33). ¡Pero el título es descriptivo más que denominativo!

El medio era bastante diferente —"en agua" y "en Espíritu Santo"—, pero la acción era similar. El significado de la palabra "bautizado" es el mismo en ambos casos. David Watson, en su libro *One in the Spirit*[5] (Hodder & Stoughton, 1973), p. 68, lo expresa con mucha claridad:

El término "bautismo" o "bautizar" es una palabra rica, y en la literatura secular significaba "zambullir, sumergir, ahogar, empapar, abrumar". Una persona podía estar abrumada (lit. bautizada) por deudas, pena,

---
[5] En español, *Uno en el Espíritu.*

calamidad; o abrumada (lit. bautizada) por el vino o por el sueño. Eurípides, en *Orestes*, usa *bapto* cuando el agua está salpicando el barco, pero *baptizo* cuando el barco está anegado o se está hundiendo.

Sin duda sería la palabra más natural para que usaran los escritores del Nuevo Testamento, a la luz de las experiencias descritas en el libro de Hechos.

El propósito de ambos bautismos era bastante diferente. Uno estaba relacionado con la pureza, con comenzar la vida cristiana limpios, separados del pasado que ahora está muerto y sepultado. El otro, con el poder (Hch 1:8; 10:38), no solo para continuar la vida cristiana (2Ti 1:6) sino para asumir un papel activo como miembro del cuerpo de Cristo (1Co 12:13) y, sobre todo, para ser un testigo de Jesús en todo el mundo (Hch 1:8). Note que el propósito del bautismo está expresado en la preposición "a" (griego: *eis*); el bautismo de Juan era "al arrepentimiento" (Mt 3:11), el bautismo en agua del cristiano es "al nombre de Jesús" (Hch 19:5) y el bautismo en el Espíritu es "a un cuerpo" (1Co 12:13, pero ver capítulo 23 para una explicación de que "a" significa "consumación de" más que "introducción a").

Llenado
De nuevo, el sustantivo equivalente, "llenura" o "plenitud", nunca se usa en el Nuevo Testamento, y puede llevar a engaño cuando se usa hoy. Que "estar lleno de" es sinónimo de "estar bautizado en" queda claro de la comparación textual (cf. Hch 1:5 con 2:4, por ejemplo). Sin embargo, hay una diferencia de "sabor". "Bautizado" tiene un matiz de iniciación; parece haber sido usado una sola vez en la experiencia de una persona, en su primer "llenado" (no se dice de nadie que haya tenido repetidos "bautismos" en el Espíritu). Sin embargo, "llenado" se usa para derramamientos posteriores del Espíritu (por ejemplo, Hch 4:31). De hecho, la exhortación de Pablo, "sean llenos del Espíritu" (Ef 5:18) usa el tiempo presente continuo, la preposición "en" y no tiene el artículo definido, así que debería ser traducida como "sigan siendo llenados en Espíritu", dando a entender claramente un estado continuo.

"Bautizado" no podría ser usado en este sentido, ya que se refiere a un suceso único e inicial.

Pero hay otro desarrollo de la palabra. Una persona que ha sido "llenada" en su iniciación (es decir, "bautizada") y ha seguido "siendo llenada" desde entonces merece ser descrita como "llena" del Espíritu (por ejemplo, Hch 6:3). Esta forma contiene connotaciones de madurez y santificación, pero todavía con una relación principal con el poder (Hch 6:8); una persona que sigue siendo llenada producirá el fruto además de los dones del Espíritu (Gá 5:22-23).

La ausencia del artículo definido "el" en la frase "llenado con Espíritu Santo" focaliza el pensamiento en el poder subjetivo más que en la persona objetiva del Espíritu Santo (de nuevo, ver Apéndice 2). En otras palabras, "llenado" pone el énfasis en el empoderamiento del Espíritu por encima de su morada.

Finalmente, "llenado" suele implicar un "desborde". Retomaremos este aspecto más adelante en este capítulo. Basta mencionar aquí que cada vez que se usa la palabra en el Nuevo Testamento está seguida de un derramamiento obvio *desde* los que han experimentado un derramamiento *sobre* ellos mismos. Si el suceso mismo es en primer lugar "interior", siempre produjo consecuencias "exteriores", invariablemente de naturaleza vocal, como veremos después (aun la exhortación de "sean (siendo) llenos" en Ef 5:18 tiene en mente el objetivo de desbordar en "salmos, himnos y canciones espirituales").

Beber

"Beber" es otra palabra "fluida" (!), usada por Jesús (Jn 7:37-39) y Pablo (1Co 12:13) con relación a "recibir" el Espíritu. Si "bautizado" transmite la idea de una inmersión externa, "beber" sugiere una absorción interna. Hay también un desplazamiento sutil de la sumisión pasiva ante la acción de otra persona (ser sumergido) a una cooperación activa de una actividad propia (tragar). Siempre se usa en el tiempo aoristo (el suceso único), nunca en el presente (una acción continua), lo cual vincula la palabra con "bautizado" más que con "llenado". Por lo tanto, no hay ninguna idea de continuar bebiendo en el Espíritu. ¡Un buen trago basta y sobra, por así decirlo! Después de beber, el agua del manantial continúa fluyendo dentro de la persona (Jn 4:14; 7:38; ver capítulo 11). Después de haber sido llenado *una vez* desde afuera, uno puede *seguir* siendo llenado desde adentro. El Espíritu ha venido a morar.

Caer sobre, venir sobre, derramarse sobre
Todas estas expresiones dramáticas vienen del Antiguo Testamento (probablemente de la versión "Septuaginta" griega, llamada así porque habría sido la obra de *setenta* eruditos hebreos) y tienen una larga historia detrás de ellas. Indican la aparición repentina de la actividad "carismática", por lo general de naturaleza profética.

Lucas tiene una predilección especial por estos términos y los usa de manera intercambiable con "recibido", "bautizado" y "llenado" (Hch 1:8; 2:17; 8:16; 10:44, 45; 11:15; 19:6). Pablo también los usa en el mismo contexto de la iniciación (Ro 5:5; Tit 3:6).

Indican la fuente externa de esta experiencia (como en el caso de "beber"). Esto significa que no tienen conexión alguna con técnicas de meditación para liberar el espíritu "divino" que algunos creían estaba encarnado en la naturaleza humana desde el nacimiento (Jn 1:29 se refiere a la luz encarnada en la Palabra, externa a "todo ser humano" pero que expone sus tinieblas). Las frases también apuntan a una fuente en el cielo en vez de la tierra. La experiencia es tanto externa como eterna.

Finalmente, notamos sus connotaciones dramáticas: de algo repentino más que gradual, extraordinario más que cotidiano, exhibido más que oculto. ¡Los derramamientos por lo general salpican!

Sellar
Esta vívida metáfora, tomada otra vez del mundo del comercio (como "depósito"), es fácil de entender. Es una marca visible e indeleble, colocada sobre artículos adquiridos para indicar a los demás clientes que ya pertenecen a otro comprador. Hoy se usa más con relación

a documentos, como una señal de que se ha llegado a un acuerdo o se ha completado una transacción que no pueden ser alterados. Si bien el uso moderno no es inadecuado (por ejemplo, Ef 4:30), el significado antiguo brinda el mejor entendimiento. Pablo está preocupado más que nada por la evidencia clara de que la fe ha sido aceptable para Dios (Ef 1:13). No es de extrañar que él vincule la palabra estrechamente con sus otras metáforas comerciales (Ef 1:14; 2Co 1:22). Juan podría estar usando el mismo concepto en su Evangelio (Jn 3:34; 6:27).

Ungir
Con esta palabra, volvemos a los párrafos iniciales del capítulo. Fue usada acerca de Jesús y por Jesús en conexión con su propia recepción del Espíritu (Lc 4:18; Hch 10:38). Dado que él habría de dar el Espíritu a otros además de recibir el Espíritu él mismo, la palabra "ungir" se extiende de manera natural a los creyentes cuando comparten su experiencia (2Co 1:21; 1Jn 2:27). Como hemos dicho, esta "unción" es un verdadero "acristianamiento", así como el "sellado" es una auténtica "confirmación".

Todas las palabras que hemos examinado apuntan a una experiencia rica y profunda, de carácter dinámico. Ya sea enfatizando lo divino y luego lo humano, lo momentáneo y luego lo continuo, lo externo y luego lo interno, lo personal y luego lo impersonal, los escritores del Nuevo Testamento parecen haber rebuscado el diccionario para hallar una presentación adecuada de las muchas facetas involucradas en la recepción del Espíritu en poder. Pero, ¿qué es precisamente el suceso en sí? ¿Cómo ocurre y cómo sabe alguien que ha ocurrido?

SU CARÁCTER DEFINIDO

¡Sin duda es inconcebible que un suceso descrito con las palabras que acabamos de examinar pudiera ocurrirle a alguien sin que ella o ninguna otra persona se diera cuenta!

Afirmar que podemos usar estos términos cuando ni la persona más afectada está consciente de lo que pasa sería quitar significado al lenguaje y reducirlo al nivel del absurdo. Sin embargo, ésta es precisamente la perspectiva de quienes consideran que "creer en Jesús" y "recibir el Espíritu" son una misma cosa. Dado que en muchas de las "conversiones" de hoy, si no en la mayoría, hay una falta total de manifestaciones carismáticas, por lo general se da por sentado (o se espera) que el Espíritu ha sido recibido de manera automática (y subconsciente). Extraer la conclusión apostólica de que las personas han creído pero aún no han recibido implicaría crear una montaña de problemas pastorales tan grande que nadie se atreve a enfrentar el tema. Es tal vez significativo que esta racionalización siempre va acompañada por una reticencia a usar el lenguaje descriptivo del Nuevo Testamento para dicha "recepción" del Espíritu (¡palabras como "bautizado en" "llenado con" o "derramado sobre" son claramente inapropiadas!).

Hay una cosa que emerge con mucha claridad del estudio de las referencias del Nuevo Testamento a "recibir" el Espíritu, y que ha sido señalado por muchos estudiosos de la Biblia: a saber, "el peculiar carácter definido" de todos los relatos. Otros hablan del don del Espíritu como "algo cuya recepción puede ser verificada". ¡Todavía otro comenta que Pablo habla "como si la recepción del Espíritu fuera algo tan definido y observable como, por ejemplo, una gripe"! Pocos lo han expresado mejor que el misionero y estadista Roland Allen[6] en su libro *The Ministry of the*

---

6 Después de unos años en China, Roland Allen fue párroco en Chalfont St Peter (donde fui pastor bautista cincuenta años después); renunció en 1907 por el escándalo del bautismo indiscriminado de bebés, y se dedicó a obras tan importantes como *Missionary Methods – St Paul's or Ours? (Métodos misioneros: ¿los de Pablo o los nuestros?)* y *The Spontaneous Expansion of the Church (La expansión espontánea de la iglesia).* Él mismo predijo que su obra sobre el Espíritu Santo recién sería apreciada después de cincuenta años; ¡fue publicada en 1960! Fue realmente profético y anticipó la necesidad de misiones autóctonas, el crecimiento de la iglesia y la renovación carismática. Tengo una inmensa deuda para con su pensamiento pionero.

RECIBIR EL ESPÍRITU SANTO

Spirit[7] (World Dominion Press, 1960), pp. 9-10:

El don que recibieron los apóstoles era un don definido que recibieron en un momento definido. No se trataba de experimentar una vaga influencia que sintieron de manera más o menos marcada en distintos momentos; era un hecho concreto al que le podían asignar un momento y un lugar. Más adelante el Espíritu Santo fue dado a muchos otros, pero siempre este peculiar carácter definido marcó la llegada del don. Siempre hubo un momento y un lugar en los cuales cada converso recibió el don. Era perfectamente natural para San Pablo preguntar a ciertos hombres en Éfeso de quienes tenía algunas dudas: "¿Recibieron ustedes el Espíritu Santo cuando creyeron?" (Hch 19:2). Hizo una pregunta definida y esperaba una respuesta también definida, como algo natural. Esperaba que los cristianos conocieran el Espíritu Santo, que supieran si lo habían recibido, y que supieran cuándo lo habían recibido. . . En esto, el don del Espíritu Santo a todos los discípulos posteriores compartía el mismo carácter del primer don del día de Pentecostés.

Este "peculiar carácter definido" antecede a Pentecostés. Jesús mismo "recibió" el Espíritu con acompañamientos visibles y audibles (Mt 3:16-17), si bien la forma corporal visible de una paloma y la voz del cielo fueron exclusivas de su "iniciación". Hay paralelos más estrechos en el Antiguo Testamento, en sucesos como la "ordenación" de los setenta ancianos de Moisés (Nm 11:25) y la aprobación divina de Saúl (1S 10:6). En estos casos, la evidencia fue "profetizar", que es precisamente la señal predicha del derramamiento del Espíritu en "esos días" (Jl 2:28-29).

Profetizar
He aquí entonces la señal de recibir el Espíritu que es común al Antiguo y al Nuevo Testamento. Pero, ¿qué es exactamente "profetizar"?
Palabras. No debería sorprender a nadie que la

---

[7] En español, *El ministerio del Espíritu.*

evidencia salga de la boca. Ya hemos visto que "llenado" implica "desbordar" (así es como sabemos que algo ha sido llenado, como los tanques de nafta de los automóviles). A lo largo de la escritura, la boca es considerada el desborde del corazón. Esto ocurre en el nivel emocional: llenos de alegría, nos reímos; llenos de ira, gritamos; llenos de dolor, damos un alarido; llenos de temor, clamamos. Ocurre de manera particular en nuestra vida espiritual. Nada que entra en la boca hace que una persona sea pecaminosa; pero lo que sale revela el estado pecaminoso del corazón. Si una persona ha sido llenada hasta desbordar por el Espíritu de Dios, es esperable por completo que su boca esté involucrada. La lengua, inflamada por el infierno (Stg 3:2-12), ¡ahora es inflamada por el cielo! El "miembro rebelde", que nadie puede domar, ¡ahora está controlado por fuerzas sobrenaturales!

Palabras *espontáneas*. La incitación a verbalizar viene del interior de la persona llena del Espíritu. No se ha anunciado ningún himno, no se está recitando ningún credo, no se está llevando a cabo ninguna liturgia. Es el manantial vivo de adentro que comienza a aflorar y salir. Es, en esencia, impremeditado, extemporáneo, natural, no forzado; en resumen, improvisado (ver capítulo 35, para comentarios sobre la práctica de alentar a las personas a "emitir sonidos").

Palabras espontáneas *espirituales*. Las palabras no saldrán de la mente, sino del espíritu (1Co 14:14-15 hace la clara distinción), eludiendo el proceso mental normal que se encuentra detrás de la verbalización. El espíritu sabe precisamente "qué decir", porque está siendo dirigido por el Espíritu Santo. La persona llena del Espíritu sigue articulando las palabras (la respiración de los pulmones, la vibración de la laringe, el movimiento de la lengua y los labios), pero no hay una formación deliberada de las palabras. En consecuencia, una persona estará plenamente consciente de estar "profetizando", aunque la conciencia intelectual de lo que dice pueda ser total, parcial (1P 1:11-12) o nula (si no es un idioma que su cerebro ya ha aprendido). El acompañamiento emocional también puede variar muchísimo, ya que depende del temperamento, las circunstancias y muchos otros factores. La frase (traducida) de la Biblia inglesa *The New English Bible*, "palabras extáticas", es sumamente engañosa; de hecho, la Biblia guarda un extraño silencio respecto de los sentimientos al ser llenados; la única experiencia "entusiasmada" que aparece en Hechos 2 corresponde a los espectadores curiosos (vv. 6, 12).

Estas palabras pueden asumir varias formas:

Lenguas
Esta palabra horrible transmite la impresión de un "balbuceo incontrolado". La palabra griega (*glossai*) significa simplemente "idiomas" (que era el significado de "lenguas" en el castellano antiguo). Sugiere una gramática y una sintaxis correctas. Dado que Dios dio todos los idiomas sobre la tierra (Gn 11:7-9), él puede hablar cualquiera de ellos a través de seres humanos llenos de su Espíritu. El propósito de los distintos idiomas en Babel fue destructivo, pero el don de lenguas en Pentecostés fue constructivo. En esta última ocasión cumplió la función útil de una "señal", que apuntaba más allá de sí misma hacia la presencia del Dios de todas las naciones, buscando reunir lo que él había dividido. Los oyentes no *necesitaban* escuchar sus propios idiomas (Pedro solo usó uno para predicar a todos); pero el hecho de escucharlos de las bocas de unos norteños semianalfabetos convenció a muchos de ellos de que estaba ocurriendo un suceso sobrenatural ante sus propios ojos. Lo importante que hay que notar es que Pedro entendió que "hablar en diferentes lenguas" era, en realidad, "profetizar", ya que lo identificó sin dificultad con la predicción de Joel ("Esto es lo que anunció . . ." citando Jl 2:28-39). Si el don era del todo nuevo, al menos desde Babel, Pedro solo pudo haber hecho esta identificación por revelación directa (como cuando entendió que Jesús era el Cristo, Mt 16:17), pero también es posible que esta clase de verbalización "ininteligible" ya estuviera asociada con la "profecía" primitiva en el Antiguo Testamento (como en

el caso de los setenta ancianos y Saúl). De todos modos, sigue siendo un hecho que, para Pedro, las lenguas y la profecía eran prácticamente la misma cosa.

La misma manifestación exterior acompañó otras ocasiones cuando el Espíritu fue recibido y —nótese— cuando no había necesidad de otros idiomas, dados ni reconocidos (Hch 10:46; 19:6). Pero, ¿era ésta la *única* forma de "profetizar" en esos tiempos? ¿Acaso son las "lenguas" la única evidencia que demuestra que el Espíritu ha sido recibido?

Por un lado, es la única señal que se menciona en cada ocasión cuando se describe la "evidencia". Por otro lado, aparecen otras manifestaciones: alabanza en una ocasión (Hch 10:46) y profecía (diferenciada de las "lenguas" y al parecer en su propio idioma), en otra (Hch 19:6); en ninguna de estas ocasiones se afirma que todos hablaron en otros idiomas (la interpretación más natural es que algunos hicieron una cosa y otros hicieron otra). Sobre la base de este testimonio, y ante la ausencia de toda afirmación bíblica clara de que las lenguas *deben* ser la única señal necesaria de haber recibido el Espíritu, parecería demasiado dogmático exigirlas en cada ocasión. Decir que las "lenguas" *podrían* ser siempre la evidencia parece estar justificado; decir que *deben* serlo, no (más sobre esto en el capítulo 35). Es más prudente decir que alguna forma de "profetizar" debe ser la evidencia de recibir el "espíritu que inspira la profecía" (Ap 19:10). Pero, ¿cuáles son estas otras formas?

Alabanza
Esta forma, que se menciona junto con las lenguas cuando Cornelio y su casa recibieron el Espíritu (Hch 10:46), es claramente distinta de las lenguas, como indica la palabra "y", aun cuando en Pentecostés el contenido de las lenguas había exaltado las obras maravillosas de Dios (Hch 2:11). Es como un estallido espontáneo de adoración en su propio idioma (¿latín?). La verdadera adoración no es una actividad "natural" del hombre (si bien puede ser persuadido a participar en ritos y liturgia cuando es socialmente aceptable); es una actividad espiritual de Dios

en el hombre. ¡Una explosión de alabanza desinhibida sin duda indicaría la entrada del Espíritu!

Profecía
A primera vista, ¡parecería extraño listar la "profecía" como una forma de profecía! Sin embargo, la palabra se usa tanto en un sentido amplio, que incluye las lenguas (como en Hch 2), como en un sentido estrecho, donde se la distingue de las lenguas, como cuando los discípulos de Éfeso recibieron el Espíritu (Hch 19:6), cuando Pablo hace una lista de los dones del Espíritu (1Co 12:10) o da indicaciones para la adoración colectiva (1Co 14:5). Las dos diferencias principales son a) que las lenguas por lo general son ininteligibles para el que habla y el que escucha por igual, mientras que la profecía es inteligible para ambos, y b) las lenguas están dirigidas a Dios mientras que la profecía está dirigida al hombre (1Co 14:2-3). Lo que tienen en común es que el contenido se origina en el Señor y no en el que habla.

Otras exclamaciones
Pablo menciona varias palabras espontáneas o frases adicionales en sus epístolas.

El ejemplo clásico es "Abba" (Ro 8:15-16; Gá 4:6). Hay un grave error de interpretación cuando se lo asocia con "el testimonio interior", ya que el verbo griego (*krazein*) significa un clamor involuntario (comparar su uso en Mt 14:26, 30). Esta primera palabra de un bebé a su papá (el equivalente en español sería "apá" o "pa") era la forma de oración favorita y familiar de Jesús a su propio Padre, pero que él no usaba en su enseñanza pública. Jamás la usarían los judíos, ni siquiera en la oración privada; ¡no se atreverían a tener un trato tan familiar con un Dios que amenazaba castigos tremendos para quienes tomaran su nombre en vano! Tampoco lo usarían los gentiles, dado que era una palabra judía. ¡Su uso espontáneo, sea por judíos o gentiles, sin duda indicaría el testimonio del Espíritu de Jesús de que la persona que estaba "clamando" de esta forma también tenía derecho ahora a usar esta clase de expresión de cariño!

Otro ejemplo es la frase "Jesús es el Señor" (1Co 12:3). Debe enfatizarse que Pablo no está refiriéndose a la recitación de un credo, como parecen suponer la mayoría de los comentaristas (¡uno podría enseñar a un loro a repetir esto, sin ninguna ayuda sobrenatural!), sino a un grito espontáneo de reconocimiento (similar al niño judío que grita "Abba" cuando ve a su papá). El contexto incluye exclamaciones inspiradas por otros poderes sobrenaturales ("Jesús es maldito"), que al parecer estaban siendo pronunciadas durante el culto en Corinto.

Hay también "gemidos que no pueden expresarse con palabras" (Ro 8:26), si bien debe agregarse que ni estas exclamaciones ni las mencionadas antes están vinculadas de manera específica con el momento de la iniciación y no se les debe asignar demasiado peso en conexión con este tema.

Recepción del Espíritu
Finalmente, debemos preguntar *cómo* recibieron el Espíritu. ¿Ocurrió de manera puramente arbitraria e inesperada, o había condiciones humanas que cumplir? ¿Tenían los receptores una actitud de pasividad total o de cooperación activa cuando ocurría?

Es obvio que el don no era solicitado sin que antes hubiera un arrepentimiento, fe y bautismo claros. La ausencia de cualquiera de estos elementos podía bloquearlo (hubo razones singulares por la que fue dado a Cornelio antes del bautismo, así que su caso no brinda ningún precedente).

Sobre la base de Hechos 1, algunos han enseñado que es necesario "esperar" al Señor, tal vez con la sugerencia de que la decisión de cuándo será otorgado don depende por completo de su voluntad soberana. Pero esto solo fue necesario antes de Pentecostés, el día que Dios había marcado en su agenda para el primer derramamiento; aun así, el período de la "espera" fue solo unos pocos días. Está claro que tanto Pedro como Pablo esperaban que el don fuera dado inmediatamente después que la respuesta de arrepentimiento-fe-bautismo al evangelio fuera completa. Sin embargo, hay un indicio de que la oración por el don necesita ser decidida y persistente; Jesús, en el contexto del don del Espíritu Santo (Lc 11:13), dijo a sus discípulos que siguieran pidiendo hasta que recibieran. De hecho, la oración parece haber sido un elemento esencial del "recibir", aun para Jesús mismo (Lc 3:21-22) además de los apóstoles (Hch 1:14) y a quienes ellos luego ministraron (Hch 8:15). Es necesario pedir el don; no es automático.

¿Qué importancia tenía la imposición de manos? Es una forma intensiva de pedido en oración, que dirige la intercesión hacia una persona específica y la concentra en ella. Debe decirse que en los únicos dos casos registrados del Nuevo Testamento donde el Espíritu fue recibido sin esta acción, había muy buenas razones para la omisión. En el día de Pentecostés no había nadie que ya estuviera lleno del Espíritu que *pudiera* haber impuesto las manos sobre ellos (así que Jesús mismo lo hizo con sus propios "dedos" de fuego que "se posaron sobre cada uno de ellos"); para la casa gentil de Cornelio, ¡no había nadie que lo *habría* hecho! En todos los demás casos registrados, hubo imposición de manos, por lo general como una continuación inmediata del bautismo (Hch 8:17; 9:17; 19:6). Parecería válido suponer que este acto físico era el medio habitual para comunicar el Espíritu a otros; sin duda es lo que enseña la epístola a los Hebreos (Heb 6:1-6; ver capítulo 27), donde la imposición de manos aparece listada entre los elementos de la enseñanza elemental que debían recibir los principiantes. Obviamente, si el don es dado y recibido de manera espontánea (como con Cornelio), esto no será necesario, pero parece haber sido lo habitual.

También está claro que, además de las personas que ministraban, los receptores mismos debían tener una actitud activa. Profetizar es una actividad humana, además de divina. Como ya hemos visto, la persona que recibe el Espíritu coopera usando sus pulmones, laringe y labios. Pero, ¿es esta cooperación voluntaria o involuntaria? ¿Estaban los discípulos tan "abrumados" por este poder sobrenatural que "no podían evitar" que algo estallara de sus bocas? Por desgracia, ¡no están disponibles para ser interrogados! La Biblia se limita a contarnos lo que hicieron, ¡pero no dice si tuvieron alguna opción en el asunto! Pero hay otras escrituras que apuntan a una respuesta. El Espíritu Santo no es solo un poder; es una persona. Es un Consolador que conduce y que guía. A diferencia del Padre y del Hijo, no es un rey, y no reina con autoridad absoluta. Puede ser agraviado (Ef 4:30), apagado (1Ts 5:19) y resistido (Hch 7:51). Todo esto no transmite la impresión de una "fuerza irresistible". Nunca viola la voluntad humana, ni tampoco impone su poder o sus dones a nadie. Hasta confía el control de sus dones a los receptores; no "tienen" que ser usados (1Co 14:28).

Por lo tanto, podemos concluir que el Espíritu solo será dado a aquellos que quieran recibirlo y "alisten sus velas" para moverse con el viento. ¡Es necesario estar dispuestos en el día de su poder! Pero qué privilegio increíble: ¡tener el Espíritu del Dios vivo que ha fijado su residencia en nuestro interior, brindando un refrigerio constante para nosotros, nuevas capacidades para otros, un testimonio eficaz para Cristo y la adoración de un niño para el Padre!

6. NACIDO DE NUEVO

¡El lenguaje ha sido un problema desde la torre de Babel! Las palabras parecen desarrollar una vida propia. A veces se vuelven en exceso flexibles y adquieren un significado demasiado amplio; a veces se vuelven en exceso rígidos, con un significado demasiado estrecho. Un ejemplo del primer caso es la palabra "amor", y "gay" (alegre, en inglés), del segundo. Las palabras bíblicas no están exentas de esta clase de cambios. Un maestro que usa terminología bíblica no está exponiendo necesariamente verdad bíblica (por la misma razón, usar muchas citas bíblicas no convierte en "bíblica" una enseñanza, máxime si los textos se citan fuera de contexto).

A menudo se hace necesario despojar a las palabras de sus connotaciones modernas a fin de recuperar su significado bíblico. Pero *des*aprender siempre es más difícil que aprender. Romper un hábito es mucho más difícil que adquirirlo (¡pregúntele a un golfista!). ¡El uso habitual de las palabras se resiste a morir!

Las expresiones "conversión" y "nacido de nuevo" son buenos ejemplos de este peligro, y de la dificultad de evitarlo. Ambos han pasado de ser descripciones flexibles a definiciones fijas. Decir "soy un cristiano nacido de nuevo" es casi un sinsentido; ¡es como hablar de un círculo redondo o un cuadrado de cuatro lados! De manera similar, la afirmación: "No puedo recordar el día de mi conversión" contiene una suposición escasamente bíblica.

El problema es que estos dos términos han sido tratados por mucho tiempo como sinónimos en círculos evangélicos. Se han usado de manera indistinta para definir la obra de Dios en nosotros que nos saca de la muerte del pecado hacia la nueva vida en Cristo. En ambas palabras se ha introducido con mucho sigilo la idea tácita de que esto ocurre de modo instantáneo. Para el propósito del testimonio eficaz, es considerado una ventaja si la persona es consciente del momento en que ocurrió, o al menos puede asignarle una fecha, si bien se "concede" que muchos creyentes (tal vez la mayoría, según algunas encuestas) no sabían lo que estaba ocurriendo en ese momento. Si (y éste es un "si" enorme) se acepta que ambas palabras se refieren a un hecho sobrenatural e instantáneo, entonces surge naturalmente la pregunta: "¿Cómo se relaciona esto con el compuesto de cuatro partes de la iniciación ya bosquejado en los capítulos anteriores? ¿En qué etapa del proceso ocurre la conversión/regeneración? Pero, ¿es realmente bíblico el significado de las palabras que cuenta con mayor aceptación? Ésa es la pregunta previa. En este capítulo intentaremos mostrar que un análisis cuidadoso del uso bíblico de estos términos revela que ambos son más descriptivos que definidores, que solo uno de ellos describe la obra sobrenatural, ¡y que ninguno es necesariamente instantáneo!

CONVERSIÓN

¿Quién no ha oído decir a un evangelista: "Nunca convertí a nadie; solo Dios puede convertir un alma humana?". El comentario parece correcto, pero dista de ser bíblico. Según la Biblia, ¡Dios nunca "convirtió" a nadie!

En la jerga evangélica moderna, el sustantivo se usa a menudo ("mi conversión"); cuando se usa el verbo, siempre es en la voz pasiva ("fui convertido"). En el Nuevo Testamento, el sustantivo nunca se usa, y el verbo por lo general está en la voz activa ("convierte a tu hermano") o en la voz media ("conviértete"). El verbo siempre tiene un sujeto humano, nunca divino. (Si esta idea le resulta completamente desconocida, lo invito a estudiar una selección de textos: Mt 13:15; Mr 4:12; Lc 22:32; Hch 3:19; 2Co 3:16; Gá 4:9; Stg 5:20; 1P 2:25.)

El hecho es que, en el griego del Nuevo Testamento, la palabra "convertir" no es el término técnico o teológico en que se ha convertido. Es una palabra común y corriente, una de un grupo de palabras derivadas del sencillo significado raíz "girar" (griego: *strepho*). La forma específica que suele traducirse "convertir" tiene el prefijo agregado *epi*, que le da el significado de "girar *en círculo*" o "volverse *atrás*".

La expresión moderna en el código de tránsito, "girar en U", es el equivalente más próximo que podemos tener.

Por lo tanto, es una descripción sumamente apropiada para usar cuando un pecador se aleja de sus pecados, da un giro completo y se vuelve hacia Dios. Describe su propia acción (no la de Dios), sea que haya decidido hacerlo por su cuenta o haya sido persuadido por otra persona. Tampoco hay nada en la palabra misma que califique la velocidad del giro, repentino o lento; la palabra solo se ocupa de la dirección. Que la media vuelta se haga en un único gran movimiento o en una serie de movimientos menores, es irrelevante. Lo que importa es que una persona que se dirigía en una dirección (hacia el infierno) ahora está viajando en la dirección opuesta (hacia el cielo). Darse cuenta de esto debería ser una fuente de consuelo para muchos cristianos que antes se sentían incómodos cuando se les pedía que "dieran testimonio"; el elemento esencial de la conversión es el cambio de dirección mismo y no los tiempos involucrados. Algunos conductores que van a toda velocidad en una dirección errónea han dado la vuelta derrapando en unos pocos segundos (¡con imágenes y sonidos espectaculares que ofrecen mucha diversión, como lo ha descubierto Hollywood!). Otros conductores más cuidadosos pueden haberse tomado su tiempo, y son más seguros para los demás. De una forma u otra, ¡lo crítico es estar del lado correcto del camino! En realidad, lo que más cuesta fechar es el arrepentimiento y la fe; el bautismo en agua y en el Espíritu son fácilmente recordados y fechados.

Al pasar por las "cuatro puertas espirituales", una persona está completando este "giro" desde el pecado hacia Dios. En cada una de las cuatro etapas, la acción humana es necesaria y se da un "paso" adicional. Cada una de las cuatro aparecen en modo imperativo en el Nuevo Testamento, indicando órdenes a ser cumplidas:

Arrepiéntase (Hch 2:38)
Cree (Hch 16:31)
Bautízate (Hch 22:16)
Reciban (Jn 20:22)

Por supuesto, la proporción de actividad humana requerida en cada etapa varía considerablemente. En el bautismo en agua, está limitada a procurarlo y entregarse al acto (la voz media es muy significativa: "Hazte bautizar"). En el bautismo en el Espíritu, Dios hace la mayor parte, si bien la recepción es más activa que pasiva. En el arrepentimiento y la fe, hay un fuerte aunque no exclusivo énfasis en la parte humana.

Por lo tanto, parecería legítimo usar la palabra "conversión" para todo el proceso, visto desde el ángulo de la actividad humana en cada una de las cuatro etapas. Cada una de ellas es necesaria para una "media vuelta" *completa*. En particular, el bautismo en agua marca el corte final con el pecado, y el bautismo en el Espíritu comienza la nueva vida; ambos son fundamentales para la "conversión", y deben ser incluidos en el testimonio de la introducción de una persona a Cristo.

No obstante, ¡la "conversión" puede ser repetida! Se usa la misma palabra en el Nuevo Testamento para un hermano creyente que "regresa" al pecado (Gá 4:9; cf. Tit. 3:9-11). Tendrá que ser "convertido" de nuevo a Dios (Lc 22:32; Stg 5:20), si bien en esta oportunidad no serán necesarios el bautismo en agua o en el Espíritu. Aquella niña del Ejército de Salvación que habría dicho que se convirtió diez veces, y que cada vez fue mejor que la anterior, ¡por lo menos estaba siendo sincera!

Queda claro que la palabra es mucho más flexible de lo que nos damos cuenta. Tal vez sería más seguro usar simplemente la frase "dar media vuelta", su significado original. Los testimonios tendrían que ser más explícitos y más objetivos. En vez de contar "cómo me convertí", una simplificación bastante cómoda, tendría que describir de qué pecados me arrepentí, por qué creí lo que escuché, cuándo fui bautizado y cómo recibí el Espíritu. ¡Este tipo de testimonio sería mucho más informativo e inspirador!

REGENERACIÓN

Veamos ahora "regeneración", otra palabra más que sufre por haberse convertido en un término técnico de la teología, donde denota por lo general aquel acto de gracia divina mediante el cual el pecador recibe una nueva naturaleza. La suposición casi universal es que será, por lo tanto, un acontecimiento instantáneo, del cual puede no haber ninguna conciencia subjetiva en el momento, aunque sin duda la persona se dará cuenta después de lo que ocurrió.

Este entendimiento "doctrinal" plantea de manera inevitable el problema de relacionar este momento de la regeneración con el proceso de la iniciación. ¿En qué punto tiene lugar el milagro? Hay tres respuestas incompatibles que compiten por la atención: la calvinista, la arminiana y la católica.

La *calvinista*. La teología reformada, que pone énfasis en la soberanía de Dios, por lo general ubica el momento de la regeneración *antes* de toda la iniciación, según la base "lógica" de que la naturaleza humana caída es total y absolutamente incapaz de arrepentirse del pecado, y mucho menos de recibir el Espíritu. Dios ejerce su gracia soberana en la regeneración primero, lo cual posibilita que un pecador responda al evangelio. La opción de nacer de nuevo, por lo tanto, es la prerrogativa completa de Dios.

La *arminiana*. La mayoría de los evangélicos y los pentecostales parecen partir del supuesto de que la regeneración tiene lugar después del arrepentimiento y la fe, pero antes (o, al menos, separado) del bautismo en agua. Los evangélicos por lo general hacen equivaler la regeneración con el "bautismo en el Espíritu" ("nacido del" y "bautizado en el" Espíritu Santo son considerados sinónimos, si bien la última expresión se usa poco). Los pentecostales prefieren mantenerlos completamente separados. De una forma u otra, la elección de ser "nacidos de nuevo" es tanto humana como divina; cuando el hombre responde al evangelio, Dios responde mediante la regeneración (de ahí el énfasis en "tomar una decisión").

La *católica*. El enfoque sacramental identifica la

regeneración con el bautismo en agua, sea que siga o anteceda (en los bebés) la fe personal. El servicio anglicano para el bautismo de bebés en el Libro de Oración Común contiene esta creencia, si bien el Libro de Servicios Alternativos es ambiguo en este punto. En este caso, la elección de "nacer de nuevo" parece estar con los padres y el sacerdote.

Si los tres puntos de vista tienen diferencias de fondo en sus conclusiones, están unidos en la premisa subyacente de que la regeneración es casi instantánea. Pero, ¿apoya la Biblia este supuesto? Si no lo hace, ¿podría explicar las profundas divisiones que tienen? Y, además, ¿cómo surgió este concepto?

"Regeneración" (como "conversión") es en realidad una palabra común y corriente, descriptiva más que definidora. Su desarrollo a partir de una raíz sencilla es fácil de entender. Partiendo del verbo "ser/estar" (griego: *eimi*), un simple prefijo produce un verbo que significa "llegar a ser/estar" o "convertirse en" (*ginomai*); un prefijo adicional lo transforma en "volver a convertirse en" (*anagennao*), aunque cuando este último término funciona como sustantivo se usa un prefijo diferente que significa "de nuevo" (*palingenesia;* de ahí el nombre del primer libro de la Biblia)

El verbo "llegar a ser" se usa más de doscientas veces en el Nuevo Testamento, con muchísimos matices, desde un relato muy común ("Juan el bautizador llegó a estar en el desierto", cf. Mr 1:4), muy similar a nuestra palabra "aconteció", a los sucesos extraordinarios de la creación ("lo que no puede verse llegó a ser lo que podemos ver", cf. Heb 11:3). El sentido más estrecho de "convertirse en" también tiene dos connotaciones distintas, ambas pertinentes a nuestro estudio. Por un lado, puede referirse a un comienzo por completo nuevo, algo que llega a ser por primera vez, y por lo tanto es una palabra adecuada para la creación del mundo (y se usa de esta forma en Jn 1:3, 4, 10). Por otro lado, puede referirse a algo que ya existe y que toma una forma enteramente nueva, sea mediante un proceso natural (una semilla de mostaza "se convierte en" un gran árbol, Lc 13:19) o por una intervención sobrenatural (el agua "se convierte en" vino, Jn 2:9).

Este sentido doble de "convertirse en" (en hebreo y arameo, además de griego) hizo que fuera una palabra ideal para Jesús en su conversación con Nicodemo. Le permitió vincular el suceso del nacimiento físico (en el que la persona llega a ser parte de la vieja creación) con el concepto del nacimiento espiritual (en el que la misma persona llega a ser parte de la nueva creación). Este último caso es simplemente "llegar a ser de nuevo" (podría ser traducido "llegar a ser de arriba", ya que la palabra griega puede significar "de nuevo" o "de arriba"; ver capítulo 10). En todo caso, hay un acto divino de creación involucrado, sin que esto excluya un elemento de manufactura (es decir, a partir de algún material viejo). Aun un nacimiento físico no ocurre "de la nada"; es producto de material genético existente y del proceso de gestación. La encarnación misma tiene esta doble combinación: un ser divino que ha existido desde toda la eternidad y un ser humano que comenzó en el tiempo. La continuidad de identidad puede coexistir con la discontinuidad de forma.

Aunque el sustantivo que corresponde al verbo "llegar a ser de nuevo" solo se usa dos veces en el Nuevo Testamento, es significativo que se lo aplica tanto a seres humanos (Tit 3:5) como a toda la creación (Mt 19:28). ¡El Dios que está restaurando a sus criaturas más elevadas a su condición original desea hacer lo mismo con todo el universo! Los cielos y la tierra "nacerán de nuevo" (Ap 21:1-5), ¡si bien se logrará mediante un bautismo de fuego y no de agua (2P 3:10-13)!

No hay nada en la palabra "regeneración" misma, o en los contextos en los que se la usa, que sugiera que "llegar a ser" es instantáneo. Que *pueda* serlo no se discute, y a veces se afirma de manera específica, como cuando el nuevo cuerpo de resurrección es dado "en un instante, en un abrir y cerrar de ojos" (1Co 15:51-52), aunque es cierto que se usa una palabra diferente aquí. Pero que *deba* ser instantáneo no es cierto en absoluto. La creación original (génesis/generación, Gn 2:4) sin duda fue un proceso de muchas etapas, sea cual fuere el punto de vista que se tenga del largo de los seis días. La re-creación de los cielos y la tierra tendrá a todas luces un conjunto similar de fases. De igual forma, una semilla de mostaza no "llega a ser" un gran árbol de la noche a la mañana. De hecho, la palabra se usa con mayor frecuencia en la Biblia para cosas que han *requerido tiempo* —largo o corto— para "llegar a ser" lo que son. Aun la encarnación (la Palabra "llegó a ser" carne) llevó nueve meses. ¡La razón por la que llegaron a ser, la naturaleza de lo que han llegado a ser y el propósito para el cual han llegado a ser tiene mucha más importancia que la "velocidad" con la que llegaron a ser!

Entonces, ¿por qué tanto énfasis en la regeneración "instantánea"? Es posible que se deba a la impresión generalizada de que todo lo que ocurra de manera lenta o gradual puede ser "explicado" en términos de causalidad "natural" (como el agua que se convierte en vino a través del cultivo y la fermentación), en tanto que si la misma cosa ocurre de manera repentina, demuestra su causalidad "sobrenatural" (como en Caná).

Hay una profunda falacia detrás de este tipo de pensamiento; a saber, que Dios no está obrando en los procesos normales y más lentos de la naturaleza. Existe también una falsa suposición de que el carácter de Dios exige que haga las cosas de prisa. ¡Sería un caso grave de hacerlo a él a nuestra imagen y semejanza, dado que nuestra queja más habitual acerca de su actividad en la historia es que no responde a las situaciones con la suficiente velocidad! Tenemos que aprender algo de la paciencia de Dios en su trabajo en la creación (Stg 5:7-8), en particular en una era que exige la satisfacción "ya mismo".

Una vez que el concepto de regeneración ha sido liberado de sus asociaciones "instantáneas", estamos en condiciones de revalorizar su relación con el proceso de iniciación. Ambos son procesos, no sucesos únicos, y mantienen una asombrosa correspondencia.

Considerar el comienzo de la vida cristiana como un nacimiento es enteramente bíblico y se remonta a las mismas palabras de Jesús, aunque debe señalarse que no aparece con demasiada frecuencia (de hecho, "nacer" del Espíritu aparece menos veces que ser "bautizado" en el Espíritu, con una relación de seis a siete, ¡algo que aparece reflejado a menudo en la predicación evangélica hoy!)

Por lo tanto, existe alguna especie de analogía entre el "nacimiento" físico y el espiritual (¡aunque Nicodemo la entendió de manera demasiado literal!, Juan 3:4), lo cual sugiere que hay un grado de similitud entre ambos. Ahora bien, es claro que el nacimiento físico es un proceso que incluye una serie de sucesos. Desde las primeras contracciones del útero, pasando por la aparición del bebé recién nacido y el corte del cordón umbilical, hasta el primer aliento y llanto, toda la secuencia ha traído a la existencia una nueva vida (si bien ya había existido en la oscuridad durante unos nueve meses). Llamar a cualquiera de estas etapas "nacimiento" es muy difícil. Preguntar en qué punto específico el bebé en realidad "nació" tal vez sea inútil y es sin duda irrelevante. Todo el proceso puede haber sido maravillosamente rápido o relativamente lento. Lo que importa es que una nueva vida ha comenzado y que todo lo que se necesita para que continúe una vida saludable ha sido hecho, y ha sido hecho de la manera correcta. El nacimiento tiene poca importancia en y por sí mismo; es el preludio a la vida, y lo que importa es la calidad de esa vida.

La Biblia nos alienta a ver en esto una analogía del "nuevo" nacimiento y a aplicar la palabra y el concepto de la "regeneración" a todo el proceso de iniciación. Fuera de algunos obvios paralelos que podemos extraer (los primeros dolores de la "convicción", el corte del cordón umbilical en el "arrepentimiento", el lavado del bebé en el "bautismo" y el clamar en el Espíritu, ¡con imposición de manos!), hay también una justificación bíblica para hacerlo.

Así como podemos aplicar la palabra "conversión" a cada una de las cuatro etapas de la iniciación, ya que cada una aparece en el modo imperativo, indicando la necesidad de una actividad humana, también podemos aplicar la palabra "regeneración" a cada una de esas etapas, ya que cada una figura en el modo indicativo, señalando el hecho de la actividad divina:

EL NACIMIENTO CRISTIANO NORMAL

Dios mismo concede el arrepentimiento (Hch 5:31; 11:18)
Dios otorga el don de la fe (Ef 2:8)
Dios levanta de la sepultura del bautismo (Col 2:12)
Dios derrama su Espíritu (Tit 3:5)

Todo el proceso es obra de Dios. A través de este proceso él está "regenerando" (es decir, haciendo que "llegue a ser nuevamente") a una persona. Cada etapa es necesaria para comenzar la vida cristiana "normal" y necesaria para el crecimiento y desarrollo saludables.

Como ya hemos visto, la proporción de actividad humana varía de etapa en etapa, y esto suele estar en relación inversa con la actividad divina correspondiente. En las primeras dos (arrepentimiento y fe), el énfasis principal está en la contribución humana, pero en la tercera y cuarta (bautismo en agua y en el Espíritu), cambia a la divina. Por cierto, parece haber una disminución progresiva de la actividad humana y un aumento paralelo de la divina a lo largo de las cuatro etapas. Este cambio progresivo del énfasis puede ser representado en un diagrama.

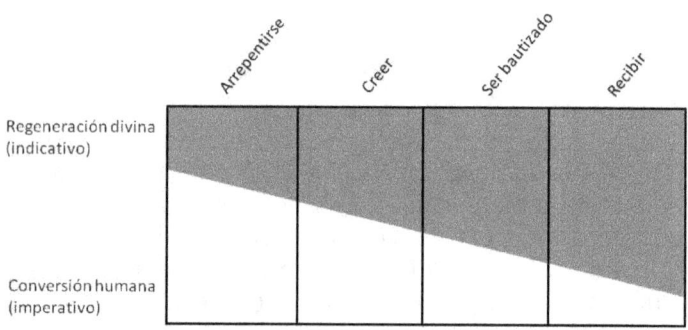

Por supuesto, este gráfico es un resumen de estadísticas textuales más que la declaración de un concepto teológico. Sin embargo, la tendencia puede tener alguna significación espiritual: la iniciación implica separarse de los esfuerzos propios para introducirse en la energía de Dios.

Así que, si bien *todo* el proceso puede ser considerado tanto una "conversión" (desde la perspectiva humana) como una "regeneración" (desde la perspectiva divina), es esta última palabra que tiene aplicación específica a la segunda mitad del proceso, los dos bautismos en los que Dios completa la introducción a la nueva vida. Antes que los lectores evangélicos huyan espantados ante esta afirmación, se los alienta a considerar otra vez los dos versículos de la Biblia que definen de manera más específica la naturaleza del "nuevo nacimiento". Juan 3:5 (traducido literalmente) dice que una persona "llega a ser de nuevo *fuera de* el agua y el Espíritu" (ver capítulo 10 para un análisis completo de esta frase enigmática). Tito 3:5 (también traducido literalmente) habla de ser "salvado" mediante el "baño de la regeneración" y el "Espíritu derramado en renovación" (ver capítulo 26 para una exégesis detallada de este versículo). Por mucho que deseemos que Jesús y Pablo hubieran atribuido la regeneración al arrepentimiento y a la fe, debemos aceptar la escritura tal como está. Las palabras usadas para estos versículos no presentan ningún problema cuando vemos la regeneración como un proceso total que coincide con la finalización de la iniciación.

Recibir el Espíritu, la cuarta y última etapa del nuevo nacimiento, tiene una importancia que no tienen las otras tres. Es la *finalización* del proceso de regeneración, y señala el comienzo de la nueva vida así como el final del nuevo nacimiento, dado que esta nueva existencia es "vida en el Espíritu" (Ro 8:4-5). Pero es también la *confirmación* de la regeneración, la prueba de que la nueva vida ha comenzado. Volviendo por un instante a la analogía del nacimiento físico, recibir el Espíritu con un desbordamiento de la boca equivale al primer aliento y llanto de un bebé. Hay también un paralelo bíblico en el "llegar a ser" de Adán, cuando Dios "sopló" en su nariz (el "beso de la vida"), completando el proceso de su "generación" o "génesis" trayéndolo a la vida.

Si esta idea del doble significado de recibir el Espíritu (finalización y confirmación) es correcta, entonces ni el arrepentimiento y la fe ni el bautismo proveen una prueba o una garantía de la justificación. Esto es porque cada uno puede ser profesado y practicado de una forma inaceptable para Dios, el único que conoce todo lo que hay en el corazón. La prueba de su aprobación y aceptación yace en la evidencia de que él ha dado su Espíritu, que es el "sello" de la transacción. Éste es el fundamento básico de la seguridad: "¿Cómo *sabemos* que permanecemos en él, y que él permanece en nosotros? *Porque* nos ha dado de su Espíritu" (1Jn 4:13; cf. 3:24). Con razón los apóstoles se preocupaban muchísimo cuando faltaba este tipo de evidencia (ver capítulos 16 y 20); era la piedra de toque para ser un "cristiano" (Ro 8:9; ver capítulo 21 para un crítica de esta interpretación).

Podemos plantear dos preguntas adicionales aquí, si bien serán contestadas con mayor detalle en el capítulo 36. Primero, ¿por qué se pone tanto énfasis en el *nacimiento* más que en la *vida* de los bebés espirituales (de modo que nuestra evangelización está más preocupada por hacer que las personas "nazcan de nuevo" que asegurarse de que "estén plenamente vivas"? Segundo, ¿por qué los evangélicos se resisten tanto a considerar el bautismo en agua (y los pentecostales a considerar ese bautismo *y también* el bautismo en el Espíritu) como una parte integral de todo el proceso de regeneración?

En el fondo, ambas preguntas están relacionadas con una perspectiva demasiado simplificada de la salvación. Cuando la salvación se predica ante todo en términos de ser salvos del infierno más que en términos de ser rescatados de los pecados, cuando se considera que tiene que ver más con el próximo mundo que con éste, más apropiado para los que están a punto de morir que para los que esperan seguir viviendo, entonces pasa a ser más importante haber "nacido" del Espíritu que "vivir" en el Espíritu (la necesidad de la justificación eclipsa la necesidad de santificación). Si nuestro entendimiento de la salvación minimiza la perspectiva "mundana", entonces (dado que tienen que ver más que nada con esta vida, liberándonos de nuestros pecados aquí y ahora) tanto el bautismo en agua como el bautismo en el Espíritu pierden importancia relativa en la vida cristiana, al punto de convertirse en opcionales, en vez de esenciales.

Esta mentalidad de "conseguir un boleto para el cielo" no es bíblica, e indica una perspectiva desequilibrada respecto de la salvación. La justificación y la regeneración son consideradas como metas en sí mismas en vez de medios para "la santidad, sin la cual nadie verá al Señor" (Heb 12:14). Pero el nuevo nacimiento no es ni un certificado de alta del infierno ni un abono de temporada para el cielo. Es otorgado para hacer posible una vida sin pecado (1Jn 3:9), para disfrutar la vida eterna tanto aquí como en el más allá. La santificación es el eslabón clave entre la justificación y la glorificación. Dado que el bautismo en agua y el bautismo en el Espíritu son partes vitales de la santificación, son también una parte integral de la salvación plena; por eso Pablo usa la palabra "salvó" para ambos (Tit 3:5), y por eso Jesús los consideraba elementos básicos del nuevo nacimiento (Jn 3:5).

Para demasiados conversos el nuevo nacimiento es largo y complicado: la fe puede venir mucho antes del arrepentimiento; el bautismo, mucho después de la fe (o, para mayor confusión aún, mucho antes); muchas personas no están seguras si han sido "bautizadas" en el Espíritu o no; algunas nunca se han arrepentido siquiera; otras nunca han sido bautizadas. Por lo general, no es culpa de ellos. Tuvieron un mal parto, realizado por parteros y parteras sin experiencia y sin capacitación.

Este libro ha sido escrito para intentar mejorar la situación. Habiendo seguido este resumen *temático* del "nacimiento cristiano normal", necesitamos considerar las formas *prácticas* en que esta enseñanza puede ser aplicada en situaciones evangelísticas y pastorales.

Sin embargo, antes de hacerlo, es necesario que nos aseguremos de que los principios generales ya bosquejados estén firmemente arraigados en la Biblia. Tenemos que considerar veinticuatros pasajes clave que tienen una relación directa con nuestro tema. Será todavía más importante tener a mano una Biblia abierta, junto con una mente abierta, porque hay muchas cosas nuevas que aprender, ¡y muchas cosas viejas que desaprender!

Segunda Parte

LOS PASAJES "DIFÍCILES"
La dimensión bíblica

7. LA GRAN COMISIÓN
(Mateo 28:19-20)

"Por tanto, vayan y hagan discípulos de todas las naciones, bautizándolos en el nombre del Padre y del Hijo y del Espíritu Santo, enseñándoles a obedecer todo lo que les he mandado a ustedes. Y les aseguro que estaré con ustedes siempre, hasta el fin del mundo".

Este mandato misionero a los apóstoles, y a través de ellos a toda la iglesia, se encuentra enmarcado por dos de las afirmaciones más increíbles que Jesús haya hecho jamás acerca de sí mismo. Comienza afirmando su autoridad universal a través de todo el *espacio* y finaliza prometiendo su presencia perpetua a través de todo el *tiempo*. Sus "órdenes de marcha" solo pueden ser entendidas plenamente contra este trasfondo de su poder y posición completos. Él ejerce ahora sus derechos, tanto para enviar a los apóstoles a reclutar una banda internacional de seguidores como para aplicar sus propias normas absolutas a esos apóstoles.

La expresión "todas las naciones" se aplica a grupos étnicos más que a entidades políticas; surge del deseo de Dios de incluir todas las variedades de seres humanos ("familia, tribu, lengua") en su reino, aunque la palabra "naciones" (o "pueblos") es también un sinónimo judío de "gentiles". Es muy significativo que esta comisión aparezca en Mateo, ¡el Evangelio escrito ante todo para lectores *judíos*! Deja en claro y sin lugar a dudas que Jesús mismo inició el programa de extensión hacia el mundo gentil, un cambio de política de lo que había sido una misión exclusiva a "las ovejas perdidas del pueblo de Israel" (Mt 15:24). El cambio había sido anticipado antes de su muerte (Mt 21:43 y 24:14).

El aspecto gramatical de su instrucción tiene importancia. Un verbo imperativo ("hagan discípulos") aparece modificado por dos participios presentes ("bautizándolos" y "enseñándoles"). Más que hacer discípulos, deben discipular. ¡Los verbos son más dinámicos que los sustantivos!

Un "discípulo" es alguien que aprende, pero de una persona más que de un libro, un curso o un sistema. Más que un estudiante, es un aprendiz. El discipulado implica una relación, con un discipula*dor*, un maestro, un líder. Surge entonces la pregunta: ¿hacer discípulos *de quién*? ¿De ellos o de alguna otra persona? La forma transitiva del verbo puede favorecer cualquiera de las dos aplicaciones: Pedro podría hacer discípulos de Pedro, o discípulos de Jesús. La cuestión queda aclarada por el contexto: el *nombre* en el cual debían ser bautizados no era el de un apóstol, y las *órdenes* que debían enseñar no eran las de un apóstol. Debían "hacer discípulos de Jesús". Esto queda confirmado por el cuidado con el cual Pedro, y más tarde Pablo, evitaban bautizar a sus propios conversos (Hch 10:48; 1Co 1:13-17), y por el hecho de que los primeros cristianos eran conocidos en conjunto como "discípulos", pero nunca como "discípulos de . . . Pedro, Juan, Pablo, etc.". Sin embargo, en tanto y en cuanto la enseñanza de Jesús se encarna en las vidas de los maestros, el discipulado puede realizarse por imitación o por instrucción (1Co 4:16; 1Ts 1:6; Heb 6:12; 13:7; 3Jn 11).

Algunos estudiosos de la Biblia han dado mucha importancia al hecho de que la orden de "discipular" viene antes de la orden de "bautizar", de donde deducen que el bautismo siempre debe seguir a la instrucción. Inesperadamente, es un hecho que suelen destacar los paidobautistas (los que bautizan bebés), cuando la conclusión lógica del argumento es el bautismo de creyentes (Charles Simeon, el anglicano evangélico, era uno de éstos, al igual que Juan Calvino antes de él; ver Apéndice 1). Dejemos que el piadoso Richard Baxter (en su *Disputations of Right to Sacrament* [8], p. 149f., citado en T. E. Watson, *Baptism Not For Infants* [9] (Walter, 1967), p. 27) defienda este punto de vista:

> Esto no es como alguna mención histórica casual del bautismo, sino la comisión misma de Cristo a sus apóstoles para la predicación y el bautismo, y expresa

---
8 En español, *Debates sobre el derecho al sacramento.*
9 En español, *Bautismo no para infantes.*

deliberadamente las diversas obras de ellos en sus diferentes lugares y orden. Su primera tarea es, mediante la *enseñanza*, hacer discípulos, que son llamados por Marcos creyentes. La segunda obra es bautizarlos . . . La tercera obra es enseñarles todas las demás cosas que deben aprenderse después en la escuela de Cristo. Despreciar este orden es renunciar a todas las reglas del orden; porque ¿dónde esperamos encontrarlo si no aquí? Sin embargo, la gramática no ofrece un buen respaldo a esta interpretación, ya que no hay tres imperativos consecutivos, sino solo uno, con dos participios: deben "discipular mediante el bautismo y la enseñanza". Note que el bautismo precede la enseñanza aun en este caso, si bien otros paidobautistas usan esto para justificar bautizar a los bebés mucho antes de que puedan ser "enseñados". Este punto de vista opuesto es también injustificado a partir del texto, ya que el verbo "discipular" no es otra cosa que una relación consciente y voluntaria escogida por la persona involucrada.

El término en español "bautizar" es más una transliteración que una traducción. Como ya hemos visto, en griego la palabra significa mojar, zambullir, empapar, remojar o sumergir algo en un líquido (como una tela en una tintura, una copa en un cuenco de vino o aun un barco hundido en el mar; ver capítulo 4). La mayoría de los comentaristas consideran que se trata de una referencia al bautismo en agua más que al bautismo en el Espíritu, en especial por mencionar el "nombre". Podemos encontrar una confirmación de esto en el hecho de que, si bien el bautismo en agua parece haber ido desapareciendo durante el ministerio de Jesús, se volvió universal en la iglesia primitiva desde el día de Pentecostés en adelante. Solo una orden del Señor habría asegurado esta continuación de un rito físico después de haber arribado el pleno bautismo espiritual de parte del Mesías (cf. la reacción de Pedro ante el bautismo en el Espíritu de Cornelio, en Hch 10:47). La insistencia apostólica en el bautismo en agua solo puede explicarse si la gran comisión es un auténtico recuerdo de las palabras mismas de Jesús.

Se ha puesto de moda atribuir estas palabras a la iglesia primitiva más que a Jesús, ¡aunque la falta aparente de ninguna otra orden de Jesús crea el problema adicional de encontrar alguna otra explicación para la insistencia de Pedro en el bautismo en agua el día de Pentecostés! Una de las principales razones dadas para esta atribución es que la frase trinitaria de Mateo 28:19-20 es más reminiscente de fórmulas eclesiásticas y difiere del uso exclusivo del nombre de Jesús en todo el libro de Hechos (ej: Hch 8:16; 19:5). A decir verdad, no hay ninguna evidencia directa del uso de la fórmula trinitaria en el bautismo hasta el segundo siglo d.C.

Si la forma de inmersión en agua era la misma para los apóstoles que para Juan el Bautista, la *fórmula* usada sin duda era diferente. Por cierto, el uso de un nombre en el bautismo fue una clara innovación apostólica. Se supone por lo general que la fórmula de Mateo contiene tres nombres: "Padre", "Hijo" y "Espíritu Santo". Pero esta lectura simple de la frase es, de hecho, demasiado simplista, por las siguientes razones:

1. Técnicamente, "Padre" e "Hijo" no son "nombres", sino relaciones.
2. El "nombre" del Padre es "Yavé", de donde viene "Jehová".
3. El "nombre" del Hijo es "Jesús".
4. La palabra "nombre" está en singular (uno) y no en plural (tres).

Sin embargo, el principal problema con la postura de los "tres nombres" surge del hecho que, si bien las bendiciones trinitarias eran conocidas y usadas por los apóstoles (ej: 2Co 13:14), no hay registro alguno de un bautismo trinitario en el Nuevo Testamento. Al igual que todas las sanidades y liberaciones, fueron hechos solo en el único y poderoso nombre de "Jesús". ¿Cómo explicamos esta aparente discrepancia?

Muchos eruditos (desde MacNeile a Barclay) se limitan a atribuir la fórmula de Mateo a una liturgia posterior de la iglesia que se aplicó de manera retroactiva a los labios de Jesús. Sin embargo, dado que los manuscritos no brindan ningún justificativo para considerarla como un agregado posterior al Evangelio escrito originalmente, ¡esta suposición cuestiona la integridad del recolector de impuestos (y de textos) que lo escribió, acusándolo de dar informes imprecisos!

Otros han acusado a Lucas de la misma tergiversación, especulando que su objetivo literario de elevar a Jesús lo llevó a simplificar su relato en Hechos, reduciendo la fórmula usada en realidad a fin de enfatizar el nombre de Jesús. Sin embargo, Lucas no da ninguna otra señal de querer suprimir una terminología trinitaria (ver Lc 3:22 y Hch 2:32-33; 20:21-22).

El punto de vista extremo sería que *ambos*, Mateo y Lucas, están desinformando, en cuyo caso quedaría poca esperanza de recuperar las palabras bautismales originales, ¡y perdería sentido discutirlo!

Pero es posible que ambos contengan recuerdos correctos. Podría ser que los apóstoles, al usar solo el nombre de "Jesús", desconocían la "letra" de la gran comisión o que estaban convencidos de estar cumpliendo su "espíritu". ¿Es posible que hayan considerado que el nombre único "Jesús" equivalía en realidad a una referencia explícita a la Trinidad? Después de todo, ahora sabían que Dios era el "Padre de Jesús" y que el Espíritu Santo era el "Espíritu de Jesús" (Hch 16:7). Por cierto, el "discurso del aposento alto" (Juan 14-16) había entremezclado de tal forma las tres personas de la Deidad (ver, por ejemplo, Jn 14:26) que relacionarse con una era hacerlo con las tres. El nombre único "Jesús" entonces podría haber sido considerado como una especie de "abreviatura" para la Trinidad.

Esta sugerencia no es tan inverosímil como indicarían las primeras impresiones. El nombre único "Jesús" tal vez no sea del todo consistente con las palabras que usa Mateo, pero es compatible con ellas, de acuerdo con las siguientes consideraciones.

1. Todo el contexto está en primera persona singular (yo, mi). Jesús no está hablando aquí en nombre de la Trinidad (nosotros, nuestro). No dice: ". . .

enseñándoles que guarden todas las cosas que les hemos mandado".
2. "En el nombre del" es singular, y no plural, lo que indica que un nombre podría cubrir los tres nombres. No les dice que bauticen "en los nombres del . . ."
3. Eusebio cita este versículo usando las siguientes palabras: "haced discípulos de todas las naciones, bautizándolos a mi nombre, enseñándoles . . ." Si bien difícilmente sea éste un testimonio confiable de la versión original del texto de Mateo (nadie más lo cita de esta forma), no obstante brinda evidencia de un entendimiento general de la aplicación de la gran comisión que es en todo compatible con el registro en Hechos (aun con el uso inusual de la preposición "*al* nombre de Cristo" (Hch 19:5).

Este último punto es importante. En Hechos el bautismo no era solo "en" (griego, *en*) sino "a" (griego, *eis*) el nombre de Jesús. Esto significa mucho más que la "autoridad delegada" del *bautizador*. Significa una identificación personal con Jesús de parte del *bautizado*, una unión íntima que conduce a todo aquello a lo que apunta Pedro en la frase "*en* Cristo" (Gá 3:27). El significado está vinculado con la antigua práctica de los soldados que juramentaban entregarse como propiedad absoluta y a disposición total de un emperador (el significado original de la palabra "sacramentum" era un juramento de lealtad a un "Señor"). Por lo tanto, en el bautismo el candidato, en cierto sentido, pierde su propia identidad y, como consecuencia, su nombre; entonces recibe un nuevo nombre, el de la persona cuya identidad ahora es suya: a saber, "Jesús". El bautismo, por así decirlo, es una ceremonia de "nombramiento" (pero en un sentido completamente opuesto al bautismo de un bebé, donde recibe su propio nombre; tiene poco que ver también con dar al creyente un nombre nuevo en el bautismo para indicar el nuevo nacimiento, diferenciado del "antiguo").

Así que, independientemente de las palabras o nombres que se usen en la fórmula de bautismo, el nombre "Jesús" debe figurar en forma destacada, porque la autoridad y el poder de toda la Deidad residen en su nombre (note que en el libro de Hechos el "nombre de Jesús" y el "poder del Espíritu" son casi sinónimos y ocurren casi con la misma frecuencia en los primeros capítulos).

Pero sería un burdo legalismo de carácter peligroso y divisivo invalidar (o validar) cualquier bautismo teniendo como único fundamento la fórmula verbal usada, como si ése fuera el único factor que volviera eficaz (o ineficaz) el bautismo. Insistir en que las palabras usadas *deben* ser "Jesús solo" o "plenamente trinitaria" para que sea un bautismo cristiano sería sectarismo y produciría múltiples rebautismos. Tal vez disminuiría la tensión si se usara una terminología más flexible, como "En el nombre del Padre, Hijo y Espíritu te bautizamos al Señor *Jesús*, a su muerte, su sepultura y su resurrección" (estas son las palabras que usé por años, ¡y que dejaba contentos a todos!) o "Te bautizamos al nombre del Señor *Jesús*, su Padre y su Espíritu." Y ya hemos recordado a los lectores la práctica de la iglesia primitiva de alentar a los candidatos mismos a invocar el nombre de Jesús al aproximarse al bautismo (Hch 22:16, ver capítulo 3).

Finalmente, notamos que "bautizar" es solo el primer paso del proceso de "discipular". Este momento de iniciación conduce a un largo período de instrucción. El "catecúmeno" *comienza* con el bautismo (¡mientras que hoy finaliza a menudo aquí!). Habiendo sido sepultado y resucitado con Cristo, el bautizado necesita que le enseñen a expresar estas experiencias en su vida diaria (¡un excelente programa de estudios es Col 2:20–3:17!)

Hay una corriente del pentecostalismo transatlántico que se desplazó hacia la doctrina unitaria basada en la persona de Jesús. Negando las tres personas de la Deidad, lo consideraban a él como la encarnación *total* del Dios de Israel. Rehusando cualquier fórmula trinitaria, bautizaban en el nombre de "Jesús solo" y llegaron a ser conocidos como el "movimiento de unicidad". Dado que quienes bautizan en el nombre único de Jesús pueden o no adherir a esta herejía, es por lo tanto necesario, cuando encontramos esta práctica, averiguar más acerca de la teología detrás.

8. LA POSDATA DE MARCOS
(Marcos 16:9-20)

Cuando Jesús resucitó en la madrugada del primer día de la semana, se apareció primero a María Magdalena, de la que había expulsado siete demonios. Ella fue y avisó a los que habían estado con él, que estaban lamentándose y llorando. Pero ellos, al oír que Jesús estaba vivo y que ella lo había visto, no lo creyeron. Después se apareció Jesús en otra forma a dos de ellos que iban de camino al campo. Éstos volvieron y avisaron a los demás, pero no les creyeron a ellos tampoco. Por último se apareció Jesús a los once mientras comían; los reprendió por su falta de fe y por su obstinación en no creerles a los que lo habían visto resucitado. Les dijo: "Vayan por todo el mundo y anuncien las buenas nuevas a toda criatura. El que crea y sea bautizado será salvo, pero el que no crea será condenado. Estas señales acompañarán a los que crean: en mi nombre expulsarán demonios; hablarán en nuevas lenguas; tomarán en sus manos serpientes; y cuando beban algo venenoso, no les hará daño alguno; pondrán las manos sobre los enfermos, y éstos recobrarán la salud". Después de hablar con ellos, el Señor Jesús fue llevado al cielo y se sentó a la derecha de Dios. Los discípulos salieron y predicaron por todas partes, y el Señor los ayudaba en la obra y confirmaba su palabra con las señales que la acompañaban.

El final original del Evangelio de Marcos se ha perdido irrevocablemente. Los escritos griegos más antiguos se interrumpen en la mitad de la oración anterior ("porque tenían miedo . . .", v.8). Copias posteriores tienen varios "finales" alternativos, cada uno de ellos diferente en su estilo y en su vocabulario del resto del Evangelio y, por lo tanto, es de suponer que provienen de otros escritores que intentaban "completar" la obra. La más larga de estas posdatas es la que suele incluirse en nuestras versiones modernas de la Biblia.

El escritor anónimo parece haber tomado su material de los otros tres Evangelios y de Hechos (lo cual indica una fecha tardía para su trabajo editorial). Hay poco aquí que no podamos encontrar en otras partes de la Biblia. Aun la protección prometida de los reptiles y el veneno aparece tanto en un Evangelio (Lc 10:19) como en Hechos (28:3-6), aunque es prudente aplicarla al riesgo inesperado y no a la insensatez deliberada.

Si bien este pasaje puede no tener un apóstol como autor, no significa que carezca por completo de autoridad apostólica. El texto podría ser un recuerdo preciso de las propias palabras de Jesús durante las seis semanas de instrucción entre su resurrección y su ascensión. Tenemos muy pocos registros de lo que dijo, pero lo que conocemos sigue un patrón consistente, compatible con nuestro pasaje. (No obstante, corresponde agregar que ésta sería la única mención de las "lenguas" y el único uso de la frase "el Señor Jesús" antes de Pentecostés; pero cf. Juan 20:28.)

Pero aun como un resumen editorial posterior, sigue siendo realmente valioso contar con este testimonio de la perspectiva de la iglesia primitiva al final del primer siglo. En particular, nos ofrece una mirada a su forma de entender la evangelización, el tema principal del pasaje.

Por una parte, el bautismo es visto como un elemento necesario e integral de ser "salvo", algo por completo consistente con la enseñanza apostólica (ver Tit 3:5 y 1P 3:21, que se explican con mayor detalle en los capítulos 26 y 29). Note, sin embargo, que una persona es "condenada" en el día del juicio por no creer, y no por no estar bautizada.

Por otra parte, las "señales" milagrosas son consideradas como una confirmación necesaria de la verdad del evangelio; de nuevo, esto coincide con la experiencia apostólica (cf. Ro 15:18-19; 1Ts 1:5; Heb 2:4). Note que la expectativa aquí es que *todos* los creyentes tendrán estos poderes "carismáticos", y no solo los apóstoles. El evangelio debía ser *visto* además de *oído* (un punto tratado con mayor profundidad en el capítulo 33). Por lo tanto, la evangelización sería una actividad conjunta del Señor y sus seguidores trabajando lado a lado: ellos brindarían el *mensaje* y él proporcionaría los *milagros* (Hch 4:29-30; 6:8; 8:6; 11:20-21; 14:3). En realidad, ¡el carácter tardío mismo del "final largo" resalta el hecho de que la iglesia primitiva esperaba que esta misión combinada continuara mucho tiempo después de que los apóstoles hubieran abandonado el escenario terrenal!

9. EL LADRÓN MORIBUNDO
(Lucas 23:40-43)

Pero el otro criminal lo reprendió: —¿Ni siquiera temor de Dios tienes, aunque sufres la misma condena? En nuestro caso, el castigo es justo, pues sufrimos lo que merecen nuestros delitos; éste, en cambio, no ha hecho nada malo. Luego dijo: —Jesús, acuérdate de mí cuando vengas en tu reino. —Te aseguro que hoy estarás conmigo en el paraíso —le contestó Jesús.

Tarde o temprano, toda discusión acerca de la iniciación cristiana termina en la pregunta: "¿Y el ladrón moribundo?". Se la plantea por lo general para apoyar la opinión de que la conversión es un paso sencillo más que un proceso complejo. En particular, es tomado como evidencia de que la salvación puede obtenerse sin el bautismo en agua ni el bautismo en el Espíritu. Todo lo que se requiere es fe, por ingenua que sea.

De ser cierto, gran parte del contenido de este libro se convierte en innecesario y aun engañoso. ¡No habría necesidad de estudiar pasaje bíblico alguno excepto éste! Sin embargo, lo cierto es que esta visión simplista de la iniciación no es respaldada por otros versículos clave (Hch 2:38, ver capítulo 15) o pasajes clave (Hch 19:1-6, ver capítulo 20).

Hay varias razones bastante obvias por las que este suceso no puede ser tomado como el patrón normal para la "conversión" cristiana hoy.

Primero, las circunstancias del ladrón eran únicas. Estaba a horas de su propia muerte, que era una muerte jurídica más que natural. Era un hombre que estaba sufriendo la pena capital. Por lo tanto, su caso es un buen precedente para toda persona que se encuentre ante una ejecución inminente y merecida (y así fue usada por John y Charles Wesley mientras acompañaban a los criminales condenados a Tyburn, hoy Marble Arch, donde serían colgados, y por el padre Gerecke con los criminales de guerra nazis en

Núremberg). Como mucho, podríamos usarlo para desafiar y consolar a toda persona que enfrente una muerte inminente de carácter natural o accidental. Pero usar la historia para convencer a personas saludables que esperan una duración de vida normal de que esto es "todo lo que necesitan hacer" parece bastante injustificado.

Segundo, la iniciación completa del ladrón era imposible. Hay muy poco que uno puede hacer después de ser clavado a una cruz. La boca aún está libre, para maldecir o para orar (este ladrón escogió la mejor alternativa). Pero no tuvo ninguna oportunidad para producir hechos de arrepentimiento, ni para ser bautizado en agua. Hizo todo lo que pudo hacer: confesó sus pecados y confesó su fe en Jesús (ver abajo). Usar este caso para asegurar a quienes podrían hacer más que *no necesitan* hacer más es un consejo peligroso.

Tercero, el ladrón estaba con Jesús en la carne. Esta historia se encuentra en uno de los Evangelios, no en el libro de Hechos. Relacionarse con Jesús cuando estaba en la tierra es bastante diferente de relacionarse con él después que volvió al cielo y se sentó a la diestra de su Padre. En el primer caso, el encuentro era a través de los sentidos físicos; en especial, la vista y el oído, como en el caso del ladrón moribundo. Además, era entonces posible "recibir" a Jesús al "creer en su nombre", y este nivel de relación daba lugar a la regeneración (Jn 1:12-13). Se produjo un cambio en la relación con la ascensión de Jesús, cuando fue "llevado al cielo" (Mr 16:19). Desde Pentecostés en adelante, uno se convierte en cristiano al "recibir el Espíritu Santo", que había ocupado el lugar de Jesús en la tierra. El ladrón no podría haber recibido el Espíritu Santo; nació y murió demasiado pronto (Jn 7:39).

Así que debemos descubrir el cuadro *completo* de la iniciación cristiana hoy a partir de la predicación y la práctica apostólica posterior a Pentecostés. Sin embargo, es posible ilustrar las partes que componen ese todo a partir de incidentes en los Evangelios, donde suelen ocurrir en forma "embrionaria"; así, Zaqueo es para nosotros un excelente ejemplo de arrepentimiento práctico, y el ladrón moribundo ejemplifica la dimensión de la fe, en la que fue bastante excepcional.

El ladrón fue la única persona en ese día espantoso que creyó que el letrero sobre la cabeza de Jesús decía la verdad. Tan solo una semana antes, miles de personas se habían convencido de que Jesús era el "rey de los judíos", pero ahora se había instalado la desilusión entre sus seguidores, llevándolos a la desesperanza (Lc 24:21). Las palabras de Pilato, escritas desde su resentimiento obstinado y su frustración judicial, solo produjeron un escepticismo general (Lc 23:37), salvo en el ladrón moribundo, ¡quien con un salto casi increíble de fe declaró su convicción de que este hombre moribundo un día tendría su reino, cambiaría su cruz por una corona, su desnudez por vestiduras reales y sus clavos por un cetro y un estrado!

Entramos en el mundo de las conjeturas si tratamos de decidir dónde y cuándo esperaba que Jesús "viniera en su reino". Pero el hecho que pidiera ser "recordado" indica que estaba pensando en un período largo durante el cual la memoria de Jesús podría decaer ("Cuando vengas en tu reino, por favor vuelve con tu memoria a aquel día cuando moriste al lado del ladrón que creyó en ti . . ."). De una forma muy similar a cómo trajo al presente la fe de Marta en el futuro (Jn 11:25), Jesús dijo al ladrón que no tendría que esperar mucho, ¡así que no corría ningún riesgo de ser olvidado! La expresión enfática "Te aseguro" (en hebreo, *amén, amén*; en español sería algo como: "Te lo digo en serio") es una seguridad de que Jesús nunca daría una consolación falsa a un moribundo (cf. Jn 14:2); también es un reconocimiento de que lo que tiene que decir parecerá completamente increíble. ¡Su oración será contestada *hoy*! ¡Su sueño se hará realidad en horas! Hay un elemento de premonición en esta predicción, ya que la muerte en la cruz solía llevar entre dos y siete días. El ladrón solo murió el mismo día que Jesús porque sus piernas fueron quebradas, algo que el Señor tiene que haber previsto, mientras que Jesús *escogió* morir ese día, en el momento mismo en que eran muertos los corderos de la Pascua, en total obediencia a Dios y en control de sí mismo hasta el último aliento (cf.

EL LADRÓN MORIBUNDO

Ex 12:6; Lc 23:46; Jn 10:18). La palabra "paraíso" no es un simple sinónimo de "cielo". Su significado original era "jardín", en particular un jardín real donde el rey recibía a huéspedes destacados (como ocurre en las fiestas en el jardín del palacio de Buckingham hoy); es un lugar especial para personas especiales. Este privilegio prometido puede ser más que un tributo a la fe excepcional de un criminal perspicaz; podría indicar también cuánto significó para Jesús mismo contar con el apoyo moral y la comprensión de un único y solitario ser humano, que compartía su agonía física pero también percibía vagamente las presiones morales que le habían sido impuestas (Lc 23:41).

Jesús reorientó los pensamientos del ladrón acerca del futuro llevándolo a centrar su atención en la persona que con quien estaría más que en el lugar donde se encontraría. "Estarás conmigo" es un notable consuelo. ¡Esta amistad formada en las últimas horas de la vida no sería interrumpida por la muerte! Apenas se pudieran desprender de sus cruces darían una caminata por el jardín del palacio, ¡¡juntos! Aunque sus cuerpos estarían muertos y "dormidos", sus espíritus estarían vivos y "despiertos". Las palabras de Jesús al ladrón moribundo son un argumento a favor de la plena conciencia entre la muerte y la resurrección, en contraste con el concepto del "sueño del alma". Además, es difícil que Pablo habría anhelado una existencia inconsciente, considerándola como una "ganancia" y "muchísimo mejor" que su vida apasionante pero agotadora aquí (Fil 1:1-23).

Todo el incidente está impregnado por el concepto de misericordia, y es citado legítimamente como una notable demostración de la justificación por la fe. No había forma en que el criminal pudiera ganarse el favor o el perdón, y no podía apelar a ningún fundamento excepto su propia necesidad. Las puertas del cielo se abren de par en par para los que reconocen su inutilidad. A las personas que se ganaban la vida con la prostitución o la extorsión (que era lo que hacían en realidad los recolectores de impuestos) les resultaba más fácil "arrebatar el reino con violencia" que las personas religiosas o respetables, precisamente porque sabían que no servían para nada. El ladrón moribundo es, ni más ni menos, el ejemplo máximo de muchos de estos "trofeos de la gracia".

Sin embargo, el ladrón se perdió muchas cosas que su salvación le podría haber dado en otras circunstancias. Su redención fue eficaz solo en otro mundo. Su vida en este mundo solo puede ser considerada como malgastada. Tampoco conocería jamás el gozo de vivir una buena vida aquí y ahora, libre de objetivos, hábitos y compañías criminales. No podría expresar su gratitud a través de un servicio fiel al que ahora consideraría como su "Señor", y por lo tanto no calificaría para una recompensa o una responsabilidad en la nueva era venidera. El perdón no puede restaurar el tiempo ni las oportunidades perdidas.

Por esta razón no podemos permitir que el ladrón moribundo se convierta en un cristiano "modelo". Considerarlo de esta forma solo producirá cristianos "mínimos" que preguntan a regañadientes: "¿Qué es lo mínimo que necesito para asegurarme que llegaré al cielo?" El Señor está buscando cristianos "máximos" que pregunten ávidamente: "¿Qué es lo máximo que puedo hacer para asegurarme la santidad aquí además de la felicidad en el más allá?". Estos últimos querrán tener más de lo que el ladrón moribundo jamás pudo tener. Buscarán el bautismo en agua y el bautismo en el Espíritu hasta que reciban ambos, sin envidiar en secreto al ladrón moribundo que "se salvó de milagro" sin estas cosas. En realidad, ¡tendríamos que compadecernos del pobre hombre por morir antes de poder tenerlos!

10. EL SEGUNDO NACIMIENTO
(Juan 3:3-8)

—De veras te aseguro que quien no nazca de nuevo no puede ver el reino de Dios —dijo Jesús. —¿Cómo puede uno nacer de nuevo siendo ya viejo? —preguntó Nicodemo—. ¿Acaso puede entrar por segunda vez en el vientre de su madre y volver a nacer? —Yo te aseguro que quien no nazca de agua y del Espíritu, no puede entrar en el reino de Dios —respondió Jesús—. Lo que nace del cuerpo es cuerpo; lo que nace del Espíritu es espíritu. No te sorprendas de que te haya dicho: "Tienen que nacer de nuevo". El viento sopla por donde quiere, y lo oyes silbar, aunque ignoras de dónde viene y a dónde va. Lo mismo pasa con todo el que nace del Espíritu.

¿Cuántos sermones predicados y folletos escritos sobre la frase "tienen que nacer de nuevo" han explicado cómo encaja el "agua", o la han mencionado siquiera? La fobia del fantasma de la "regeneración bautismal" ha llevado a una conspiración de silencio evangélica sobre el tema, despojando al nuevo nacimiento de toda conexión con un acto físico. Nicodemo no fue el último en malentender la enseñanza de Jesús, ¡y muchos permanecen como él "a oscuras"!

La gran mayoría de los comentaristas (incluyendo los Padres de la iglesia, los católicos romanos, los reformadores protestantes, los puritanos ingleses y la mayor parte de los estudiosos modernos) aceptan que el versículo 5 es una ampliación del 3, describiendo con mayor detalle el segundo nacimiento.

Hay alguna disputa sobre si la palabra griega *anothen* significa "de nuevo" o "de arriba". A favor de esta última posibilidad está la referencia "celestial" en la frase "nacen de Dios" (en Juan 1:13). Es obvio que Jesús esta refiriéndose a un suceso divino más que humano; está contrastando un nacimiento sobrenatural con un nacimiento natural (v. 6). Nicodemo mismo lo entendió como "de nuevo" (v. 4), confundiéndose al considerarlo como una mera repetición del primer nacimiento. En otras partes del Evangelio de Juan la palabra significa claramente "de arriba" (ver 3:31; 19:11, 23); y vale la pena tener en mente que si Jesús estaba hablando en arameo en ese momento, en ese idioma no existe el adverbio "de nuevo". ¡Algunos traductores, como William Barclay, se cubren traduciendo la frase "renacidos de arriba"! Sea cual sea la forma en que se traduzca, no cambia mucho el significado principal de la afirmación de Jesús en el versículo 5, que corrige el concepto erróneo de Nicodemo de que el segundo nacimiento sería *igual* al primero, especificando cuán *diferente* sería. En contraste con el nacimiento en la carne, este sería "de [griego: *ek,* literalmente "fuera de"] agua y (d)el Espíritu".

¡Aquí es donde comienzan las dificultades de interpretación! En términos generales, hay tres formas posibles de entender la frase que la versión NVI traduce "de agua y del Espíritu":

1. Dos nacimientos, uno físico y el otro espiritual;
2. Un nacimiento, puramente espiritual;
3. Un nacimiento, con aspectos tanto físicos como espirituales.

Consideraremos cada una de estas posibilidades en detalle.

UN NACIMIENTO FÍSICO Y UN NACIMIENTO ESPIRITUAL

En resumen, en esta interpretación el paralelismo del versículo 6 en términos del contraste entre la "carne" y el "Espíritu" se usa para interpretar el versículo 5 anterior, y el concepto físico del nacimiento en el versículo 4 es usado para interpretar el versículo 5 posterior. Nicodemo estaba suponiendo incorrectamente que un hombre debía tener dos nacimientos físicos, y Jesús lo corrige diciéndole que un hombre necesita un nacimiento físico ("de agua") y un nacimiento espiritual ("del Espíritu").

El "agua" es, entonces, un sinónimo de la "carne",

EL SEGUNDO NACIMIENTO

y debe referirse de alguna forma al nacimiento físico. Algunos evangélicos modernos lo considerarían como una referencia a la "rotura de aguas" que precede al nacimiento físico (ver, por ejemplo, la nota al pie de Kenneth Taylor en la paráfrasis inglesa *Living Bible*). Este punto de vista enfrenta las siguientes dificultades.

Primero, no hay ninguna evidencia de que la expresión "nazca de agua" haya sido usada alguna vez en el mundo antiguo para el nacimiento físico. Hay alguna referencia ocasional al *semen* como "agua" (y como "rocío" o "lluvia"), pero esto se referiría a la concepción más que al nacimiento; y no hay ningún vínculo conocido con las palabras "nazca de".

Segundo, hubiera sido mucho más simple para Jesús decir "nazca de carne y del Espíritu", si esto era lo que realmente quería decir. ¿Por qué confundir más a Nicodemo introduciendo la palabra "agua" aquí?

Tercero, según esta interpretación, ¡la primera parte de la declaración se convierte en una especie de sinsentido! Difícilmente sea algo para destacar ("Yo te aseguro") decir: "quien no nazca físicamente . . . no puede entrar en el reino de Dios". La persona que "puede entrar en el reino de Dios" es alguien que ya ha nacido. Y la posición determinante de la palabra "quien" califica toda la oración al resaltar el criterio vital para el ingreso.

Cuarto, el "agua" puede acompañar el nacimiento físico, pero no hace que ocurra. La aplicación de una *única* preposición (*ek* = "fuera de") a ambas palabras (agua y Espíritu) significa que este nacimiento está en la misma relación de causa/efecto y medio/fin con ambos. No puede ser acompañado por uno y causado por el otro. No habría ningún paralelo entre el nacimiento "fuera de" agua y el nacimiento "fuera de" el Espíritu.

Quinto, la gramática indica un nacimiento y no dos. Jesús no dice "nacido de agua y nacido del Espíritu", o aun "nacido de agua y del Espíritu" (como en la NVI), sino, en realidad, "nacido de agua y el Espíritu" (como en la versión NIV, en inglés); lo cual convierte a ambos virtualmente en una causa "en tándem" del nacimiento.

Sexto, es muy improbable que Nicodemo haya tomado el "agua" como una referencia al primer nacimiento (físico).

Debido a estas seis razones debemos rechazar esta interpretación.

UN NACIMIENTO PURAMENTE ESPIRITUAL

Mientras que el primer punto de vista trataba "agua" y "carne" como sinónimos, este enfoque trata "agua" y "espíritu" como sinónimos. La frase "nacen del Espíritu" en el versículo 6 es considerada como el equivalente total de "de agua y (d)el Espíritu" en el versículo 5.

En apoyo de esta hipótesis, se señala que Juan acostumbra usar "agua" como una metáfora para realidades no físicas y espirituales, especialmente para el Espíritu Santo (ej: Jn 4:14; 7:38). Esto sigue el uso del Antiguo Testamento (ej: Ez 36:25, donde el "agua pura" produce limpieza interior en el corazón).

A primera vista, el problema queda resuelto elegantemente de esta forma, pero un análisis más detallado revela que es una solución demasiado simple. No logra explicar los siguientes puntos.

Primero, la palabra "agua" parece un agregado superfluo si es un sinónimo de "espíritu". ¿Por qué hacer tal declaración doble, con una palabra indirecta y otra directa? ¡"Nazca de agua [es decir, "espíritu"] y del Espíritu" no suena como un comentario del maestro más grande de todos los tiempos!

Segundo, "agua" en Juan *siempre* significa agua física (¡H_2O!). Significa esto a lo largo de estos primeros capítulos y aun más adelante en este mismo capítulo (1:26, 33; 2:7; 3:23). En los pocos pasajes posteriores donde es usado como metáfora para el Espíritu Santo, aparece modificado siempre por un adjetivo adicional (ej: "viva") o una frase adicional (ej: "que yo le daré") o aun por un sustantivo adicional (ej: "fuente" o "ríos"); *nunca* es "agua" por sí sola.

Tercero, es sumamente dudoso que Nicodemo, a quien estuvo dirigida la afirmación, la vería como una metáfora del Espíritu Santo. ¡Estaría aún más confundido si Jesús pasara de inmediato a la metáfora del "viento" para ayudarlo a entender! "¡Yo te aseguro que quien no nazca de agua y del viento . . ."!

Por lo tanto, según estos tres motivos esta interpretación también debe ser descartada.

UN NACIMIENTO CON ASPECTOS FÍSICOS Y ESPIRITUALES

Según esta interpretación, Jesús está diciendo a Nicodemo que necesita una experiencia transformadora, que le sería transmitida por canales físicos y espirituales; por lo tanto, el segundo nacimiento es un suceso con dimensiones tanto físicas como espirituales. El "agua" se refiere al acto físico de ser bautizado, pero esto en y por sí mismo no puede producir el nuevo nacimiento si no es acompañado por la actividad divina del Espíritu Santo. A favor de esta opinión, podemos mencionar las siguientes consideraciones.

Primero, hay un sano principio del estudio bíblico que toma la Biblia en su sentido más llano, a menos que haya muy buenas razones para hacer lo contrario. En el caso presente, ¡se considera que "agua" significa "agua" y "espíritu" significa "espíritu"!

Segundo, hace justicia a la gramática, en la cual ambos sustantivos son controlados por el mismo verbo y la misma preposición. La yuxtaposición de "agua y espíritu" es tomada como un fundamento doble para un único suceso.

Tercero, Nicodemo casi con certeza entendería el "agua" en términos de purificación ritual, ya que estaba bien versado tanto en las promesas proféticas como en las prácticas farisaicas. Además, el trasfondo de la conversación no es solo el ministerio milagroso de Jesús sino también el ministerio de Juan de un bautismo para arrepentimiento (1:19-28; 3:22-26). Sabemos que los fariseos rechazaban y se les rechazaba este bautismo (Mt 3:7; Lc 7:30). Puede haber incluso una referencia despectiva con relación a Juan en el comentario inicial de Nicodemo en Jn 3:2, dado que Juan no realizó milagros (Jn 10:41). También puede haber un leve reproche de Jesús por la adulación de Nicodemo en la palabra "agua", dado que los fariseos, de los que él formaba parte, sabían perfectamente que Jesús también estaba bautizando en agua en ese entonces (Jn. 4:1). ¿No le estaría diciendo Jesús a Nicodemo que no podría tener el secreto de un ministerio poderoso mientras se rehusara a someterse al bautismo, sea el de Juan o el de él mismo?

Cuarto, la conjunción de "agua" y "espíritu" ya es un tema conocido en cada uno de los cuatro Evangelios, dado que Juan predicaba dos bautismos, uno en agua y el otro en Espíritu (Mt 3:11; Mr 1:8; Lc 3:16; Jn 1:33). Parece muy improbable que Juan 3 no tenga ninguna conexión con este vínculo existente entre los dos bautismos.

Quinto, esta interpretación es por completo coherente con la terminología instrumental usada por los escritores del Nuevo Testamento acerca del bautismo en agua (ver capítulo 4). Es obvio que creían que ese bautismo "efectuaba lo que simbolizaba", y era tanto un acto de Dios como del hombre. Juan 3:5 es un notable paralelo de Tito 3:5: "nazca de agua" y "lavamiento de la regeneración" no son tan diferentes.

Sexto, la inmensa mayoría de los eruditos bíblicos a lo largo del tiempo, tanto católicos como protestantes, han considerado que "agua" es una clara referencia al bautismo.

Las razones que suelen darse para rechazar esta línea de interpretación no son internas y textuales; más bien, son externas y teológicas. Por un lado, tenemos la crónica separación de lo físico y lo espiritual en el mundo occidental, que tiene su origen más en la filosofía platónica que en la enseñanza bíblica. Por otro lado, existe una fobia evangélica a la "regeneración bautismal" que ciega muchos ojos al significado llano de las palabras de nuestro Señor. Una visión "zuingliana" (de Ulrico Zuinglio) de los sacramentos (como meros símbolos) se resiste a atribuir efectos espirituales a actos físicos, a pesar de los resultados desastrosos de comer el fruto físico del árbol del conocimiento del bien y del mal (Gn 2:17) o de tomar pan y vino en la cena del Señor de manera indigna (1Co 11:29-30).

A mí también me preocupa la idea de que una persona pueda "nacer de nuevo" solo del agua (¡siempre que la persona correcta esté usando las palabras correctas!). Esto es especialmente ofensivo cuando se trata de bebés, que son incapaces por completo de tener respuesta alguna de arrepentimiento o de fe. Pero si "agua" se refiere al bautismo de una persona penitente y creyente de verdad, entonces es un asunto muy distinto, muy alejado de esa idea supersticiosa o mágica de lo que se ha entendido de manera tradicional como "regeneración bautismal". Además, el vínculo estrecho que hace Jesús entre el "agua" y el "espíritu" asegura que nadie puede presuponer jamás que pueda ser solo por agua. Sin la contribución vital del Espíritu no podría haber nuevo nacimiento alguno. Lo que nos lleva a la pregunta final: ¿Qué significa exactamente la palabra "espíritu" en este contexto?

Los lectores atentos habrán notado que al seguir la traducción NVI he usado "Espíritu" al citar directamente el texto de Juan 3:3-8, pero he preferido "espíritu" al tratar con las interpretaciones discutidas de "agua" y "espíritu". Este último uso mío resalta el hecho de que el versículo 5 carece del artículo definido. Esto significa que "nazca de . . . espíritu (v. 5), por lo tanto, podría no ser lo mismo que "lo que nace *del [de el]* Espíritu es espíritu" en el versículo 6 (si bien aun aquí falta el artículo en algunos manuscritos primitivos); sin embargo, la traducción NVI indica de manera clara la decisión interpretativa de los traductores en esta cuestión.

Cuando "agua" se toma como una referencia al bautismo, se supone por lo general que "espíritu" se refiere a la actividad del Espíritu Santo durante la administración del sacramento mismo. En tanto que un agente humano aplica el "medio" del agua, el agente divino (el Espíritu Santo) usa la ocasión para lograr la obra interior y espiritual. Sin duda podemos coincidir en que sin la actividad del Espíritu Santo no podría haber ningún efecto espiritual del suceso físico, porque ni el agente humano ni el medio material tienen el poder de hacerlo. Pero, ¿hace esto plena justicia a los rasgos gramaticales inusuales de la declaración de Jesús? Estos rasgos, como ya hemos notado, son la ausencia del artículo definido y el hecho llamativo de que "agua" y "espíritu" están gobernados por la misma preposición (*ek* = "fuera de"), lo cual sugiere que tienen la misma relación con el nuevo nacimiento (mientras que el punto de vista que acabamos de ver convierte al "agua" en el medio y al "Espíritu" en el agente).

Las dificultades se resuelven por completo si se considera que "agua y espíritu" es una referencia al bautismo en agua y al bautismo en el Espíritu, teniendo en cuenta que ambos están relacionados de manera muy estrecha, pero nunca están totalmente identificados en la enseñanza del Nuevo Testamento. Las siguientes consideraciones apuntan en esta dirección.

Primero, como ya hemos notado, "agua" y "Espíritu" ya han sido vinculados en la predicación de Juan, refiriéndose a estos dos "bautismos": uno, obra suya, y la otra, la obra del Mesías. Nicodemo tendría plena conciencia de la predicación de Juan; ¡era un observador perspicaz de cualquier ministerio inusual!

Segundo, la preposición compartida y su significado peculiar ahora cobran pleno sentido. Aun el nacimiento físico es un salir "fuera de" una condición previa "en el vientre de su madre" (este es justamente lo que quiere decir Nicodemo en el v. 4, ¡que es imposible volver a "entrar en" ese estado para volver a salir "fuera de" él!). Jesús está diciendo que el segundo nacimiento no es "fuera de" un vientre sino fuera de "agua y espíritu". Los que son bautizados "en" agua y "en" Espíritu salen "fuera de" la experiencia doble a una nueva vida. Tanto el "agua" como el "Espíritu" son el *medio* en el cual tiene lugar este nacimiento (ver capítulo 23 sobre 1Co 12:13).

Tercero, la ausencia del artículo definido indica una experiencia subjetiva del poder del Espíritu Santo; cuando está presente, se centra en la existencia objetiva de la persona del Espíritu Santo (ver Apéndice 2 para un tratamiento más detallado de este punto desatendido). La frase "bautizado en Espíritu Santo" nunca incluye el artículo definido; el énfasis está en lo que el receptor de este don está evidentemente experimentando. En el bautismo en agua el candidato apenas tiene conciencia de la obra interior del Espíritu en el sacramento, pero en el bautismo en el Espíritu esa conciencia es el rasgo central, tanto para el candidato como para los demás que están presentes. En su conversación con Nicodemo, Jesús enfatiza esta percepción de la actividad del Espíritu, como la sensación del viento que sopla en la cara y cuyo sonido se *oye*, algo imposible de disociar de Pentecostés, cuando fueron todos "bautizados en Espíritu Santo". Cuando una persona "nace de Espíritu" el suceso puede ser invisible, ¡pero *no* será inaudible!

Dicho sea de paso, Jesús estaba contestando también la pregunta original de Nicodemo acerca de cómo un maestro puede producir obras además de palabras. Jesús mismo no lo pudo hacer hasta después de su bautismo en agua y su recepción del Espíritu. Estas obras son también señales del reino de Dios (Mt 12:28).

Ha llegado el momento de resumir nuestras conclusiones. Nacer de nuevo es nacer de agua y Espíritu, que es ser "bautizado en agua y en Espíritu" y salir "fuera de" ambos para vivir la vida nueva en Cristo por su Espíritu. El apóstol Pablo afirma la misma verdad con otras palabras: "Nos salvó mediante [de nuevo, una preposición para dos cosas] el lavamiento de la regeneración y de la renovación por el Espíritu Santo, el cual fue derramado abundantemente sobre nosotros" (Tit 3:5-6, ver capítulo 20). Por lo tanto, el bautismo en agua y el bautismo en el Espíritu no son solo partes integrantes de la iniciación; ¡son fundamentales para la regeneración y la salvación!

11. LOS RÍOS DE AGUA VIVA
(Juan 7:37-39)

En el último día, el más solemne de la fiesta, Jesús se puso de pie y exclamó: —¡Si alguno tiene sed, que venga a mí y beba! De aquel que cree en mí, como dice la Escritura, brotarán ríos de agua viva. Con esto se refería al Espíritu que habrían de recibir más tarde los que creyeran en él. Hasta ese momento el Espíritu no había sido dado, porque Jesús no había sido glorificado todavía.

En Oriente Medio la fiesta de los Tabernáculos viene después de seis meses sin lluvia, y esta "Acción de Gracias por la cosecha" culmina en una ceremonia de oración pidiendo que comiencen las "lluvias tempranas". En el tiempo del Nuevo Testamento, el agua del pozo de Siloé era derramada sobre el altar en el octavo día, el "gran día" del festival. El envío de la lluvia siempre era el primer indicio de la bendición divina sobre la tierra y sobre el pueblo, de la misma forma que la falta de lluvia era una maldición divina (Dt 28:12, 24).

En ese día preciso, Jesús prometió la abolición de la "estación seca". De ahora en adelante habría una perpetua abundancia de refrigerio líquido que fluiría desde el interior de cada persona. Sin embargo, había dos condiciones importantes que calificaban la oferta.

Primero, dependía de la actividad humana. Hay tres verbos en imperativo: "Venga . . . beba . . . cree". Todos se centran en Jesús. Implícito en todo esto hay una extraordinaria afirmación: "Ustedes se ocupan en pedir agua a *Dios,* ¡pero *yo* se la daré!".

El comentario de Juan (en v. 39) deja en claro que el lenguaje de Jesús es figurado (como la reconstrucción del templo en tres días). Estaba hablando de un refrigerio espiritual que haría muchísimo más que sustentar la vida física. A esto se refería con el "agua viva", o el "agua de vida".

Segundo, no estaba disponible en seguida. ¡Jesús no estaba ofreciendo una bendición instantánea!

LOS RÍOS DE AGUA VIVA

De nuevo, la explicación de Juan es necesaria. Dado que la referencia es al don del Espíritu Santo, pasaría un año o dos antes que pudiera ser recibido por alguna persona, porque el don no podría ser liberado antes que Jesús hubiera vuelto a su condición anterior en el cielo. Solo después del día de Pentecostés podría cumplirse esta promesa.

Hay algunos puntos importantes que debemos señalar en el texto mismo. El más enigmático es la referencia a una promesa en este sentido en "la Escritura", es decir el Antiguo Testamento. No hay ninguna profecía clara asociada con la era mesiánica venidera que pueda ser citada como una referencia de esta declaración concreta de Jesús. Estos son algunos de los candidatos sugeridos:

Isaías 12:3, sacar agua de las fuentes de la salvación;
Isaías 58:11, un manantial cuyas aguas no se agotan;
Ezequiel 47:1-12, agua que fluye desde el templo mismo;
Zacarías 14:8, agua viva que fluye desde Jerusalén.

El último texto tiene el mérito de formar parte de toda una profecía acerca de la aparición del Mesías en Jerusalén en la fiesta de los Tabernáculos. Sin embargo, debemos confesar que no podemos estar del todo seguros de qué pasaje de la Escritura tenía en mente Jesús (o Juan, al interpretar a Jesús). Pisamos terreno más seguro cuando consideramos algunos otros rasgos del texto mismo.

Es interesante notar que "creer" y "recibir" fueron sucesos bastante separados para los seguidores de Jesús en ese tiempo. Ya habían creído en Jesús, pero aún no podían recibir el Espíritu. Por lo menos para esa generación, creer en Jesús no era lo mismo que recibir el Espíritu. La palabra que se traduce "creyeran" en el versículo 39 es *pisteusantes*, un participio aoristo para un único y decisivo paso ya completado, en tanto "recibir" es todavía claramente futuro.

Por supuesto, todo esto era antes de Pentecostés, cuando podían creer pero aún no podían recibir, por más que lo quisieran (porque el Espíritu aun no había sido "dado"; ver abajo). La distinción entre "creer" y "recibir" solo podría mantenerse en el mundo *posterior* a Pentecostés si pudiéramos establecer dos cosas.

Primero, que existieron casos *después* de Pentecostés de personas que creyeron en Jesús sin recibir el Espíritu. De hecho, hubo varias, incluyendo a Pablo mismo, pero el caso más claro es el de los samaritanos (ver capítulo 16 sobre Hechos 8, donde vuelve a usarse el tiempo aoristo, *episteusan*).

Segundo, que la doctrina apostólica hacía una distinción entre ambos. Es lo que hace Pablo implícitamente con su pregunta a los efesios: "¿Recibieron ustedes el Espíritu Santo cuando creyeron?" (ver capítulo 20 sobre Hechos 19, donde de nuevo, como en Juan 7:39, se usa el tiempo aoristo: *pisteusantes*).

Concluimos que, tanto antes como después de Pentecostés, "creer en Jesús" y "recibir el Espíritu" no eran ni sinónimos ni por fuerza simultáneos (ver capítulos 16 y 20 para más evidencias de esta conclusión).

La última mitad del versículo 39 contiene también una construcción inusual de considerable importancia. La mayoría de las versiones de la Biblia incluyen aquí palabras adicionales en español que no se corresponden con el griego; las palabras agregadas tienen el efecto de aclarar más que distorsionar el significado, pero igual encubren el sentido y el impacto del texto original. Traducido literalmente, se leería así: "aún no había Espíritu". Hay dos puntos que surgen de esta interpretación que arrojan luz sobre otras escrituras.

Primero, no puede querer decir que el Espíritu Santo aún no *existía*. Es una de las tres personas de la Deidad eterna. El significado claro es que sus recursos aún no estaban plenamente disponibles para los seres humanos. El agregado habitual de la palabra "venido" apunta a la manifestación futura de su persona y su poder. Pero en Hechos 19:2 se usa casi la misma construcción en la respuesta de los efesios a la pregunta de Pablo, que dice literalmente: "Ni siquiera hemos oído que Espíritu Santo es" (Hch 19:2; ver capítulo 20). Habían oído acerca del futuro bautismo del Espíritu (después de todo, eran discípulos de Juan y él había hablado a sus seguidores acerca de esto); lo que no habían escuchado era que este don ya estaba disponible. La mayoría de las versiones redactan esta respuesta de manera errónea, dando a entender que desconocían por completo al Espíritu Santo, lo cual se presta a bastante confusión. Segundo, tanto aquí en Juan 7:39 como en Hechos 19:2, falta el artículo definido, que es muy significativo. Dejemos que el comentario del obispo Westcott en su libro *Gospel of John*[10] (John Murray, 1903), p. 123, ilumine esta omisión: "Cuando el término ocurre de esta forma [sin el artículo] señala una operación, o manifestación, o don del Espíritu, y no el Espíritu personal". Note que el comienzo de Jn 7:39 enfatiza la persona del Espíritu Santo, al incluir el artículo definido (al = a *el* Espíritu; ver Apéndice 2 para un análisis detallado de esta característica de las referencias del Nuevo Testamento al Espíritu Santo).

Finalmente, debemos notar la progresión, en este pasaje, de "beber" a "brotarán". "Beber" equivale a "recibir" y es usado de esta forma en 1 Corintios 12:13 (ver capítulo 23), si bien ahí el verbo está en el tiempo aoristo (refiriéndose al primer "trago"), en tanto que aquí está en el presente imperativo, que significa "continuar bebiendo". Lo que parece querer decir el texto aquí es que hay una correspondencia entre lo que entra y lo que sale. ¡Una persona debe ser un canal y no un depósito! Quienes continúan incorporando el Espíritu seguirán impartiendo el Espíritu. Este énfasis en la continuidad también se encuentra en el participio presente de "creer" en el versículo 38 (griego: *ho pisteoun* = "el que está creyendo" más que "el que ha creído", en contraste con v. 39).

Los dos tomos de Lucas y Hechos fueron escritos en primer lugar para incrédulos, de ahí el énfasis principal en la ingestión inicial del Espíritu derramado (también frases como "cayó sobre, vino sobre, derramado sobre", enfatizando al Espíritu afuera de una persona). Juan, que escribía para creyentes ("para que sigan creyendo . . . y sigan teniendo vida", Jn 20:31), enfatiza la salida *continua* del Espíritu que mora adentro (de ahí frases como "de lo más profundo de su ser [lit. de su vientre] brotarán ríos de

---

10 En español, *Evangelio de Juan*.

agua viva", Jn 7:38, LBLA, que pone énfasis en el Espíritu dentro de una persona).

Es muy importante considerar con seriedad los diferentes puntos de vista de todos los escritores del Nuevo Testamento, sintetizándolos en una teología integral y equilibrada. En ninguna otra doctrina surge esto con tanta claridad como con la persona y la obra del Espíritu Santo. Cada uno —Lucas, Juan y Pablo— hace su propio aporte, ¡y quizá tengan que ser estudiados en ese orden para lograr un verdadero entendimiento!

12. EL EXTRAÑO CONOCIDO
(Juan 14:17)

. . . el Espíritu de verdad, a quien el mundo no puede aceptar porque no lo ve ni lo conoce. Pero ustedes sí lo conocen, porque vive con ustedes y estará en ustedes.

En la noche previa a su agónica muerte, ¡Jesús tuvo que consolar a sus discípulos! El anuncio de su partida los dejó con la sensación de un desastre inminente. La promesa de un "Apoyo" sustituto (una mejor traducción que "Consolador") era de escasa ayuda. ¿Cómo podría un completo extraño ocupar jamás el lugar de él en sus corazones y sus vidas?

¡Ahora llega el anuncio asombroso de que ellos ya están familiarizados con el sustituto! Jesús no está hablando de la influencia general del Espíritu en el mundo, dado que esto nunca ha sido, ni podría ser jamás, la base de una relación personal. El mundo nunca ha puesto sus ojos en él ni ha experimentado intimidad con él. Pero los discípulos habían estado conscientes de su presencia personal, aunque no de su identidad tal vez.

Su relación con este "Espíritu de verdad" (en griego, "verdad" es la misma palabra que "realidad") solo puede ser expresada en forma de paradoja. Tiene a la vez continuidad y discontinuidad. La misma persona se estará "quedando" con ellos pero les será "enviada". No es una relación nueva, pero será una nueva relación. Ha estado con ellos, pero estará en ellos.

Algunos copistas de los manuscritos del Nuevo Testamento no soportaron esta ambigüedad, así que enmendaron los tiempos verbales para que fueran ambos presentes ("vive con ustedes y está en ustedes") o ambos futuros ("vivirá con ustedes y estará en ustedes"). Pero las lecturas más confiables contienen sin lugar a dudas el tiempo pasado junto con el tiempo futuro. La Biblia debe ser tomada tal como está, y no debe ser cambiada para que tenga "sentido" para nosotros, ¡ya que podría convertir la verdad en un sinsentido! La mezcla de tiempo pasado y futuro señala tanto una continuidad como una discontinuidad en la relación.

CONTINUIDAD

"Porque [ya] vive [o se aloja] con ustedes". Hay dos formas posibles en que el Espíritu ya podría estar con (en realidad, la palabra griega es *para* = "al lado de") en ellos.

Primero, *en la presencia física de Jesús*. Dado que él había recibido el Espíritu Santo "sin restricción" (Jn 3:34), ellos ya estaban experimentando la presencia del Espíritu en el carácter, la conversación y la conducta de Jesús. Su mensaje y sus milagros eran obra del Espíritu Santo (Mt 12:28).

Segundo, *en la ausencia física de Jesús*. Para su total asombro, habían descubierto que ellos mismos podían curar enfermedades y echar fuera demonios, aun cuando Jesús los enviaba fuera de su compañía. Esta experiencia tan real les había dado mucha alegría (Lc 10:17).

En rigor, fue la segunda de estas experiencias que continuaría en el futuro, después de la partida final de Jesús (y era, por lo tanto, la principal referencia de las palabras de Jesús). Sin embargo, dado que ambas experiencias eran tan "parecidas", la segunda sería tan buena como la primera, y aún mejor (Jn 16:7). Por cierto, es difícil distinguir entre ambas en términos de experiencia existencial (Jn 14:20, 23). Esto explica su ilógica alegría cuando Jesús finalmente los dejó (Lc 24:52).

DISCONTINUIDAD

Habría un cambio radical en la relación, de un conocimiento externo ("al lado") a un conocimiento interno ("dentro") de esta persona. Pero ¿cuál es la importancia exacta de este cambio, que la mayoría de los eruditos identifican de manera correcta con las dos fases de discipulado, antes y después de Pentecostés (ver también el capítulo 13 sobre Juan 20:22)? Detallemos los cambios más significativos que provocó Pentecostés.

Inconsciente a consciente. Este pleno discernimiento de la presencia del Espíritu los llevaría a hablar de él naturalmente, como habrían hablado de Jesús (el Espíritu aparece mencionado de manera directa unas cuarenta veces en los primeros trece capítulos de Hechos).

Temporal a permanente. Habían conocido su poder en ocasiones, cuando fueron enviados en giras "apostólicas"; en otras oportunidades, habían conocido la falta de ese poder (Mr 9:28). Ahora podrían usar sus recursos de manera constante, además de consciente.

Dubitativo a confiado. Habían conocido el fracaso en el ministerio, y su ánimo había quedado destrozado por completo en la cruz. Después de Pentecostés, fueron reconocidos por su valentía (griego: *parrhesia* = "osadía para hablar"). Sus enemigos lo atribuyeron erróneamente a su asociación pasada con Jesús (Hch 4:13), cuando era producto de su relación presente con su Espíritu.

Delegado a directo. Si bien habían actuado con eficacia como los representantes de Jesús mientras estuvo en la tierra, ahora usaban su nombre con una "autoridad" que sentían que "poseían" ellos mismos ("lo que tengo te doy . . .", Hch 3:6).

Estos y otros contrastes constituyen un cambio de grado más que de naturaleza; sin embargo, la forma en que ocurrió ese cambio fue repentina más que gradual.

Tal vez lo más importante que debemos notar es que el concepto de la "morada" solo cobró sentido para los discípulos después del cambio que tuvo lugar en Pentecostés, después que "recibieron poder", después que fueron "bautizados en el Espíritu Santo", y después que fueron "llenados" y "ungidos". Este uso persiste en el resto del Nuevo Testamento (ej: Pablo escribe: "¿Acaso no saben que su cuerpo es templo del Espíritu Santo, quien está en ustedes y al que han recibido de parte de Dios?", 1Co 6:19). Esta idea difiere de la enseñanza evangélica moderna de que el Espíritu "mora" desde el momento en que uno cree en Jesús (ver capítulo 21 sobre Ro 8:9).

Hay un cambio similar en la relación con el Espíritu en la vida de Jesús mismo. Concebido por el Espíritu Santo (Lc 1:35), es difícil creer que durante su niñez y primera juventud haya tenido una menor presencia del Espíritu que su primo Juan, que fue "lleno del Espíritu Santo aun desde su nacimiento" (Lc 1:15). Sin embargo, a los treinta años y, lo que es significativo, justo después de su bautismo en agua, mientras oraba (Mt.3:16; Lc.3:21), "lo ungió Dios con el Espíritu Santo y con poder" (Hch 10:38) y pasó a realizar los milagros que Juan, que no había sido bautizado en agua (Mt 3:14) ni había sido ungido por el Espíritu de la misma forma, nunca había podido realizar. Esto podría explicar por qué Jesús, mientras tenía a Juan en la más alta estima, lo consideraba como menos importante que "el más pequeño en el reino de los cielos" (Mt 11:11).

En otras palabras, hay una evidente correlación entre la experiencia de Jesús en el río Jordán y la experiencia de los discípulos en Pentecostés (en ambos casos el Espíritu "descendió sobre" ellos, es decir desde afuera de ellos). Ambas fueron una unción del Espíritu Santo para el ministerio. La primera fue sobre el cuerpo físico de Jesús para el inicio de su misión mesiánica; la segunda, sobre su cuerpo místico (la iglesia) para la continuación de ese mismo ministerio (ver Hch 1:1).

¿Hay un cambio similar en la experiencia de creyentes posteriores, hasta el día de hoy? Puede ser bastante erróneo descartar Juan 14:17 como una mera afirmación histórica, que solo se cumplió durante una fase fugaz de la historia de la salvación. Hay un sentido real en que todos los creyentes pueden tener el mismo cambio paradojal en su relación con el Espíritu Santo.

Desde los primeros toques de su despertar espiritual, pasando por una búsqueda ardiente de Dios y hasta una entrega total a su voluntad, el Espíritu Santo ha estado "con" ellos. Sin su presencia no podría haber ninguna convicción de pecado, de justicia o de juicio. Es el Espíritu quien los prepara para el nuevo nacimiento y los conduce a través de la experiencia. Es el Espíritu quien transmite el "otorgamiento" divino del arrepentimiento y el "don" divino de la fe. Es el Espíritu quien los lleva al agua del bautismo y usa ese acto para lograr su sepultura y resurrección. En todo esto el Espíritu Santo está obviamente "con" ellos y ellos "conocen" su presencia, en el sentido de experimentar su actividad.

Pero ocurre un cambio radical en la relación cuando son "bautizados en el Espíritu Santo". Ahora lo "reciben" en poder manifiesto (es decir, con evidencia exterior). Lo que ocurrió a Jesús en el Jordán y a los discípulos en Pentecostés ha ocurrido ahora a ellos, produciendo la misma confianza consciente y el mismo ministerio milagroso. Así que el cambio de preposiciones, de "con" a "en", puede ser aplicado de manera legítima y apropiada también a ellos.

El concepto importante es que la terminología de "recibir" y "morar" solo se usa en el Nuevo Testamento para quienes han tenido esta experiencia de poder pentecostal. Estos términos nunca son usados en el Nuevo Testamento para la actividad del Espíritu en el arrepentimiento, la fe y el bautismo en agua (si bien, como veremos en el capítulo 36, la palabra "discípulo" es aplicada a estas primeras etapas de la iniciación). Por lo tanto, es posible ser un "discípulo" penitente, creyente y bautizado sin haber recibido el Espíritu Santo que mora en su interior (los samaritanos son el caso clásico de esta anomalía; ver capítulo 16). Hasta este punto el Espíritu Santo está "con" el discípulo de un modo que no puede estar con el mundo de los incrédulos; pero aún no está "en" el creyente como lo estará cuando la iniciación sea completa.

Esta opinión, por supuesto, no puede estar basada solo en este único versículo del Evangelio de Juan; está claro que no puede soportar el peso de una conclusión de tan gran alcance. Pero al continuar viendo otros pasajes, especialmente en Hechos y en las epístolas, encontraremos una amplia confirmación de esta postura. Las consecuencias prácticas de esta conclusión serán tratadas en la sección final del libro, y en particular en el capítulo 35.

13. LOS PRIMEROS ONCE
(Juan 20:22)

Acto seguido, sopló sobre ellos y les dijo: — Reciban el Espíritu Santo.

¿Qué conexión hay entre este suceso en el "aposento alto", el primero domingo de Pascua, y lo que ocurrió en Pentecostés, en el patio del templo, dos meses después? ¿Por qué los discípulos, ante la acción y la orden de Jesús, al parecer no mostraron ninguna reacción ni experimentaron ningún cambio, por lo menos según el relato? ¿Por qué, después de esto, todavía tuvieron que "esperar" la promesa del Padre (Lc 24:49)? ¿Y por qué seguían acobardados a puerta cerrada una semana después?

La solución más habitual para estos problemas es la acusación "liberal" de que Juan distorsionó la historia en beneficio de sus propios objetivos literarios. Dado que no quería escribir un segundo tomo sobre la iglesia primitiva, como lo había hecho Lucas, pero deseaba brindar una cobertura completa de los sucesos decisivos de nuestra historia de la salvación, alteró la fecha de Pentecostés para poder incluirlo en su Evangelio. Como ya había mencionado que el Espíritu Santo sería dado después que Jesús fuera glorificado (7:39), ¡sintió la necesidad de completar la historia y alteró los datos!

Aun en términos generales esta interpretación es inaceptable. Aparte de agraviar la integridad de Juan (cuya precisión histórica cada vez es más reconocida por los eruditos, algunos de los cuales dicen ahora que en este aspecto es superior a los autores sinópticos), esta clase de manipulación de la verdad difícilmente encaje en una creencia en la inspiración divina de la Biblia.

Esta explicación debe ser rechazada porque tal hipotética transposición del tiempo altera de manera significativa el suceso mismo: se convierte en un hecho privado más que público, involucra un grupo mucho más reducido (¡doce veces menor!) y no hay ningún resultado registrado, ya sea en las personas en cuestión o en otras a través de ellas. Es

muy difícil aceptar que Juan esté hablando del mismo suceso que Pentecostés.
Por éstas y otras razones, parece correcto aceptar que Juan es históricamente preciso. En el mismo contexto se afirma que la ascensión todavía está en el futuro (20:17), al igual que el retorno de Jesús a la tierra (21:22). Así que podemos considerar que Juan está registrando como corresponde lo que Jesús hizo y dijo el día que resucitó de los muertos. Pero, ¿qué sucedió exactamente? Hay al menos tres respuestas posibles a esta pregunta: recibieron el Espíritu Santo, fueron regenerados o fue un "ensayo" para Pentecostés. Examinemos cada una por turno.

RECIBIERON EL ESPÍRITU SANTO

Esta respuesta supone que tenemos aquí el cumplimiento de la promesa hecha en la fiesta de los Tabernáculos (7:38-39; ver capítulo 11): los que ya habían creído en Jesús recibieron ahora el Espíritu Santo. Se les había dicho que "recibirían"; ahora recibieron. La condición previa necesaria (que Jesús fuera "glorificado" primero, 7:39) se había cumplido en su crucifixión (12:23-33) y su resurrección. Este suceso fue, por lo tanto, su introducción plena a la tercera persona de la Trinidad.

A primera vista, esta parece ser la única interpretación posible, pero una reflexión posterior plantea una serie de dudas.

Primero, si aceptamos esta opinión del incidente encontramos grandes dificultades para relacionarlo con lo que ocurrió más tarde en Pentecostés, que tomaría entonces una importancia bastante secundaria. Un hecho ni siquiera mencionado en Mateo, Marcos o Lucas, y en un solo versículo de Juan, se convierte en el suceso crucial en la vida de los apóstoles, al lado del cual Pentecostés pasa a ser una mera liberación de poder. Si ya habían "recibido" el Espíritu Santo y él estaba ahora "morando" en ellos, ¿cómo debemos interpretar el simbolismo de "venir sobre" y "derramado sobre" usado para describir Pentecostés, una terminología que, como mínimo, parece bastante inapropiada?

Segundo, resulta difícil también relacionar este incidente del "aposento alto" con lo que ya habían experimentado antes. Si el Espíritu ya estaba "con" ellos y ya lo "conocían" (Jn 14:17; ver capítulo 12), cuesta ver qué cambio decisivo tuvo lugar en este momento. No hay evidencia alguna de que haya habido un cambio radical en la conducta o la actividad de los discípulos entre este acontecimiento y Pentecostés, más allá de la alegría totalmente explicable por encontrarse con el Jesús resucitado.

Tercero, de ser cierto, sería una contradicción directa con la insistencia previa de Jesús de que la venida del Espíritu Santo dependía de su propia partida, que aún no había tenido lugar (16:7).

Cuarto, ¿acaso la palabra "glorificado" no incluye para Juan su ascensión al cielo, recuperando su gloria anterior allí (ej: 17:5)?

Quinto, Pedro, que estuvo presente en esta ocasión y en Pentecostés, siempre se refirió a este último suceso como el momento en que "recibió" el Espíritu (ver Hch 10:47; 11:17; 15:9, todos tratados en el capítulo 18). Si los apóstoles mismos no creían haber "recibido" el Espíritu hasta Pentecostés, ¡difícilmente tengamos la libertad de sugerir que no se habían dado cuenta de la importancia de lo que había ocurrido en el "aposento alto" que nosotros, con nuestra sabiduría superior, entendemos mejor que ellos!

A la luz de estas objeciones a identificar este suceso con la recepción del Espíritu Santo, debemos buscar otra explicación.

FUERON REGENERADOS

Este punto de vista identifica el suceso como el momento en que los discípulos "nacieron de nuevo" e ingresaron a la "vida eterna". Fueron "preparados" así para Pentecostés, dado que "solo aquellos que han nacido del Espíritu pueden ser bautizados en el Espíritu".

Este último comentario citado revela los presupuestos teológicos de quienes apoyan esta interpretación. Es el punto de vista de la salvación "pentecostal" de "dos etapas" o de la "segunda bendición". Al separar el bautismo del Espíritu de la regeneración, sus exponentes enseñan que hay una doble "recepción" del Espíritu para cada creyente. El Espíritu es recibido primero para salvación y perdón (basado en el arrepentimiento y la fe) y posteriormente es recibido una segunda vez para servicio y poder. Juan 20:22 es casi el único "texto de prueba" para esta teoría (tal vez porque es el único versículo del Nuevo Testamento donde se dice que el Espíritu fue "recibido" fuera de la experiencia de ser "bautizado en el Espíritu"). El suceso es considerado como el precedente aceptado para todas las conversiones que siguieron. La brecha de siete semanas entre "nacer" del Espíritu y ser "bautizado" en el Espíritu de los apóstoles, junto con la "espera" en oración, es usada como una "norma" para la iniciación cristiana hoy.

Esta interpretación tiene la ventaja de ser ingeniosa, ¡pero tal vez sea demasiado ingeniosa! Hay, de hecho, al menos dos claras indicaciones de que éste no fue el momento de la "regeneración" de los discípulos.

Primero, la Biblia usa la terminología del "nuevo nacimiento" con relación a los discípulos antes de este suceso: Jn 13:10 dice que ya estaban "limpios"; Jn 1:12-13 dice que habían "nacido de Dios" todos los que recibieron a Jesús y creyeron en su nombre (¡que incluiría sin duda a los discípulos!); Mt 13:11 dice que los secretos del reino ya eran de ellos; lo podían "ver" (cf. Jn 3:3).

Segundo, no todos los apóstoles estuvieron presentes en el evento del "aposento alto". Este punto salta a la vista, ¡pero casi siempre se pasa por alto! Solo diez de los "Doce" estaban presentes. ¿Cuándo fue "regenerado" Tomás? ¿Y Matías? Y, ya que estamos, ¿cuándo "nacieron de nuevo" el resto de los 120 discípulos que fueron "bautizados en el Espíritu" el día de Pentecostés? Si Pentecostés es considerado como la segunda recepción del Espíritu, ¿cuándo tuvieron todas estas personas su primera recepción?

Parece que esta segunda interpretación es también

insatisfactoria. Por lo tanto, tal vez deberíamos considerar ahora el tercer y último punto de vista, para ver si brinda una explicación más convincente del suceso del "aposento alto".

FUE UN "ENSAYO" PARA PENTECOSTÉS

En vez de preguntar qué ocurrió en esta ocasión, tenemos que hacer una pregunta más radical: ¿Ocurrió *algo*? Es decir, ¿pasó algo aparte de lo que Jesús hizo y dijo? Solo podemos contestar esto en términos de lo que Juan realmente registra, y la respuesta es simple: ¡no ocurrió nada!

Si es así, ¿de qué se trató todo el incidente? ¿Por qué lo registra Juan, y qué fue lo que logró el suceso?

Jesús estaba preparando a sus discípulos para la experiencia sin precedente alguno que tendrían en unas pocas semanas. Era un "ensayo" para familiarizarlos con algunos aspectos del hecho próximo, para que cuando ocurriera reconocieran lo que estaba sucediendo y tuvieran la respuesta adecuada.

Para prepararlos Jesús dio a los discípulos una señal (signo) y un mandato (orden). Era el ejemplo clásico de una buena capacitación preparatoria del tipo "Cuando ocurra esto . . . hagan esto. . ."

La señal
El texto griego dice que "Jesús sopló". Las palabras adicionales "sobre ellos" (en algunas versiones) son un intento por traducir un verbo griego inusual, *emphusao*, que significa literalmente "soplar dentro" o "inflar". Este tipo de soplido sería a la vez oído y sentido por los discípulos (cf. 3:8). El sonido en sus oídos se asemejaría al de un viento. Cuando lo escucharan siete semanas después (Hch 2:2), sabrían en seguida que Jesús estaba soplando sobre ellos otra vez, infundiéndoles su Espíritu. Dicho sea de paso, en griego se usa la misma palabra (*pneuma*) para los tres términos: "aliento", "viento" y "espíritu". De igual

forma, el Antiguo Testamento usa *ruach,* una palabra hebrea onomatopéyica (el sonido y el significado son iguales; en este caso la *ch* se pronuncia como *j*) para estos términos.

El mandato
"Reciban" es un imperativo aquí; es una orden. Está también en el tiempo aoristo, indicando un único acto de recepción. Recibir el Espíritu es una respuesta activa más que pasiva. Sugiere extender la mano y asir algo, no simplemente "dejar que suceda". Se requiere cooperación; al espirar Jesús, ¡ellos deben inspirar! El imperativo aoristo no sugiere necesariamente que Jesús estaba ordenando a sus discípulos que lo hicieran de inmediato en esa ocasión específica. Ni hay sugerencia alguna en Juan 20 de que ellos respondieron a la orden en ese momento. Pero cuando llegó el día de Pentecostés sin duda lo hicieron. Cuando el viento/aliento de Jesús sopló sobre ellos, los discípulos "comenzaron a hablar en diferentes lenguas . . ." (Hch 2:4). Ellos "ofrecieron sus miembros" a su mover. Fue un acto volitivo de cooperación en el cual recibieron libremente su don del Espíritu.

Consideraciones adicionales
Tan pronto vemos este suceso del "aposento alto" en el primer domingo de Pascua solo desde el punto de vista del relato en sí, sin intentar incorporar otras cosas a la lectura, las dificultades desaparecen, ya que éstas surgen cuando especulamos acerca de lo que podría haber sucedido. Si se lo considera como un ensayo preparatorio o, en términos más bíblicos, una "acción profética" que prefigura un suceso futuro, Juan 20:22 encaja mejor en su contexto más amplio. Esta clase de acciones proféticas son habituales tanto en el Antiguo como en el Nuevo Testamento (ej: Ez 4; Hch 21:10-11). Las siguientes consideraciones adicionales brindan evidencia acumulativa a favor de esta interpretación.

Primero, el texto mismo se explica más fácilmente según esta hipótesis. Ya hemos notado que la palabra "ellos" no está en el original griego; simplemente dice: "Jesús sopló dentro". Aún más llamativo es el hecho que la orden de "recibir" viene *después* del soplo, no antes; si el soplo les hubiera impartido el Espíritu, Jesús habría dicho: "Ustedes han recibido" (es decir, en el modo indicativo y no imperativo).

Segundo, todo el contexto tiene una referencia más futura que presente. En Juan 20:23, Jesús está enviando a sus discípulos, ¡pero no todavía! Si bien el verbo está en el tiempo presente, no deben ir de inmediato. Este "envío" solo entrará en vigor después de Pentecostés. En Juan 20:23 los discípulos deben (según la terminología anticuada) "soltar y retener pecados". Sin embargo, esto no ocurrirá en seguida, sino solo después de Pentecostés. La primera suelta registrada está en Hechos 2 y la primera retención, en Hechos 5. Si Juan 20:21 y 20:23 tienen esta obvia referencia futura, a pesar de su uso de verbos en tiempo presente, las probabilidades están a favor de que Juan 20:22 también la tenga.

Tercero, ellos ya han tenido un ejemplo de este tipo de acción "proléptica" (es decir, que anticipa el futuro) de parte de Jesús en este mismo "aposento alto". Él había tomado pan y vino, les había dicho que lo comieran y bebieran como su mismo cuerpo y sangre, el día antes de su muerte real, antes que su cuerpo fuera roto y su sangre derramada. No tenemos que creer que en esa primera ocasión de la "cena del Señor" el pan y el vino eran realmente la "comunión" de su cuerpo y sangre en los cuales se convirtieron después (1Co 10:16). En esa noche inolvidable, cuando su sangre aún estaba en su cuerpo y su cuerpo aún estaba con ellos, estaba de hecho ensayando lo que se convertiría en el acto de adoración central de sus discípulos. En esa ocasión también se había limitado a dar la señal (pan y vino) y un mandato ("hagan esto en memoria de mí"); y en esa ocasión tampoco hay registro alguno de que los discípulos hayan recibido más que la señal. El acto se convirtió en un sacramento solo después del suceso al cual apuntaba en el futuro; por cierto, ¡no parece haber sido repetido hasta Pentecostés!

Cuarto, el hecho de que no se dice que haya sucedido nada en absoluto a los discípulos después de las palabras y las acciones de Jesús ahora parece altamente significativo. El registro de Juan tiene una precisión absoluta. Jesús sin duda estaba delegando su *autoridad* a los discípulos, pero aún no les estaba comunicando su *poder*.

Así que Jesús, en esta simple palabra y acción, ha asociado Pentecostés de manera indeleble e íntima con él mismo. Con razón cuando el suceso mismo tuvo lugar, luego de esta "representación previa" profética, Pedro pudo aseverar con tanta confianza que "[Jesús mismo] ha derramado esto que ustedes ven y oyen" (Hch 2:33). Era la prueba final de que "a este Jesús, a quien ustedes crucificaron, Dios lo ha hecho Señor y Mesías" (Hch 2:36).

14. EL DÍA CINCUENTA

(Hechos 1:4-5; 2:1-4)

Una vez, mientras comía con ellos, les ordenó: —No se alejen de Jerusalén, sino esperen la promesa del Padre, de la cual les he hablado: Juan bautizó con agua, pero dentro de pocos días ustedes serán bautizados con el Espíritu Santo.

Cuando llegó el día de Pentecostés, estaban todos juntos en el mismo lugar. De repente, vino del cielo un ruido como el de una violenta ráfaga de viento y llenó toda la casa donde estaban reunidos. Se les aparecieron entonces unas lenguas como de fuego que se repartieron y se posaron sobre cada uno de ellos. Todos fueron llenos del Espíritu Santo y comenzaron a hablar en diferentes lenguas, según el Espíritu les concedía expresarse.

La Biblia es un libro que se "autointerpreta", así que es necesario estudiar el todo para entender cualquier parte. La importancia de cualquier suceso individual solo puede ser apreciada plenamente cuando se lo ve como un eslabón en la cadena de la historia sagrada. Algunos acontecimientos son tan cruciales que, sin ellos, toda la historia se vendría abajo. Pentecostés es uno de éstos.

El día de Pentecostés está arraigado en el Antiguo Testamento, que es, por sobre todo, una biblioteca de *profetas* (desde los cinco libros de Moisés hasta el único cuadernillo de Malaquías). Los patriarcas mismos eran profetas (Gn 20:7; Sal 105:15). Moisés expresó la esperanza de que un día todo el pueblo del Señor, y no solo los ancianos, "profetizara" (Nm 11:25-29). Joel fue más allá y predijo que "en aquellos días" todos los harían (Jl 2:28-29).

Los profetas profetizaban porque el "Espíritu del Señor" había "venido sobre" ellos, había "caído sobre" ellos, los había "llenado" o les había sido "dado". Por lo tanto, cuando llegara el día en que todo el pueblo profetizara, sería porque habría habido un "derramamiento" del Espíritu en una mayor escala que nunca antes. Ésta sería la esencia misma del "nuevo pacto" que Dios establecería, en lugar del "antiguo" hecho en Sinaí (Is 32:15; Jer 31:31-34; Ez 36:26-27). Esta "promesa" es confirmada y amplificada en los Evangelios. Los cuatro registran la predicción de Juan el Bautista. Como el último representante de la profecía del "antiguo pacto", describió el doble ministerio del Mesías-rey venidero como la remoción de los pecados y su reemplazo por el Espíritu. Pero Juan crea un nuevo término para esta unción profética, producto de su propia introducción de la práctica del bautismo en agua, que era una vívida analogía de lo que estaba por ocurrir. El Cristo mismo sería ungido por el Espíritu y luego *"bautizaría"* a otros en el Espíritu Santo. No se trataría de algo nuevo, sino de un nuevo nombre para una vieja experiencia, y por eso es casi un sinónimo de los términos del Antiguo Testamento que hemos mencionado (ver capítulo 5). La nueva palabra enfatiza la naturaleza envolvente y abrumadora de la unción; el receptor será mojado, remojado, empapado, embebido, sumergido, ahogado en el Espíritu; ¡una impregnación y penetración total!

En la última noche antes de morir, Jesús amplió el entendimiento de sus discípulos de la "promesa", haciendo énfasis en que el Espíritu es una *persona* y no solo un *poder*, ya que su función es continuar el ministerio de convicción y enseñanza de Jesús mismo, llenando el vacío que dejaría su partida (Jn 14-16). El día de su resurrección los hizo pasar por un "ensayo" del cumplimiento de la promesa (ver capítulo 15). Lucas registra su mandato en la ascensión de esperar en Jerusalén hasta que sean "revestidos del poder de lo alto" (Lc 24:49, otra expresión tomada del Antiguo Testamento; Jue 6:14; 1Cr 12:18).

Así que el escenario para el drama de Pentecostés se ha venido preparando a lo largo de varios siglos, y ahora nos corresponde tratar la importancia del día mismo. Ésta era una de las tres fiestas anuales judías, y celebraba en particular la entrega de la ley en Sinaí, que ocurrió exactamente cincuenta días después que la sangre del cordero "pascual" fue derramada en Egipto; de ahí el nombre de "quincuagésimo" o *"Pentecostés"*. ¡La entrega de la ley había producido la muerte judicial de tres mil hebreos que quebrantaron la ley (Éx 32:28)! Desde la entrada en la tierra prometida, este día había adquirido un matiz agrícola, si bien era algo previsto en la ley (donde se lo menciona como la fiesta de la cosecha en Éx 34:22 y 23:16 y, más significativamente para el Nuevo Testamento, el día de las primicias en Nm 28:26). Sería, por cierto, un día de "primicias" siglos después, cuando tres mil personas fueron llevadas de la muerte a la vida ("la letra mata, pero el Espíritu da vida", 2Co 3:6).

Hubo una "preparación" humana además de la divina para lo que ocurrió. Las ciento veinte personas involucradas (una cantidad supuesta a partir de Hch 1:15) eran seguidores de Jesús y eran todos "norteños", de Galilea (Hch 2:7; cf. 1:11); el único "sureño" de los Doce, Judas de Queriot, ya había sido reemplazado. Habían sido testigos de la muerte y resurrección de Jesús y ya habían compartido los profundos sentimientos de dolor desesperado y gozo delirante. Estarían colectivamente libres de inhibiciones emocionales (una barrera tan habitual hoy, ¡en especial en Inglaterra!) y listos para responder con una desenvoltura desprovista de vergüenza ante el Espíritu derramado. También estaban dedicados a la frecuente oración conjunta; el Señor Jesús había dejado muy en claro que el Padre da el Espíritu Santo a quienes "siguen pidiendo" (Lc 11:13; note el tiempo presente continuo). Así que todos querían "ser bautizados con el Espíritu Santo" y "recibir poder" (Hch 1:5, 8). Pero, ¿qué esperaban que ocurriera cuando sus oraciones fueran contestadas? Y ¿tenían alguna idea de cuándo ocurriría? ¿O fue Pentecostés algo totalmente inesperado, tanto el momento como el contenido?

En cuanto a lo que esperaban, solo podemos hacer conjeturas. Parece probable que anticipaban oír el sonido de su Señor ascendido "espirando fuertemente" sobre ellos de nuevo (ver capítulo 13), ¡si bien pocos imaginarían que sonaría como un vendaval huracanado esta vez! Y casi con

EL DÍA CINCUENTA

seguridad supondrían que el resultado de recibir el Espíritu prometido sería un derramamiento desde sus propias bocas (estarían familiarizados con ejemplos como 1S 10:10, sin mencionar a los profetas), aunque difícilmente habrían adivinado que lo harían con fluidez en idiomas que nunca habían aprendido y tal vez nunca reconocerían siquiera.

En cuanto al momento en que esperaban que el Espíritu "viniera sobre" ellos, es más que probable que ya hubieran puesto su mirada en la fiesta de Pentecostés. Difícilmente podrían desconocer el hecho que Jesús había "arreglado" su propia muerte para que coincidiera con la matanza de los corderos pascuales (al minuto, a las 3 pm, en la víspera de la Pascua; ver Ex. 12:6, "a media tarde"). Sería la cosa más natural del mundo esperar el siguiente hecho crucial en la próxima fiesta de Pentecostés, cuando otra vez el pueblo judío de todas partes estaría reunido en Jerusalén. En todo caso, una de las últimas cosas que Jesús les había dicho fue que serían bautizados en el Espíritu Santo "dentro de pocos días" (Hch 1:5). Que ya habían adivinado el día correcto queda indicado por el momento y el lugar que escogieron para reunirse.

No hay ningún indicio en Hechos 1 de que 9 a.m. era el horario habitual de sus propias reuniones de oración. Era, sin embargo, la hora de la oración pública en el *templo*, y fue allí donde se reunieron "unánimes" el primer día de la fiesta. Que fue el templo y no el aposento alto puede deducirse del hecho que más tarde miles de personas acudieron adonde estaban reunidos (y no viceversa); el único movimiento de los discípulos fue que doce de ellos se pararon, mientras el resto siguió sentado (Hch 2:14). Tal vez la palabra "casa" (v. 2) haya confundido a los lectores, porque consideran que significa "hogar"; pero la palabra era usada también para el templo, como la residencia de Dios (2S 7:5-6; Is 6:4, RVR60; 56:7; Lc 19:46; Hch 7:47, etc.). También sabemos que era un lugar de reunión habitual de los primeros discípulos después de Pentecostés (Hch 3:1; la frase inusual "*la* oración" o "*las* oraciones", RVR60, en Hch 2:42 puede referirse también a la liturgia del templo). Muy probablemente, se reunían en un sector del atrio de

Salomón, donde ambos sexos podían mezclarse (en cuyo caso, el lugar hoy está marcado por la mezquita Al-Aqsa).

Los fenómenos "objetivos" que ocurrieron "afuera" de ellos constituyeron la obertura. El viento y el fuego forman una mezcla sumamente volátil. Note también la combinación de elementos visuales y sonoros: el ojo y el oído son las dos principales compuertas para la comunicación con el alma que Pedro usaría más tarde como prueba de la veracidad de sus afirmaciones: "ustedes ven y oyen" (Hch 2:33). El significado del viento sería obvio para cualquier judío, que usaba la misma palabra (*ruach*) para aliento, viento y espíritu. El aire en movimiento es un símbolo de vida y de poder; el viento es una metáfora del poder invisible de Dios (Ez 37:9-10). El fuego no es tan evidente, si bien señala a menudo la presencia de Dios, como en la zarza que ardía ante Moisés (Éx. 3:2). Por lo general apunta a su juicio destructor, pues Dios es un fuego consumidor (Dt 4:24; 9:3; Sal 97:3; Heb 12:29); y esto es tal vez a lo que Juan el Bautista se refería cuando dijo que el Mesías bautizaría con el Espíritu y con fuego (cf. Mal 4:1 con Mt 3:11-12). En Hechos 2, es mucho más probable que el "fuego" simbolice la presencia de Dios que su purgamiento. No debemos imaginar cada cabeza con una única llama dirigida hacia arriba (la forma característica de la mitra de un obispo es fruto en gran parte de este equívoco popular); la terminología sugiere un resplandor enorme que arde hacia abajo y que se ramifica en llamas cuyas puntas tocan cada cabeza, aunque sin chamuscar un solo cabello.

¡Fue el equivalente divino a la imposición de manos! Dado que "cada uno" fue tocado al mismo tiempo, "todos" recibieron el Espíritu en el mismo momento. Por lo tanto, solo fue una experiencia colectiva porque fue una experiencia individual. Este es un punto vital: un grupo no puede ser llenado con el Espíritu a menos que cada miembro sea llenado. El Espíritu no es dado a la "iglesia" como una entidad colectiva, algo que suele predicarse el domingo de Pentecostés en muchas congregaciones. Él es dado a cada miembro individualmente y, a través de los miembros, al cuerpo. Por lo tanto, la iglesia no puede seguir poseyendo el Espíritu si sus miembros no lo han recibido; tampoco pueden los oficiales de la iglesia transmitir el Espíritu a sus miembros a través de un rito litúrgico si ellos mismos no han sido bautizados en el Espíritu. El día de Pentecostés es celebrado de manera errónea cuando se lo considera como la única ocasión en la que la iglesia como un todo recibió el Espíritu; es más preciso considerarla como la primera ocasión, aunque lejos de ser la última, en que miembros de la iglesia recibieron el Espíritu, aunque el encuentro fue grupal y la recepción, simultánea. En las ocasiones posteriores registradas en que un grupo recibió el Espíritu al mismo tiempo, no fue simultáneo por lo general; el texto griego deja en claro que recibieron "uno por uno" mientras se les imponían las manos (ver capítulos 16 y 20 sobre Hechos 8 y 19).

Note que lo que se predijo con la expresión "bautizados con el Espíritu Santo" en Hechos 1:5 aparece ahora como "llenos del Espíritu Santo", lo cual demuestra que ambas expresiones son intercambiables, con la diferencia de que la palabra "llenos" podría ser usado más de una vez para los mismos individuos (como en Hch 4:31), en tanto que "bautizados" era reservado para el llenado inicial. La misma experiencia sería descrita más adelante como "derramado sobre", "dado", "recibido", "cayó sobre", etc., cuando le pasó a otros (ver capítulo 5 para una lista completa de las diferentes expresiones usadas).

En este momento, los fenómenos "objetivos" (que venían de afuera) dieron lugar a fenómenos "subjetivos" (que venían de adentro). ¡Fueron "llenados hasta desbordar"! Como ya hemos dicho, la boca suele ser el desborde normal del corazón: el humor se desborda en risa, la ira en gritos, el dolor en alaridos, el temor en un clamor. Una persona llena del Espíritu Santo estalla en "profecía" de algún tipo (uno de los significados de *nahbi*, la palabra hebrea para "profeta", es "el que burbujea"). Las palabras espontáneas fueron la señal que acompañó a ésta y todas las recepciones posteriores del Espíritu. Las lenguas, anteriormente "encendidas por el infierno" (Stg 3:6), ahora solo pronuncian las palabras inspiradas por el Espíritu.

En Pentecostés todas las palabras fueron en idiomas desconocidos para las personas que las hablaban, si bien todas serían conocidas para Dios. Por cierto, esta es la segunda vez en la historia en que Dios "descendió" e hizo que hombres que conocían un único idioma hablaran en varios. Sin embargo, Pentecostés es una inversión más que una repetición de Babel (Gn 11:7). Allí fue un acto de juicio divino; el propósito buscado era confundir, separar y *excluir*. (En un sentido diferente, las "lenguas extrañas" figurarían en un juicio posterior sobre Israel mismo; cf. Dt 28:49 con Is 28:11-12; estas escrituras yacen detrás del argumento de Pablo contra las lenguas colectivas en la adoración, en 1Co 14:21-23). Aquí, en Pentecostés, se otorga la misma capacidad para consolar, unir e *incluir*. En vez de distanciarse, las personas se agolparían (2:6).

Que las "lenguas" fueron idiomas reales (o, por lo menos, diferentes dialectos), con gramática y sintaxis, fue algo que reconocieron los fascinados observadores. (La palabra "lenguas", la traducción habitual, es bastante engañosa, ya que transmite la impresión de un balbuceo incontrolado. La versión inglesa New English Bible tiene el mérito de traducir la palabra griega usada aquí (*glossai*) más precisamente como "otros idiomas", pero luego la traduce de manera bastante inconsistente e injustificada como "palabras extáticas" en el resto del Nuevo Testamento. ¡El único "éxtasis" registrado en Hechos 2 es la descripción del asombro de los espectadores cuando se dieron cuenta de que sus propios idiomas eran hablados por norteños semianalfabetos!)

Note que estas palabras fueron el resultado de la cooperación humana con la iniciativa divina. *"Comenzaron"* [ellos] a hablar, lo que implica el acto consciente de hacer vibrar las cuerdas vocales. El Espíritu solo "les concedía expresarse"; es decir, él controlaba la lengua y los labios, convirtiendo el sonido en palabras coherentes. Pero no los "hizo hablar" sino que "dio expresión" a los pensamientos y sentimientos que desbordaban de sus bocas. Los discípulos eran los que hablaban, el Espíritu les indicaba qué decir. Todos los dones del Espíritu tienen esta doble característica; nadie es forzado jamás a usarlos. Pueden ser dados, pero deben ser recibidos de manera activa, no pasiva.

Fue solo después que todo esto había pasado que se reunió una gran multitud de espectadores. Como era la fiesta de Pentecostés, Jerusalén en general y el templo en particular estarían atiborrados de peregrinos. No habían sido testigos de los fenómenos objetivos del viento y el fuego (¡en cuyo caso habrían estado mucho más "desconcertados"!), ¡pero se vieron atraídos por el estallido inusual de comportamiento desinhibido que acostumbraban asociar con la embriaguez! Cuando se acercaron lo suficiente como para interpretar las palabras, encontraron un rasgo que no encajaba con esta explicación. La evidencia de algo extraordinario era tanto audible (escuchaban sus propios idiomas) como visible (vieron que los que hablaban eran galileos, tal vez por su vestimenta). Pedro luego apeló a esta evidencia audiovisual (Hch 2:33).

Los doce apóstoles aprovecharon la oportunidad de tener una multitud interesada y se "pusieron de pie". Pedro, en nombre de ellos y en un único idioma, dio su primer y tal vez mejor discurso. El resto, como dicen, es historia.

En busca de nuestro propósito en este libro de discernir la enseñanza del Nuevo Testamento sobre la iniciación cristiana, debemos hacer una pregunta crucial pero simple. ¿Fue único e irrepetible este suceso o brinda un precedente para iniciaciones posteriores?

Quienes creen que Pentecostés fue único y que no debe ser considerado de manera alguna como una norma para las experiencias posteriores por lo general hacen énfasis en el aspecto colectivo del suceso. El día es considerado como el "día de nacimiento de la iglesia". Se considera que la promesa de que Jesús "bautizaría con el Espíritu Santo" fue cumplida en su totalidad en el primer grupo de 120 creyentes. La iglesia entera a lo largo de las edades entonces ha sido "bautizada" en el Espíritu Santo y retiene esta experiencia como una posesión permanente. Por lo tanto, no hay ninguna necesidad de que un discípulo individual busque una "experiencia pentecostal" del bautismo del Espíritu; todo lo que necesita hacer es unirse a la iglesia —por fe, según los evangélicos; por bautismo o confirmación, según los católicos— y ha ingresado de manera automática a este "bautismo del Espíritu" de la iglesia verdadera, sea que ese cuerpo esté definido de manera invisible o institucional. Sin embargo, ya hemos visto que este enfoque no hace justicia al claro énfasis en el aspecto individual de Pentecostés; tampoco explica adecuadamente lo que ocurrió a otras personas después de Pentecostés.

A decir verdad, hay algunos rasgos únicos del suceso original que nunca se repitieron. El sonido del viento y la visión del fuego no vuelven a aparecer en el Nuevo Testamento, si bien hay referencias dispersas de esta clase de fenómenos en la historia posterior de la iglesia. Tampoco se registra ninguna otra ocasión donde las "lenguas" fueran identificadas como idiomas conocidos, si bien, nuevamente, la historia de la iglesia contiene algunos ejemplos. Por lo tanto, los fenómenos "objetivos", como los hemos llamado, no tienen paralelos en el Nuevo Testamento.

¡Pero los fenómenos "subjetivos" sí! El libro de Hechos contiene al menos tres relatos adicionales de hechos similares, que usan el mismo lenguaje descriptivo y que exhiben los mismos resultados prácticos. En un caso, el apóstol Pedro identificó de manera específica lo que estaba ocurriendo con el suceso original (ver capítulo 18 sobre Hch 10:47; 11:15 y 15:8, todos los cuales se refieren a la casa de Cornelio en Cesarea). Así que, ¿cómo explican los defensores de la excepcionalidad solitaria de Pentecostés estos hechos "irregulares" en Samaria, Cesarea y Éfeso? La respuesta que dan consiste en aplicarles el mismo concepto "colectivo", considerándolos no como grupos de individuos que son "bautizados en el Espíritu Santo" juntos, sino como nuevas categorías étnicas de la raza humana que representan el círculo cada vez más amplio de la iglesia. Así, Samaria se convierte en el Pentecostés de los mestizos samaritanos; Cesarea, en el Pentecostés de los gentiles marginados. Éfeso no encaja muy bien en la serie, así que se lo trata como una especie de anacronismo histórico, el Pentecostés de los ex discípulos de Juan. Los que sostienen este punto de vista creen que estos tres Pentecostés complementarios cubren toda la raza humana y no esperan más iniciaciones (colectivas) de este tipo. En tal caso, los chinos, los rusos y los norteamericanos habrían sido todos "bautizados en el Espíritu" con Cornelio.

Estos puntos de vista han sido usados para "consolar" a infinidad de cristianos profesos. Cuando estos cuatro sucesos son tratados como fundacionales y, por lo tanto, anormales, quedan excusados de buscar este bautismo del Espíritu para ellos.

Pero, ¿es correcta esta interpretación? ¿Es fiel a la Biblia misma? ¡Un cuidadoso análisis de cinco maestros del Nuevo Testamento revela una expectativa unánime de que "Pentecostés" sería repetido en la experiencia de cada creyente individual!

Juan el Bautista. La predicción de Juan del ministerio futuro del Mesías que "bautizaría en Espíritu" fue al menos tan amplia en su aplicación como su propio ministerio de "bautizar en agua". Al decir "él los bautizará con el Espíritu Santo" estaba refiriéndose de manera potencial a cada uno de los miles que habían acudido a él para el bautismo de arrepentimiento en agua. Estaba describiendo un ministerio continuo y de amplio alcance que seguiría al suyo. Habría mostrado asombro si le hubieran dicho que su predicción se acabaría en un día (o, cuando mucho, ¡tres o cuatro!). Estaba prediciendo con seguridad un "bautismo en el Espíritu" que estaría disponible de manera universal.

Juan el apóstol. El cuarto Evangelio comparte esta expectativa universal, registrando la invitación abierta de Jesús a *todo aquel* que tuviera sed para que viniera y bebiera (Jn 7:37-39), a la cual el autor agregó su propio comentario que identificaba esta oferta con Pentecostés. ¡Él también se habría sorprendido si le hubieran dicho que la oferta estaría limitada a ciento veinte personas que se encontraban justo en el lugar y el momento correctos!

Pedro. Al final de su primer sermón, Pedro invitó confiadamente a sus oyentes a participar en la experiencia que acababan de observar, con la firme convicción de que "la promesa" que se había cumplido recién en los ciento veinte ahora estaba disponible de manera universal para todo tiempo ("para sus hijos") y espacio ("para todos los extranjeros" [NVI, lit. "los que están lejos"]).

Lucas. El relato de Lucas de los hechos de Samaria y Cesarea demuestra que el único rasgo inusual en cada caso fue la secuencia temporal. En todos los demás detalles, como veremos, estos sucesos siguieron el patrón normal de iniciación que habían recibido todos los demás creyentes, en particular los fenómenos "pentecostales" que acompañaron su "recepción" del Espíritu. Aun el incidente en Éfeso está en línea con esta norma.

Pablo. La iniciación experimentada por todos los lectores de Pablo usa terminología "pentecostal". Ellos han sido "bautizados por un solo Espíritu" (1Co 12:13; ver capítulo 21), el Espíritu "fue derramado abundantemente" sobre ellos (Tit 3:6; ver capítulo 26) y de esta forma "recibieron el Espíritu" (Gá 3:2).

A la luz de esta evidencia, existe por lo tanto poco o ningún fundamento en el Nuevo Testamento para considerar lo que ocurrió en Pentecostés como un acontecimiento colectivo, único e irrepetible que contiene el cumplimiento total de la profecía de Juan de un bautismo venidero en el Espíritu. Toda la terminología descriptiva usada para la experiencia "subjetiva" de los discípulos en ese día es aplicada sin reservas a creyentes posteriores que no estuvieron presentes en ese momento. Puede haber habido algunos fenómenos "objetivos" únicos que marcaron esta primera ocasión, pero en esencia fue el primero entre muchos otros "derramamientos" del Espíritu.

Llegamos a la conclusión de que el día de Pentecostés "inauguró" el elemento final de la iniciación cristiana, permitiendo que el bautismo en el Espíritu completara el patrón cuádruple, junto con el arrepentimiento, la fe y el bautismo en agua. La experiencia de los que estuvieron presentes es, por lo tanto, un paradigma que fija la norma para los creyentes que siguieron.

15. LOS TRES MIL
(Hechos 2:38-41)

—Arrepiéntase y bautícese cada uno de ustedes en el nombre de Jesucristo para perdón de sus pecados —les contestó Pedro—, y recibirán el don del Espíritu Santo. En efecto, la promesa es para ustedes, para sus hijos y para todos los extranjeros, es decir, para todos aquellos a quienes el Señor nuestro Dios quiera llamar. Y con muchas otras razones les exhortaba insistentemente: —¡Sálvense de esta generación perversa! Así, pues, los que recibieron su mensaje fueron bautizados, y aquel día se unieron a la iglesia unas tres mil personas.

¿Por qué no dijo Pedro a sus oyentes que creyeran en el Señor Jesús? ¿Acaso la frase "para sus hijos" autoriza el bautismo de bebés? ¿Por qué no hay ninguna mención de manifestaciones del Espíritu entre los nuevos conversos? ¡Este breve pasaje ha planteado muchas preguntas similares y ha estimulado mucha polémica!

¡Podríamos considerarlo como el primer ejemplo de evangelización "pospentecostal"! Por lo tanto, esperaríamos que arroje algunos indicios acerca de la iniciación cristiana para el resto de la era de la iglesia. La pregunta legítima de los oyentes de Pedro, que querían instrucciones muy prácticas sobre cómo responder a su mensaje, hace que su respuesta sea muy significativa. Encontramos aquí la primera vez en la historia en que unos interesados recibieron consejería para la salvación. Un análisis cuidadoso de la enseñanza y la técnica de Pedro nos resultará muy útil.

Lo que sorprende es la ausencia del verbo "creer", o aun el sustantivo "fe". El equivalente más cercano sería el comentario posterior de que "recibieron su mensaje" (2:41). Podemos suponer que Pedro dedujo de la pregunta que le hicieron o concluyó intuitivamente que ya habían creído en su afirmación de que "Jesús . . . [es] Señor y Mesías" (2:36). Por cierto, no mostraron ninguna intención de cuestionar la predicación de Pedro o siquiera discutirla.

Estaban ahora tan convencidos de la realidad de la resurrección y la ascensión de Jesús como lo habían estado de su crucifixión y sepultura. Su pregunta demuestra que tenían plena conciencia de que la aceptación intelectual de estos hechos no alcanzaba; los hechos deben llevar a la acción ("Hermanos, ¿qué debemos *hacer*?, 2:37). Por lo tanto, sería superfluo decirles que "creyeran", cuando habían llegado al punto de querer responder de manera práctica.

Pero su pregunta tiene una connotación moral. Pedro los había acusado de ser partícipes de la crucifixión ("a quien ustedes crucificaron", 2:36). Ellos aceptaron la acusación sin cuestionamientos ni excusas. Eran culpables del crimen más atroz que pudieran haber cometido: como judíos, ¡habían asesinado a su propio Mesías, que tanto habían esperado! Su pregunta, entonces, debe ser vista como un clamor del corazón más que una consulta de la cabeza. Es una mezcla de desesperanza y esperanza. Podríamos parafrasear su súplica: "¿Hay algo que podamos hacer para enmendar de algún modo un daño tan terrible?". El énfasis de la pregunta parece ser: "¿Qué haremos *ahora*?".

Aun cuando se podrían haber preguntado si la situación alguna vez podría enmendarse, la respuesta de Pedro está llena de esperanza. El pecado de ellos tiene solución. Pueden "hacerse salvar" (el significado del verbo en voz pasiva del v. 40), si siguen sus cuidadosas instrucciones.

Su primer consejo es la orden imperativa de "arrepentirse", exactamente la misma palabra usada tanto por Juan el Bautista como Jesús cuando anunciaron que el reino "estaba cerca" (es decir, al alcance; ver Mt 3:2; 4:17). Para el público de Pedro significaría el mismo cambio radical en pensamiento, palabra y acción. Habiéndose dado cuenta de cuán erróneo había sido su juicio de Jesús, ahora deben admitirlo abiertamente y pasarse del "lado" de los discípulos, sin pensar en el costo. El reconocimiento público de que Jesús era sin duda Señor y Mesías demostraría su arrepentimiento.

"Háganse bautizar" (lit. v. 38) muestra que desde el principio los apóstoles entendieron que la práctica del bautismo en agua, originado en Juan y continuado por Jesús, debía ser proseguido junto con el bautismo en el Espíritu de la era mesiánica. Ambos bautismos caracterizarían los "últimos días". Solo una orden clara de Jesús mismo, como registra Mateo (Mt 28.19), puede explicar por qué Pedro y los demás apóstoles nunca consideraron que el bautismo en el Espíritu había vuelto obsoleto o superfluo el bautismo en agua (Hch 10:47 ilustra justo lo contrario, que el bautismo en el Espíritu hacía que el bautismo en agua fuera necesario y urgente). Además, Pedro dio exactamente la misma razón para el bautismo en agua que había dado Juan: a saber, la "remisión" o "perdón" de pecados (cf. Hch 2:38 con Mr 1:4). La terminología es claramente *instrumental*: Pedro cree que el bautismo en agua *efectuará* la purificación. Para él, como para los demás apóstoles, el lavamiento del cuerpo y la purificación de la conciencia eran la parte exterior e interior del mismo suceso, donde el acto externo causaba el cambio interno. Su entendimiento era "sacramental" más que "simbólico". Dicho sin rodeos, Pedro se habría asombrado ante la pregunta: "¿Se puede tener el perdón de pecados sin ser bautizado?", y habría cuestionado tal vez la sinceridad de la profesión de arrepentimiento y fe de la persona.

Los dos imperativos ("arrepiéntase y bautícese") están dirigidos al individuo, *no* a la familia o la nación. No puede haber ningún arrepentimiento vicario ni bautismos vicarios en nombre de otra persona. "*Cada uno* de ustedes" debe asumir la plena responsabilidad por "*sus* pecados" que necesitan perdón. Las exigencias de Pedro solo son hechas a quienes son moralmente responsables por sus propias actitudes y acciones erróneas (muchos de sus oidores sin duda recordarían con una culpa atroz haber contribuido a los gritos de la turba que decía: "¡Crucifícalo!"). Este tipo de bautismo perdería toda relevancia para los bebés, que no habían participado en absoluto en los pecados concretos de sus padres. El bautismo es un acto moral para personas inmorales, y debe ser una elección voluntaria del individuo, por más que otra persona sea la que realice el bautismo.

Después de esta orden doble, Pedro habla de la oferta: "Y recibirán el don del Espíritu Santo". Muchos han supuesto que esta afirmación, con el verbo en indicativo en vez de imperativo, junto con la confianza con la que habla Pedro, debe tener los siguientes dos corolarios.

Primero, que no hace falta hacer nada más que arrepentirse y creer para tener este don. Una vez cumplidos estos requisitos, "recibir" es completamente pasivo. En otras palabras, es *automático*.

Segundo, que sobre la base de esta seguridad, podemos estar muy seguros de que todo creyente ha recibido el don del Espíritu, aun *sin ninguna evidencia exterior* en el momento. La fe en la promesa de Pedro es fundamento suficiente para la confianza.

¡Pero Pedro mismo se habría asombrado de estas deducciones modernas de su predicación! Aparte del hecho de que él hizo que el bautismo y no la creencia fuera la condición previa necesaria para recibir el don, lo que indica que el bautismo por lo general precedía la recepción del Espíritu (Cornelio es la única excepción en el Nuevo Testamento), el comportamiento posterior de Pedro en Samaria demuestra que ni aceptaba ni actuaba de acuerdo con ninguna de las proposiciones anteriores.

Cuando los creyentes arrepentidos y bautizados no mostraban ninguna clara evidencia exterior de haber "recibido", Pedro no suponía, como muchos harían hoy, que tendrían que haber recibido el Espíritu de manera automática e inconsciente; más bien, deducía que no habían recibido y tomaba medidas activas, como mayor oración con imposición de manos, para rectificar su iniciación incompleta.

No obstante, Pedro confiaba en que toda persona que respondiera de verdad con arrepentimiento y bautismo podría recibir y recibiría este don, sea de manera inmediata o a largo plazo. Cuando oró, con Juan, por los samaritanos, lo hizo con la misma confianza. Una cosa es afirmar que toda persona que responda al evangelio en arrepentimiento, fe y bautismo recibirá el Espíritu (como en 2:38), y otra muy distinta decir que toda persona que responda de esta forma *ha* recibido el Espíritu, que implica hacerle decir al versículo lo que no dice.

LA PROMESA

La certeza de Pedro de que *recibirían* el Espíritu estaba fundamentada firmemente en los términos mismos de la promesa del Padre, que eran ilimitados en su alcance. Lo que ya había pasado ese día a ciento veinte personas era de aplicación universal y se extendía claramente a otros tres grupos:

"Ustedes". Estos no son solo los tres mil, sino todos los demás que estaban escuchando en el momento, y el resto de esa misma "generación perversa" que oirían acerca de esto. El pronombre personal cubre todos los contemporáneos de Pedro en Israel en ese momento.

"Sus hijos". La palabra griega que se traduce como "hijos" no es para un bebé (*brephos* o *nepios*) ni tampoco para un niño pequeño (*teknion, paidion* o *paidarion*), sino un término general para "descendientes" (*teknon*). Se refiere no solo a la generación siguiente sino a todas las generaciones subsiguientes. La promesa no está limitada a los contemporáneos de Pedro sino que se extiende a través del tiempo hasta el fin de la historia.

*"Para todos los extranjeros (*lit. *los que están lejos)*. La promesa es ilimitada en el espacio así como en el tiempo; es tan amplia como el mandato del Jesús ascendido de ser testigos "hasta los confines de la tierra" (Hch 1:8). En el momento, es posible que Pedro mismo no se diera cuenta de que esto incluiría todos los *pueblos* además de los países. Tal vez estaba pensando en los judíos dispersos, que estaban "lejos" de su hogar. Sin embargo, cuando Cornelio recibió la promesa, ¡Pedro rápidamente recobró el equilibrio después de su sorpresa inicial! Tal vez su experiencia con los mestizos samaritanos lo había preparado, ¡si bien fue necesaria una visión espectacular para completar su educación! Pedro no fue el último predicador que se encontró hablando más allá de su propia experiencia, para darse cuenta solo más adelante de la plena implicación de sus propias palabras.

Hay varios otros puntos importantes dignos de notar en este versículo. Lo primero que debemos subrayar es que la "promesa" tiene que ver de manera exclusiva con el don del Espíritu (2:33), y no con el tema más general de la salvación. Si "para sus hijos" se saca de contexto y se supone que se refiere al concepto mucho más limitado de la unidad familiar, entonces debe señalarse que Pedro aquí está ofreciendo el bautismo en el Espíritu, y no el bautismo en agua, a los hijos; ¡está ofreciendo la "confirmación" más que el "bautismo"!

Es importante notar también que el alcance de la promesa fue más amplio que lo que sería su cumplimiento. El don estaba disponible a todas las personas en cada uno de los tres grupos, pero no sería de ellos de manera automática. No todos echarían mano de la oferta. Hay dos condiciones calificadoras necesarias para recibir la promesa (ambas vienen de Joel 2:32).

Un llamado divino: la frase "para todos aquellos a quienes el Señor nuestro Dios quiera llamar" califica a cada uno de los tres grupos; esta invitación electiva debe ser oída primero.

Un llamado humano: deberá contestar el llamado divino y debe haber una respuesta adecuada "arrepintiéndose y siendo bautizado"; esta frase también califica a cada uno de los tres grupos ("ustedes", "sus hijos" y "todos los que están lejos").

De modo que, al igual que la obra expiatoria de Cristo en la cruz, si bien la "promesa" es suficiente de manera universal, solo será eficiente de manera individual. Solo funcionará para "todos aquellos que" oyen el llamado del Señor, para "cada uno" que invoca su nombre, para "cada uno" que se arrepiente y es bautizado. Debe ser obvio que no hay ningún fundamento aquí para una respuesta vicaria de una cabeza en representación de su hogar o de padres en representación de su familia. Bautizar a niños basándose en este versículo implicaría por lógica el bautismo de todos los que están lejos, ¡con o sin arrepentimiento! La oferta y la exigencia de Pedro se hacen solo a personas que son capaces de responder por sí mismas.

La oferta y la exigencia son seguidas por una apelación amplia que Lucas resume en una oración. "Sálvense" es una traducción inadecuada de un verbo imperativo pasivo aoristo. El pasivo significa "sean salvados" más que "sálvense ustedes" (¡la "autosalvación" es desconocida en el Nuevo Testamento!). El tiempo aoristo significa dar un paso decisivo de una vez por todas. El imperativo significa que Pedro les está ordenando más que pidiendo, insistiendo antes que invitando; el tono es el de un guardavidas que ordena a una persona que se está ahogando que tome el flotador que le ha arrojado. (Podemos comparar esta exhortación con las palabras de Ananías en Hch 22:16 a Pablo: "lávate de tus pecados", otro imperativo aoristo, pero esta vez en la voz media, como en la orden anterior, "bautízate"; el equivalente más cercano en español sería: "Hazte bautizar y haz que tus pecados sean lavados".)

Del grupo al que Pedro se dirigió como "ustedes", sabemos que tres mil reclamaron la promesa sometiéndose al bautismo. Los defensores del bautismo por afusión dicen que problemas logísticos insuperables harían que la inmersión de tres mil personas en un día en Jerusalén fuera imposible, pero los estanques de Siloé y de Betesda hubieran sido suficientes (sin hablar de los baños rituales descubiertos hace poco en la entrada del templo). Dado que "Pentecostés" ocurrió por la mañana, habrían tenido el resto del día para los bautismos.

El único problema logístico estaba en el discipulado después de una misión tan exitosa. Cada miembro de la iglesia, recién bautizado en el Espíritu, debía atender a un promedio de veinticinco nuevos conversos, ¡y eso fue solo el primer día! Hch 2:42-47 muestra que el seguimiento fue muy exitoso. El bautismo fue seguido de inmediato por la enseñanza, la comunión, la adoración, el servicio y más evangelización. El hecho que hubieran podido manejar la situación tan bien fue casi con seguridad gracias a la capacitación de tres años que Jesús había dado a los hombres que guiarían la comunidad.

Hay una pregunta interesante que plantea el gran número de bautismos en esta oportunidad. Es más que probable que muchos entre ellos, tal vez hasta la mayoría, ya habían sido bautizados por Juan; por lo tanto, esto era un "rebautismo".

EL NACIMIENTO CRISTIANO NORMAL

Sin embargo, Pedro no le dio ninguna importancia. Todos los que recibieron su mensaje fueron bautizados, sea por primera o por segunda vez. Sin duda este bautismo era diferente del anterior. El bautismo cristiano involucraba una identificación con el Señor Jesucristo, especialmente mediante el uso de su nombre. Así que Pedro no dudó en "rebautizar" a quienes respondieron al evangelio cristiano completo, por la misma razón que lo hizo Pablo en Éfeso (ver capítulo 20).

Queda una pregunta más, con relación a una omisión inesperada en todo el relato: no se menciona ninguna manifestación exterior del Espíritu en la experiencia de los tres mil. Si el relato de Lucas es completo, ¡todo lo que obtuvieron fue una mojadura! Quienes prefieren creer que el Espíritu es recibido de manera automática, y la mayoría de las veces sin ninguna evidencia exterior en el momento, se toman de esta omisión para apoyar su postura. Pero este es un "argumento a partir del silencio", que brinda un fundamento en particular resbaloso, porque permite ser contrarrestado de inmediato haciendo la deducción opuesta. Además, el silencio no es total, como veremos.

Permitámonos un poco de especulación por unos instantes. Cuando Pedro prometió a sus oyentes que estaban incluidos en la promesa que ya había sido cumplida en forma visible y audible en él y en los que estaban parados o sentados alrededor de él, ¿qué expectativas habría generado en sus oyentes? Por cierto, no del viento huracanado, que no habían escuchado; tampoco del fuego llameante, que no habían visto. Lo que la gente esperaría compartir era la liberación verbal de adoración y profecía en muchos idiomas que habían confundido de entrada por los síntomas de embriaguez. Y Pedro mismo sin duda esperaría que les sucediera. Como mínimo, habría bastante desilusión, si no una frustrada animosidad, ¡si todo lo que "recibían" era un remojón! ¡Esta situación habría causado más perplejidad que la manifestación original! Es casi imposible imaginar a Pedro apelando a la racionalización de gran parte de la consejería moderna y diciendo a sus oyentes: "No se preocupen si no sienten nada" o "No esperen que suceda nada".

Sin embargo, dado que el silencio dista mucho de ser total, no hace falta que nos dediquemos a una especulación tan imaginativa. Las acciones y los discursos posteriores de Pedro están basados claramente en la premisa de que los tres mil "recibieron el Espíritu" de la misma forma que los ciento veinte (Hch 10:47; 11:17; 15:8-9). Tanto la ausencia de fenómenos externos entre los samaritanos como su presencia en Cornelio son evaluadas por Pedro a la luz de la experiencia de todos los creyentes de Jerusalén, cuya iniciación toma como la norma. Solo si todos los creyentes anteriores habían recibido el Espíritu con esta clase de acompañamientos exteriores podría haber sabido Pedro de alguna forma que los samaritanos no habían "recibido" de esta forma, o que Cornelio lo había hecho (este punto vital es desarrollado en detalle en los capítulos 16 y 18); en ambos casos, la secuencia temporal de su recepción fue inusual, si no única; pero la forma fue exactamente igual que todos los demás.

La omisión de cualquier mención de esto en el contexto que estamos viendo tiene significado literario más que teológico. A Lucas no le gusta la repetición innecesaria. Por esta razón, no dice que se hayan arrepentido o que hayan creído. Ambas cosas se dan por sentado. "Recibieron su mensaje" puede ser considerado como sinónimo de la fe. Y que se hayan sometido al bautismo puede considerarse como evidencia de su arrepentimiento. Si Lucas mencionara cada una de las cuatro "puertas espirituales" cada vez que hiciera referencia a una conversión, su estilo sería algo tedioso. Él destaca el elemento más llamativo o significativo en cada ocasión específica. El espectáculo de tres mil bautismos a la vez sería lo suficientemente llamativo como para quedar en la memoria. Pero hay una razón más profunda para destacar el bautismo en esta ocasión. Aquí había cómplices del asesinato de Jesús que repudiaban en público lo que habían hecho y se identificaban con su muerte y su resurrección, y que aceptaban su nombre como Señor (del universo) y Cristo (el Mesías-rey judío). El hecho que tantos lo hubieran hecho en ésta, la primera de todas las veces que el evangelio fue proclamado, fue lo que Lucas consideró como el aspecto más importante. Es indiscutible que sus vidas posteriores revelaron una evidencia a largo plazo de haber recibido el Espíritu. Tanto la fidelidad en la adoración, la comunión, la enseñanza y la oración como el temor reverencial y sobrenatural, la compartición espontánea de los recursos materiales, la adoración gozosa y el crecimiento continuo son los resultados del bautismo en el Espíritu, y no del bautismo en agua. Pero no fue por estos subproductos posteriores que los apóstoles supieron que habían recibido el Espíritu. La evidencia fue una cuestión de observación en el momento, más que de una deducción posterior; del comportamiento inmediato más que de la conducta final. Esto surge con mucha claridad en el episodio samaritano . . .

16. LOS CONVERSOS SAMARITANOS
(Hechos 8:4-25)

Los que se habían dispersado predicaban la palabra por dondequiera que iban. Felipe bajó a una ciudad de Samaria y les anunciaba al Mesías. Al oír a Felipe y ver las señales milagrosas que realizaba, mucha gente se reunía y todos prestaban atención a su mensaje. De muchos endemoniados los espíritus malignos salían dando alaridos, y un gran número de paralíticos y cojos quedaban sanos. Y aquella ciudad se llenó de alegría. Ya desde antes había en esa ciudad un hombre llamado Simón que, jactándose de ser un gran personaje, practicaba la hechicería y asombraba a la gente de Samaria. Todos, desde el más pequeño hasta el más grande, le prestaban atención y exclamaban: "¡Este hombre es al que llaman el Gran Poder de Dios!". Lo seguían porque por mucho tiempo los había tenido deslumbrados con sus artes mágicas. Pero cuando creyeron a Felipe, que les anunciaba las buenas nuevas del reino de Dios y el nombre de Jesucristo, tanto hombres como mujeres se bautizaron. Simón mismo creyó y, después de bautizarse, seguía a Felipe por todas partes, asombrado de los grandes milagros y señales que veía. Cuando los apóstoles que estaban en Jerusalén se enteraron de que los samaritanos habían aceptado la palabra de Dios, les enviaron a Pedro y a Juan. Éstos, al llegar, oraron por ellos para que recibieran el Espíritu Santo, porque el Espíritu aún no había descendido sobre ninguno de ellos; solamente habían sido bautizados en el nombre del Señor Jesús. Entonces Pedro y Juan les impusieron las manos, y ellos recibieron el Espíritu Santo. Al ver Simón que mediante la imposición de las manos de los apóstoles se daba el Espíritu Santo, les ofreció dinero y les pidió:
—Denme también a mí ese poder, para que todos a quienes yo les imponga las manos reciban el Espíritu Santo. —¡Que tu dinero perezca contigo —le contestó

Pedro—, porque intentaste comprar el don de Dios con dinero! No tienes arte ni parte en este asunto, porque no eres íntegro delante de Dios. Por eso, arrepiéntete de tu maldad y ruega al Señor. Tal vez te perdone el haber tenido esa mala intención. Veo que vas camino a la amargura y a la esclavitud del pecado. —Rueguen al Señor por mí —respondió Simón—, para que no me suceda nada de lo que han dicho. Después de testificar y proclamar la palabra del Señor, Pedro y Juan se pusieron en camino de vuelta a Jerusalén, y de paso predicaron el evangelio en muchas poblaciones de los samaritanos.

La pregunta crucial para el propósito de nuestro estudio es sencilla: ¿Fue la experiencia de "conversión" samaritana normal, como dicen los pentecostales, o anormal, como dicen los evangélicos? La cuestión teológica detrás puede ser expresada de otra forma: ¿Indica la demora entre el momento en que los samaritanos "creyeron en Jesús" y "recibieron el Espíritu Santo" que son experiencias distintas (aun cuando ocurran juntas), lo cual significa que es posible que los creyentes tengan una sin la otra? La mayoría de los estudiosos de la Biblia aceptan que hubo una "demora" entre creer y recibir en este caso específico, pero lo explican de maneras diversas.

Los comentaristas evangélicos se han concentrado en la cuestión de por qué hubo una demora. Los samaritanos eran descendientes mestizos de los matrimonios mixtos entre los judíos que fueron abandonados en el país cuando la nación fue llevada al exilio y los habitantes "nativos" de Canaán. Teniendo en cuenta estos factores étnicos, dichos comentaristas ven todo este episodio, con razón, como un salto cuántico para la iglesia, más allá de sus fronteras hasta entonces exclusivamente judías. Si bien este paso radical había sido dado en forma espontánea más que deliberada (Hch 8:4), estaba por completo en línea con su mandato misionero (Hch 1:8).

Sin embargo, la profunda antipatía entre judíos y samaritanos —tan fuerte que un judío prefería el camino

LOS CONVERSOS SAMARITANOS

largo por Jericó para evitar encontrarse con un samaritano (Lc 10:33) y ni siquiera usaría la misma vasija para beber que un lugareño (Jn 4:9)— introdujo la primera amenaza de un cisma en el nuevo pueblo de Dios, la iglesia. El resultado podría haber sido dos iglesias "nacionales", que se habrían convertido en poco tiempo en tres (judíos, samaritanos y gentiles). Para evitar este peligro, se sugiere que Dios mismo retuvo su "sello de aprobación" de esta nueva categoría de creyentes hasta que pudo comunicarlo a través de representantes de los creyentes judíos, preservando así la unidad de la iglesia a través de la interdependencia e impidiendo que los grupos étnicos se volvieran autónomos entre sí. La desintegración del cuerpo de Cristo fue evitada así por este acto de sabiduría divina de demorar el "don" hasta que Pedro y Juan, dos apóstoles clave, estuvieran presentes.

Hagamos una breve digresión. Algunos han encontrado aquí los comienzos de una "sucesión apostólica" desarrollada posteriormente por un "episcopado monárquico" en los ritos de la confirmación y la ordenación. Que esto sea muy improbable queda demostrado por el hecho de que los apóstoles no monopolizaron la impartición del Espíritu, aun en aquellos días (sin ir más lejos, en el capítulo que sigue Ananías presta este servicio a Pablo, Hch 9:17). Y Felipe mismo podría haber dicho que tenía esta "autoridad delegada", ya que había tenido las manos de los apóstoles sobre él (Hch 6:5-6).

Por otra parte, es improbable que Pedro y Juan representaran solo a los creyentes judíos de Jerusalén (algo que Felipe mismo podría haber hecho). Ellos eran la representación de la "autoridad" más alta de la iglesia (los "Doce" y, en este caso, el círculo íntimo de tres, formado por Pedro, Santiago y Juan) y se estaban identificando por completo con esta ampliación de la frontera de la iglesia. Lo que un "diácono" entusiasta había comenzado de manera casi informal, debe ser considerado como algo que coincide por completo con la estrategia apostólica de toda la iglesia.

Habiendo dicho esto, debe señalarse que toda la "explicación" anterior para la demora de la "recepción" samaritana del Espíritu es pura especulación, y va mucho más allá de lo que dice el texto. El razonamiento puede ser perfectamente válido, pero Lucas no saca esta conclusión. Él se limita a relatar los hechos, sin ninguna interpretación. Nos dice lo que ocurrió, pero no hace intento alguno por decir por qué pensó que sucedió así. Tenemos una descripción, pero ninguna explicación. Es simplemente parte de su investigación "con esmero" de cómo llevaron las buenas noticias desde Jerusalén a Roma... pasando por Samaria.

Aun cuando sea correcta la teoría, no puede ser el punto principal de la historia. En realidad, este tipo de especulación puede ser una distracción, y en este caso ha tenido éxito en desviar la atención de las importantes implicaciones de los detalles que Lucas se ha tomado el trabajo de registrar. Discutir por qué Dios demoró "dar" es una forma de evitar discutir cómo "recibieron" los samaritanos; sin embargo, esto último es lo esencial para entender la teología de iniciación de Lucas.

Hay dos preguntas que abrirán el pasaje para nosotros. Primero, ¿cómo supo alguien que los samaritanos *no habían* recibido el Espíritu? Segundo, cuando lo recibieron, ¿cómo supo alguien que lo *habían* recibido? La respuesta, en realidad, es la misma para ambas preguntas: *cada recepción del Espíritu, hasta los samaritanos inclusive, siempre era acompañada por una clara evidencia exterior.*

Es necesario subrayar este punto, porque tiene implicaciones de amplio alcance. Solo podemos suponer que todas las demás conversiones antes de Samaria habían incluido un evidente derramamiento "pentecostal" del Espíritu, desde los tres mil del día de Pentecostés en adelante, y que ésta era la única forma conocida de "recibir el Espíritu". Además, esta "recepción" es, por lo tanto, distinta del arrepentimiento, la fe y el bautismo en agua (y aun de la "alegría", v. 8), todos los cuales pueden tener lugar sin ella.

Para eludir este tipo de conclusiones, se han hecho intentos por arrojar dudas sobre la suficiencia de la fe de los samaritanos antes que Pedro y Juan llegaran, como si no fuera una fe plenamente "salvadora". Que esto es una racionalización teológica se confirma por la ausencia total de instrucción adicional por parte de los apóstoles, quienes obviamente aceptaron la validez de su arrepentimiento, fe y bautismo, sin dudarlo. Los samaritanos habían creído las buenas nuevas del reino de Dios, habían sido bautizados en el nombre del Señor Jesús y habían sido testigos de milagros de sanidad y liberación (así que estaban mucho más avanzados que los "discípulos" que encontró Pablo en Éfeso; ver capítulo 20). Decir que todo esto era de algún modo "subcristiano" es negar el sentido llano de las palabras. La deficiente experiencia de los samaritanos no tuvo su origen en ninguna falta de comprensión o compromiso de su parte. La demora se debió a la respuesta de Dios a ellos (sea cual fuere la razón, aun la mencionada recién), y no a la respuesta de ellos a él. Pedro y Juan deben haberlos considerado plenamente elegibles para recibir el Espíritu, porque cuando llegaron se dirigieron a Dios en oración, ¡y no a los samaritanos en predicación!

No puede hacerse demasiado énfasis en el hecho que, para los apóstoles, la ausencia de manifestaciones exteriores en el momento de la iniciación fue tomada como evidencia de que el Espíritu Santo *no* había sido recibido. El punto de vista moderno, que dice que tienen que haber recibido pero necesitaban ser "liberados" en el Espíritu, es bastante ajeno a la terminología y aún más a la teología del Nuevo Testamento. Los apóstoles no impusieron sus manos sobre ellos para "liberar" lo que ya estaba en ellos, sino para que pudieran "recibir" lo que aún debía "venir sobre" ellos (v. 16; cf. 1:8; 10:44; 11:15; 19:6).

Por la misma razón, la presencia de manifestaciones externas fue tomada como evidencia de que el Espíritu Santo *había* sido recibido. Si bien este pasaje no especifica la naturaleza exacta de la evidencia en esta ocasión, fue lo suficientemente clara como para convencer a los demás que estaban en el lugar de que habían recibido: el tiempo imperfecto del verbo, "estaban recibiendo" (v. 17), indica que estaba ocurriendo "uno por uno", a medida que Pedro o Juan imponían sus manos sobre cada uno, y no todos juntos como un grupo, que parece haber sido el caso en

Pentecostés. Fue cuando Simón "vio" este acontecimiento que codició el poder para hacer que esto sucediera a todo al que él le impusiera las manos. Es claro que la evidencia fue inmediata, y no una deducción posterior del "fruto" obrando de exteriormente en el carácter o la conducta. Hay más para decir sobre Simón, cuyas inclinaciones exhibicionistas como mago lo llevaron a estar más interesado en la capacidad de dar su poder a otros que en la oportunidad de recibirlo para sí mismo. No fue el último en desear un poder sobrenatural para elevarse él mismo en vez de servir a otros, ni el último en pensar que los dones de la gracia pueden ser comprados. Con palabras cortantes (equivalentes a "¡Vete al infierno tú y tu dinero!"), Pedro lo excluyó de toda "arte ni parte en este asunto" (¿se estaba refiriendo a recibir o a impartir el Espíritu?), y cuestionó tanto la realidad de su arrepentimiento como la posibilidad de su perdón. Simón no deja de ser un mago, tanto en su forma de pensar como en el estado de su corazón. Ignora el consejo de Pedro de que confiese sus motivos abyectos directamente al Señor y en cambio ruega que Pedro interceda por él (el texto de Beza agrega que "no dejó de llorar copiosamente") No hay ningún indicio de que Pedro haya aceptado esta sugerencia sacerdotal o que Simón haya encontrado el perdón, y mucho menos que haya recibido el Espíritu. Él es un recordatorio de que la fe y el bautismo no garantizan la salvación, en especial cuando no ha habido un auténtico arrepentimiento. Hay quienes prefieren descartar la fe de Simón como "superficial", pero ni Pedro en ese momento ni Lucas después sintieron la necesidad de decir esto. El único servicio útil que prestó fue confirmar para nosotros que la recepción del Espíritu era acompañada por una evidencia externa inmediata a medida que el "don" era dado de manera individual.

El incidente también subraya el vínculo entre la recepción del Espíritu y la imposición de manos. Éste es el primer registro de que fuera hecho para este propósito y que constituye la acción adecuada a realizar cuando el Espíritu no ha sido recibido de manera "espontánea" (es decir, sin ayuda humana, como en Pentecostés mismo).

Expresa identificación e intercesión, así que no deberíamos sorprendernos por lo que hicieron los apóstoles. La imposición de manos ya había sido usada en una mezcla de designación y unción para una responsabilidad específica (que había incluido a Felipe mismo, Hch 6:5-6).

A propósito, lo que ocurrió con los samaritanos da testimonio del cambio de actitud de los apóstoles mismos. ¡La última vez que habían estado en Samaria habían querido hacer descender fuego del cielo sobre la gente por su conducta ofensiva hacia Jesús porque se dirigía hacia Jerusalén (Lc 9:51-56)! Ahora estaban orando para que algo bastante distinto descendiera sobre ellos desde lo alto.

Resumiendo, la experiencia samaritana no fue ni tan única ni tan especial como algunos interpretan. No fue el "segundo Pentecostés" para marcar la aceptación de los samaritanos, como lo han denominado muchos expositores. En esencia y contenido su recepción del Espíritu fue perfectamente normal e idéntica a lo que habían experimentado todos los demás creyentes antes de ellos. ¡"Pentecostés" ya se había repetido tantas veces como nuevos discípulos!

Pero hubo dos desviaciones de la norma en el caso samaritano. En primer lugar, la larga demora entre su bautismo en agua y su bautismo en el Espíritu, que por lo general estaban mucho más próximos entre sí, si bien nunca eran simultáneos. En segundo lugar, el acto humano de la imposición de manos, que aparece en relatos posteriores de Hechos, aunque nunca antes. Se ha dado una explicación adecuada para estos dos rasgos, que son inusuales si bien no excepcionales.

Pero estas diferencias de ninguna forma afectan nuestra conclusión básica de que una recepción experiencial del Espíritu es un elemento esencial de la iniciación cristiana normal que puede y debe diferenciarse, en contenido si no en cronología, del arrepentimiento, la fe y el bautismo en agua. Cuando esto no ocurre como debería, la acción adecuada es la oración con imposición de manos.

Sobre todo, este incidente prueba que era posible, aun después de Pentecostés, arrepentirse, creer y ser bautizado sin haber recibido el Espíritu Santo. Solo se necesita un caso de este tipo para probar que es una *posibilidad*, pero la *probabilidad* de que esta situación se repita no puede ser deducida —ni descartada— de manera directa por este pasaje. No obstante, la opinión apostólica de que la ausencia de evidencias exteriores inmediatas debe interpretarse como una indicación de que el Espíritu aún no ha sido recibido sigue siendo un criterio permanente válido. Si lo aplicamos a las iglesias hoy, ¡podemos llegar a la conclusión de que la experiencia de iniciación incompleta de los samaritanos dista mucho de ser única!

Preguntar acerca del estado o posición espiritual de los samaritanos entre su bautismo en agua y su bautismo en el Espíritu (ej: "¿Habrían ido al cielo si hubieran muerto antes que llegaran los apóstoles?") es importar conceptos evangélicos modernos al Nuevo Testamento. Las definiciones contemporáneas de "salvo" y "cristiano" no encajan cómodamente con las categorías apostólicas. ¡Los apóstoles sin duda estaban más preocupados por dónde debían estar los samaritanos que por dónde estaban! Ser un "discípulo" en ese entonces era visto más en términos de estar en "el Camino" (Hch 18:25, 26; 19:9, 23) que cruzar una línea; de iniciar un viaje que arribar a un destino. Pero estas cuestiones surgen hoy, aun cuando Lucas las desconocía, así que se tratan con mayor detalle en el capítulo 36.

17. EL EUNUCO ETÍOPE
(Hechos 8:36-39)

Mientras iban por el camino, llegaron a un lugar donde había agua, y dijo el eunuco: —Mire usted, aquí hay agua. ¿Qué impide que yo sea bautizado? Entonces mandó parar el carro, y ambos bajaron al agua, y Felipe lo bautizó. Cuando subieron del agua, el Espíritu del Señor se llevó de repente a Felipe. El eunuco no volvió a verlo, pero siguió alegre su camino.

Lo primero que podemos decir acerca de este pasaje es que es un relato sumamente condensado. Por ejemplo, sabemos poco acerca de la disertación de Felipe, aparte de su tema: Jesús. ¡Recibió el mejor pie para la conversación que un evangelista personal podría desear jamás! Si alguna vez una persona interesada hizo la pregunta correcta, fue ésta; pero, por otra parte, ¡ya estaba leyendo las Escrituras! Pero la respuesta tiene que haber ocupado bastante tiempo, a pesar de la base de conocimiento judío de Dios que podemos suponer que tenía el etíope.

Tampoco debemos sorprendernos de que el eunuco mismo haya planteado el tema del bautismo. Es probable que Felipe lo haya mencionado, dado que el evangelio comenzaba por el ministerio de Juan el Bautista (Mr 1:1-4). Pero, como gentil "temeroso de Dios", un adherente de la religión judía si no un prosélito, el eunuco estaría bastante familiarizado con la necesidad de esta clase de baño ritual para "unirse" al pueblo de Dios y considerar como suyo al Mesías de ellos. Pero es posible que su condición de castrado haya sido un obstáculo para ser plenamente aceptado por los sacerdotes judíos (dependiendo de si se guiaban por Dt 23:1 o Is 56:4-5).

Lo que capta nuestra atención es que el bautismo parece ser su única respuesta a la "predicación" de Pedro. Si esto fue todo lo que hizo, ¡podríamos tener aquí un auténtico caso de "regeneración bautismal"! Su arrepentimiento es algo que podemos deducir a partir de su peregrinaje sincero a Jerusalén, colocándolo en la misma condición espiritual que Cornelio antes de la visita de Pedro; pero no hay ninguna mención específica de fe o de recepción del Espíritu. Es obvio que algunos "copistas" de las escrituras en la iglesia primitiva se sintieron incómodos con esta iniciación inadecuada (por lo menos en lo que aparece registrado) y su influencia adversa sobre los "catecúmenos" posteriores, y han agregado versículos adicionales a los manuscritos posteriores para compensar las omisiones más importantes.

Algunos manuscritos agregan un versículo (v. 37, en algunas Biblias): "Si cree usted de todo corazón, bien puede —le dijo Felipe. —Creo que Jesucristo es el Hijo de Dios —contestó el hombre". Hay más que un indicio de ideas posteriores que veían a la fe como un asentimiento a un credo en este intercambio adicional, pero lo que sí indica es que la iglesia primitiva quería dejar bien en claro que el eunuco era un verdadero creyente antes de su bautismo.

Un manuscrito (conocido comúnmente como el "texto occidental") tiene una versión algo distinta del versículo 39: "El Espíritu Santo cayó sobre el eunuco, y el Ángel del Señor arrebató a Felipe". El erudito del Nuevo Testamento Henry Alford sugirió que la lectura alternativa surgió "de un deseo de amoldar los resultados del bautismo del eunuco al método usual del procedimiento divino". Si este agregado es una tradición genuina que se remonta al suceso mismo, significaría que el ministerio de Felipe alcanzó para completar la iniciación en este caso, como al parecer no había ocurrido en Samaria. Aun cuando no sea histórico, la enmienda nos muestra que la iglesia primitiva no consideró que las manos "apostólicas" eran necesarias.

Ambos agregados son evidencia clara a favor de la perspectiva de la iglesia primitiva, aun cuando no sean originales de Lucas; revelan una convicción persistente acerca del compuesto completo de la iniciación cristiana.

Una cuestión menor: las expresiones "bajaron al agua" y "subieron del agua" indican inmersión más que afusión; ¡está claro que la persona es llevada al agua y no el agua a la persona! Sería algo incongruente sumergir la mitad inferior a fin de rociar la mitad superior (si bien hay muchas obras artísticas cristianas que retratan esta combinación bastante ridícula, ¡tal vez como reflejo de una etapa de transición entre ambas modalidades!)

Hay quienes han planteado la objeción topográfica de que la franja de Gaza es un desierto y no podría contener una extensión de agua adecuada para la inmersión total. Aparte de ser un agravio a la precisión histórica o geográfica de Lucas, esta crítica puede ser enfrentada de dos maneras. Primero, hay un "uadi" que aparece mencionado en la Biblia como el "río de Egipto", que se inunda de vez en cuando luego de infrecuentes chaparrones "relámpago" en las colinas; esto podría explicar el tono de sorpresa del eunuco cuando lo vio. Otra posibilidad es que el encuentro haya ocurrido mucho más atrás en el "Camino del Desierto", que recorría el tramo entre Jerusalén y Gaza.

Este funcionario del palacio de Sudán (la "Etiopía" bíblica), parece haber sido el primer "gentil" en ser bautizado. ¿Por qué no se lo menciona cuando Pedro fue cuestionado por bautizar a Cornelio? Podría ser simplemente que el eunuco hubiera sido considerado judío por religión, si no por nacimiento. Encajaría por completo con el enfoque general de Lucas si la razón principal para registrar este incidente es demostrar la instigación del Espíritu a extender el evangelio a los confines de la tierra; en este caso, al continente de África.

18. EL CENTURIÓN ROMANO
(Hechos 10:44-48; 11:11-18; 15:7-11)

Mientras Pedro estaba todavía hablando, el Espíritu Santo descendió sobre todos los que escuchaban el mensaje. Los defensores de la circuncisión que habían llegado con Pedro se quedaron asombrados de que el don del Espíritu Santo se hubiera derramado también sobre los gentiles, pues los oían hablar en lenguas y alabar a Dios. Entonces Pedro respondió: —¿Acaso puede alguien negar el agua para que sean bautizados estos que han recibido el Espíritu Santo lo mismo que nosotros? Y mandó que fueran bautizados en el nombre de Jesucristo. Entonces le pidieron que se quedara con ellos algunos días.

"En aquel momento se presentaron en la casa donde yo estaba tres hombres que desde Cesarea habían sido enviados a verme. El Espíritu me dijo que fuera con ellos sin dudar. También fueron conmigo estos seis hermanos, y entramos en la casa de aquel hombre. Él nos contó cómo en su casa se le había aparecido un ángel que le dijo: 'Manda a alguien a Jope para hacer venir a Simón, apodado Pedro. Él te traerá un mensaje mediante el cual serán salvos tú y toda tu familia'. Cuando comencé a hablarles, el Espíritu Santo descendió sobre ellos tal como al principio descendió sobre nosotros. Entonces recordé lo que había dicho el Señor: 'Juan bautizó con agua, pero ustedes serán bautizados con el Espíritu Santo'. Por tanto, si Dios les ha dado a ellos el mismo don que a nosotros al creer en el Señor Jesucristo, ¿quién soy yo para pretender estorbar a Dios?". Al oír esto, se apaciguaron y alabaron a Dios diciendo: —¡Así que también a los gentiles les ha concedido Dios el arrepentimiento para vida!

Después de una larga discusión, Pedro tomó la palabra: —Hermanos, ustedes saben que desde un principio

> Dios me escogió de entre ustedes para que por mi boca los gentiles oyeran el mensaje del evangelio y creyeran. Dios, que conoce el corazón humano, mostró que los aceptaba dándoles el Espíritu Santo, lo mismo que a nosotros. Sin hacer distinción alguna entre nosotros y ellos, purificó sus corazones por la fe. Entonces, ¿por qué tratan ahora de provocar a Dios poniendo sobre el cuello de esos discípulos un yugo que ni nosotros ni nuestros antepasados hemos podido soportar? ¡No puede ser! Más bien, como ellos, creemos que somos salvos por la gracia de nuestro Señor Jesús.

Los acontecimientos en Cesarea suelen denominarse "el Pentecostés gentil". Quienes usan esta expresión suponen que éste fue solo el *tercero* de estos derramamientos "iniciales" del Espíritu Santo en la iglesia primitiva (Hch 4:31 tendría el carácter de una "recarga"). Las circunstancias muy especiales que rodean la situación son tomadas para descartar toda pertinencia de esos sucesos para una doctrina de iniciación normal hoy.

Es innegable que hubo algunas características inusuales, si no únicas. Los hechos que juntaron a Pedro y Cornelio difícilmente pueden ser considerados como cotidianos, ¡ya que involucraron ángeles, visiones y un trance! El meollo de esta matriz sobrenatural fue la liberación de Pedro de sus prejuicios raciales y religiosos contra los gentiles y su entendimiento de las implicaciones de su propia predicación en Pentecostés: ¡que "los que están lejos" significaba justamente eso!

Pero podemos exagerar el ángulo gentil. Si bien fue el primer encuentro de este tipo para Pedro, en realidad Felipe le había ganado de mano (ver el capítulo anterior). Y debe notarse que este romano, como el etíope, ya se encontraba en el círculo exterior de los adherentes al judaísmo, que eran llamados "temerosos de Dios" (Hch 10:2). No deja de ser significativo que Pedro, que habría de ser el apóstol a los judíos (Gá 2:7), fuera guiado por Dios a esta situación gentil, así como Pablo, el apóstol a los gentiles, sería guiado a situaciones judías; las esferas de trabajo misionero nunca fueron exclusivas.

Sin embargo, nuestra preocupación mayor es analizar la experiencia de iniciación de Cornelio (y de su casa; ver el próximo capítulo), cuyo aspecto más inusual fue el derramamiento repentino e inesperado del Espíritu sobre todos ellos a la vez, *antes* que hubieran profesado su fe y hubieran sido bautizados, y aun antes que Pedro concluyera su predicación. La única mención de Pedro del Espíritu Santo había sido en conexión con el propio ministerio de Jesús (10:38) y la única oferta del evangelio fue el perdón de pecados. Ciertamente no había llegado a la "apelación" ni les había dicho qué hacer en respuesta a su mensaje.

Parece válido suponer que la actitud "temerosa de Dios" de ellos ya incluía el arrepentimiento ("actúan con justicia" en 10:35 puede considerarse que se refiere a "frutos que demuestren arrepentimiento"). Dios, que mira dentro del corazón, obviamente había discernido su fe en el mensaje del predicador, y Pedro llegó a la misma conclusión (ver Hch 15:7-9). Pero ésta es la única instancia registrada en que el Espíritu fue recibido antes del bautismo en agua. En los patrones de iniciación "normal", la parte de Dios en los procedimientos ocurría una vez finalizada la parte del hombre. Con razón Pedro y sus compañeros estaban tan atónitos, ¡si bien es probable que su sorpresa se debiera más a los sujetos que a la secuencia! Hasta ese momento, ni siquiera habían imaginado que los gentiles estuvieran en condiciones de heredar la "promesa" hecha a sus antepasados, y mucho menos que llegaran a heredarla en la práctica.

La pregunta exegética que suele hacerse acerca de Cornelio es la misma que se hace acerca de los samaritanos: ¿Por qué Dios se apartó de su cronograma y procedimientos habituales? En Samaria, el Espíritu fue dado más tarde de lo habitual, y podemos postular una explicación racional de por qué ocurrió (ver capítulo 16). En Cesarea, el Espíritu fue dado antes de lo habitual, pero esta vez no hay indicios claros de la razón en el texto mismo.

El prejuicio profundamente arraigado de Pedro contra los gentiles solo podía ser corregido por etapas. Fue un paso significativo para él entrar en un hogar gentil, y mucho más compartir el evangelio en ese lugar. Por lo tanto, es muy improbable que aun una profesión de arrepentimiento y fe hubiera persuadido a Pedro de que los gentiles eran elegibles para el bautismo cristiano. El Señor mismo tuvo que quitar esta reticencia final, actuando de manera unilateral y dando a Pedro una prueba convincente de que él había aceptado a los gentiles como miembros plenos de su cuerpo lleno del Espíritu en la tierra. Si el Señor no hubiera tomado la iniciativa, los bautismos jamás habrían ocurrido. Sin embargo, Pedro merece el crédito por aceptar los hechos de inmediato y por desafiar a todo el que se atreviera a cuestionar su finalización de la iniciación de los gentiles como hermanos en Cristo.

Hay tres cosas llamativas con relación a los bautismos. Primero, Pedro no realizó el rito él mismo, sino que dejó que lo hicieran sus colegas (como Jesús antes de él y Pablo después de él, Jn 4:2; 1Co 1:14), probablemente para evitar comparaciones odiosas entre los bautizados acerca del bautizador. Segundo, todos los bautismos fueron actos voluntarios de "adultos" responsables. Dado que solo quienes habían "recibido el Espíritu" fueron bautizados en agua, y solo quienes habían "oído el mensaje" recibieron el Espíritu, es obvio que no había bebés involucrados (ver el próximo capítulo para un análisis más detallado de las "casas" en conexión con este tema). Tercero, y lo más importante, la recepción del Espíritu no convirtió al bautismo en agua en algo superfluo; lo hizo mucho más necesario. Cuando se mezclan erróneamente ambos bautismos, la "realidad interior" del bautismo del Espíritu devalúa el "rito exterior" del bautismo en agua. Los dos bautismos nunca se identifican de manera tan estrecha en el Nuevo Testamento de modo que uno "comunique" el otro. Si bien a menudo ocurren con mucha cercanía, no hay ningún caso registrado de que hayan sucedido al mismo tiempo.

No se ha dicho nada hasta ahora de la experiencia de recepción del Espíritu por los gentiles; de su contenido, aparte de la secuencia temporal. ¿Fue tan insólito, aun anormal, y por lo tanto de interés puramente histórico (como dan a entender muchos comentaristas)? ¿O fue este aspecto del todo "normal" y, por lo tanto, "normativo", para los cristianos de hoy?

¿Cómo supo Pedro que el Espíritu Santo había sido "derramado" sobre estos gentiles? La evidencia fue audible y consistió en un desborde espontáneo de palabras inspiradas. Se mencionan dos formas: los oían "hablar en lenguas" (otros idiomas, no un balbuceo) y "alabar a Dios" (supuestamente en su propio idioma). La palabra "y" nos impide combinarlas en la frase "alababan a Dios en lenguas" y desalienta la suposición de que todos hicieron ambas cosas; el sentido natural es que algunos hicieron una cosa y algunos hicieron la otra. Si esto es así, entonces sería ir más allá de la evidencia del Nuevo Testamento insistir en que las "lenguas" son la única e indispensable señal de haber recibido el bautismo en el Espíritu.

La combinación de lenguas y alabanza evoca claramente el día de Pentecostés (Hch 2:11). Y, dado que ésta es la primera mención de las "lenguas" desde ese suceso (pero teniendo en cuenta, como hacen muchos eruditos, que puede haber ocurrido en Samaria), se ha supuesto de manera general, y aun aseverado de manera dogmática, que este fenómeno "infrecuente" fue una señal extraordinaria para marcar la aceptación de los gentiles. Esta interpretación, y su aplicación doctrinal, deben ser cuestionadas de plano a la luz de los propios comentarios de Pedro sobre el suceso.

Tanto en el momento como durante los debates subsiguientes, ¡Pedro hizo grandes esfuerzos por enfatizar que solo había actuado de la manera que lo hizo porque la experiencia de estos gentiles había sido idéntica a la de todos los demás creyentes! Las manifestaciones externas habían sido perfectamente normales, y no singularmente especiales. Cuando señaló este punto vital, Pedro silenció por completo a sus críticos.

El primer grupo que tuvo que convencer fue los "creyentes de Jope" que habían venido a Cesarea con él. Pedro los persuadió a hacer los bautismos precisamente porque "han recibido el Espíritu Santo lo mismo que nosotros". La interpretación más natural de la palabra "nosotros" que usa es que Pedro estaba apelando a la experiencia de sus compañeros de viaje. Pero no hay ningún indicio de que ellos hubieran estado entre los ciento veinte de Pentecostés; por razones tanto geográficas como estadísticas, es probable que no hayan estado presentes. El texto nos permite decir que estos creyentes de Jope habían recibido el Espíritu exactamente de la misma forma que la casa de Cornelio.

Podemos seguir esta línea de investigación en la siguiente discusión que tuvo Pedro, después que volvió a Jerusalén (Hch 11:1-18). Esta vez enfrentó a los "defensores de la circuncisión" (es decir, judíos), que eran varios miles a esta altura, de los cuales la vasta mayoría no formaba parte del grupo original en Pentecostés. Irónicamente, ¡parecían estar más preocupados porque Pedro había comido con los gentiles que por haberlos bautizado! Pedro repite el mismo argumento: "el Espíritu Santo descendió sobre ellos tal como al principio descendió sobre nosotros". De nuevo, el sentido llano de sus palabras es una apelación a la experiencia de sus oyentes, invitándolos a identificarse con lo que había ocurrido. La iniciación de Cornelio había sido normal, y no excepcional.

Esta opinión podría ser cuestionada si se llama la atención a la frase adicional que usó Pedro en esta ocasión: "al principio". A primera vista, parece ser una referencia retrospectiva al Pentecostés original y, por lo tanto, limita la comparación a la minoría que había estado allí: en consecuencia, "nosotros" se convierte casi en un plural mayestático, como el que usan los reyes, y se refiere a un grupo de élite en Jerusalén. Pero esta impresión puede ser el resultado de nuestras traducciones, que en general han agregado el artículo definido "el" a la frase "en el principio", aunque no se encuentra en el original griego. Esto tiene el efecto equívoco de convertir una referencia general en una referencia específica. Sin el artículo, la palabra "principio" (griego, *arche*) se usa para la iniciación cristiana de manera general, el principio del discipulado (ej: 1Jn 2:24), en tanto que con el artículo se usa para un suceso histórico definido (ej: Hch 26:4). Si se traducen literalmente las palabras de

Pedro, deberían decir: "como descendió sobre nosotros a principio" o, en un español mejor, "como descendió sobre nosotros cuando comenzamos". Ésta sería entonces una referencia general para todos los oyentes de Pedro, en vez de una referencia particular para los pocos privilegiados que habían estado presentes en "el" principio (es decir, Pentecostés). Este enfoque encuentra confirmación en el comentario ampliado que finaliza la defensa de Pedro: "si Dios les ha dado a ellos el mismo don que a nosotros al creer en el Señor Jesucristo . . ." (el tiempo aoristo significa "habiendo creído"). Es una elección incoherente de palabras si Pedro se estaba refiriendo solo a los ciento veinte del día de Pentecostés mismo; se trata de una descripción que se aplica a toda la iglesia. Podemos encontrar evidencia adicional en la cita que hace Pedro de la propia promesa de Jesús justo antes de su ascensión: "Juan bautizó con agua, pero ustedes serán bautizados con el Espíritu Santo" (Hch 1:5; 11:16); la cita es exacta en la palabras usadas, salvo la omisión significativa "dentro de pocos días", cuya inclusión habría limitado esta promesa al día de Pentecostés.

Vuelve a aparecer exactamente el mismo punto en el concilio de Jerusalén. ¡Pedro no tenía problemas en repetirse cuando descubría una respuesta irrefutable! "Dios . . . mostró que los aceptaba dándoles el Espíritu Santo, lo mismo que a nosotros" (15:8). Hay alguna ambigüedad en cuanto a si Pedro estaba dirigiéndose a "los apóstoles y los ancianos" o a "toda la asamblea" en este punto, pero no hizo ninguna referencia directa al día de Pentecostés y ninguna distinción entre los que estuvieron presentes y ausentes ese día. Todo el impacto del discurso fue que la experiencia de Cornelio fue idéntica a la de todo el público de Pedro.

Esta apelación salió airosa y silenció a los críticos de Pablo y de Pedro, al punto que algunos estallaron en alabanza (11:18). ¿Habría sido tan unánime la respuesta si Pedro hubiera estado argumentando que los gentiles habían experimentado una manifestación muy especial que no había sido dada a la mayoría de los creyentes de Jerusalén o de Jope? Eso hubiera puesto a los creyentes gentiles por encima de los creyentes judíos, ¡una afirmación con más posibilidades de generar controversias y celos que satisfacción y alegría! No, la fortaleza del argumento de Pedro estaba en el hecho que Dios no había hecho "distinción alguna entre nosotros y ellos" (15:9). No hay ninguna justificación para interpretar la palabra "nosotros" como "algunos de nosotros", o "los que tuvimos el privilegio de experimentar el primer derramamiento en Pentecostés".

En conclusión, el único aspecto anormal de la recepción gentil del Espíritu fue la cronología, al ocurrir antes del bautismo en agua. En todo los demás aspectos fue normal más que especial, un ejemplo más que una excepción. Si bien Lucas ha incluido este suceso principalmente por su significado étnico, esto no lo vacía de toda pertinencia evangelística. Lucas y Pedro compartían la misma opinión de lo que se necesitaba para entrar en el reino de Dios en la tierra.

19. LAS CASAS ENTERAS
(Hechos 11:14; 16:15, 31; 18:8)

Él te traerá un mensaje mediante el cual serán salvos tú y toda tu familia.

Cuando fue bautizada con su familia, nos hizo la siguiente invitación: "Si ustedes me consideran creyente en el Señor, vengan a hospedarse en mi casa". Y nos persuadió.

—Cree en el Señor Jesús; así tú y tu familia serán salvos —le contestaron.

Crispo, el jefe de la sinagoga, creyó en el Señor con toda su familia. También creyeron y fueron bautizados muchos de los corintios que oyeron a Pablo.

Estoy considerando todos estos pasajes en conjunto (1Co 1:16 podría incluirse también) a la luz de la tesis básica de que la iniciación cristiana es un proceso de cuatro partes (arrepentirse, creer, ser bautizado y recibir). Surge de manera natural la pregunta de si el orden en que ocurre el proceso es significativo o si la secuencia tiene poca o ninguna importancia, siempre que los elementos estén todos presentes al final.

Por ejemplo, está claro que el Espíritu puede ser recibido antes del bautismo en agua, si bien hay un solo caso de este tipo registrado en el Nuevo Testamento (Hch 10:47).

Sin embargo, la cuestión principal es si el bautismo en agua puede ocurrir antes que cada uno de los otros tres componentes. Se acepta de buen grado que tanto el arrepentimiento como la fe son características continuas de la vida cristiana y seguirán desarrollándose después del suceso único del bautismo en agua. Pero ¿puede el bautismo en agua ser válido y eficaz si es administrado antes que el arrepentimiento o la fe hayan comenzado en la persona bautizada? La importancia de esta pregunta yace en la práctica generalizada del bautismo de "infantes", por lo general bebés que tienen apenas semanas de vida y son incapaces por completo de un arrepentimiento o una fe conscientes.

Los defensores del bautismo de bebés aducen a menudo que cuentan con apoyo bíblico para su posición, y apelan a los bautismos de "casas" registrados durante los ministerios de Pedro y de Pablo, asociados con los nombres de Cornelio, Lidia, el carcelero de Filipos, Crispo y Estéfanas. Hay dos tipos de argumentos que se basan en estos incidentes. En el nivel práctico, se sostiene que estas casas tienen que haber incluido bebés, que a su vez tienen que haber sido incluidos en los bautismos. (Una forma menos dogmática sería decir que los bebés no estaban excluidos forzosamente.) En el nivel teológico, se sostiene que el bautismo de familias enteras confirma la continuidad del concepto de pacto del Antiguo Testamento, que incluía tanto a la descendencia de un hombre como a él mismo, como, por ejemplo, en el pacto que Dios hizo con Abraham. Por lo tanto, los bebés pueden ser bautizados como una señal de que pertenecen a este pacto de gracia en virtud de su linaje físico, y su bautismo es el equivalente en el Nuevo Testamento de la circuncisión en el Antiguo.

Hay mucho que desenmarañar en todo esto, y una parte será tratada más adelante (Apéndice 1). Técnicamente, solo pueden *extraerse* implicaciones prácticas de la lectura de los textos que están ante nosotros; los supuestos teológicos solo pueden *introducirse* en ellos. Pero consideraremos ambos aspectos: el práctico, de textos específicos, y el teológico, de verdades generales.

La palabra "casa" misma es un buen lugar para comenzar. Su aplicación moderna a la familia "nuclear" (padres más hijos) es muy engañosa. El significado bíblico era aún más amplio que el concepto de familia "extendida", si bien ciertamente podría incluir a los padres y abuelos ancianos (1Ti 5:4). El uso normal del término incluía a todos los sirvientes, esclavos y empleados asociados de manera directa con una familia, que podían ser muchos más que los familiares físicos. Esta era la situación de Abraham cuando circuncidó primero a su hijo y luego a todos los integrantes varones de su "casa" (Gn 17:23-27), ¡que llegaron a ser en su momento trescientos dieciocho! Esta distinción puede trazarse a lo largo de toda la historia bíblica y hasta la historia de la iglesia primitiva (uno de los primeros Padres de la iglesia menciona a "la esposa de un obispo, la casa de ella y los hijos de ella"; ¡note el orden!). No existe ningún equivalente real en nuestra sociedad occidental igualitaria, donde el concepto de "servidumbre" ha pasado de moda. ¡Tal vez la palabra "personal" es lo que más se aproxime al concepto hoy!

Todo esto difícilmente pruebe que los bebés no estaban incluidos en el concepto de "casa" en el Nuevo Testamento, pero sí demuestra que incluía mucho más que la "familia", los descendientes físicos de un hombre (cf. Jn 4:53). De hecho, podría usarse donde no había ninguna familia; una persona soltera igual podría tener una "casa" de esclavos, la situación potencial de cualquiera de los ejemplos del Nuevo Testamento que estamos considerando, dado que en ningún caso se menciona el estado civil de la cabeza de la "casa". Por lo tanto, ¡estos textos prueban demasiado para los que apoyan el bautismo de bebés! Si se sostiene que una "cabeza" automáticamente lleva a toda su "casa" con él al pacto de gracia, entonces debe aplicarse para sus padres y abuelos, sus siervos domésticos y los empleados del negocio familiar. Podría ser salvación por gracia, ¡pero es una salvación sin fe! No sirve decir que los bebés estarían eximidos de la fe mientras que los adultos no, ya que no encontramos este tipo de distinción en los relatos. La promesa de que "tú y tu familia serán salvos" ("casa", RVR60, Hch 16:31) requiere de la fe, ya sea de la cabeza de la casa solo (es decir, el carcelero) o la fe de cada miembro de la casa. La gramática podría tener una u otra implicación, ¡pero de ninguna forma puede significar la fe de todos los adultos pero de ninguno de los hijos!

En realidad, el contexto confirma que la declaración de Pablo debe ser interpretada como una invitación ampliada a toda la casa: "Cree . . . y serán salvos". La pregunta del carcelero ha revelado una preocupación exclusiva por su propio futuro, pero Pablo aprovecha la oportunidad para incluir a su personal atemorizado, dándoles la oportunidad de tener una parte en su salvación, si compartían la fe de su cabeza. Que ésta es la comprensión correcta queda claro a partir del relato cuidadoso de Lucas de la respuesta de ellos. ¡El evangelio fue predicado no solo al carcelero sino a *todos* los demás integrantes de su casa; *todos* fueron bautizados, y *todos* se alegraron porque *todos* habían creído!

Puede decirse lo mismo con relación a las demás situaciones. "Toda" la casa de Cornelio oyó el mensaje, recibió el Espíritu, habló en lenguas y profetizó. El grupo se describe como "los parientes y amigos íntimos" (Hch 10:24). Todos habían sido personas devotas y temerosas de Dios, y todos estaban esperando un mensaje que los llevara a la salvación de "toda" la casa. "Toda la familia" de Crispo se convirtió primero en creyentes y luego fueron bautizados (Hch 18:8). Toda la familia de Estéfanas se "dedicaba" a servir a los creyentes (1Co 16:15; los primeros convertidos de Acaya). Independientemente de cualquier otra cosa que se diga, todas estas casas estaban constituidas *enteramente* por personas capaces de tener una respuesta activa al evangelio (Yo mismo he participado en "bautismos hogareños" como estos, donde todos "bajo un mismo techo" se han arrepentido y creído más o menos al mismo tiempo, aunque hoy es obvio que hay menos personas involucradas).

Si bien el argumento a favor de excluir a los bebés pasivos de los bautismos de casas en el Nuevo Testamento no es "impermeable" (!¡), la carga de la prueba parecería recaer sobre quienes los incluyen (y, por implicación, desean excluir a los miembros adultos de la "casa" que podrían haber creído pero no lo hicieron). Hasta ahora solo hemos considerado el material textual, pero la cuestión más profunda del trasfondo teológico de estos textos debe ser considerada también, dado que ésta es la verdadera razón por la que son interpretados de esta forma.

Hay algunas objeciones de peso a la práctica de bautizar bebés antes que se hayan arrepentido o creído. La más obvia es la dificultad de aplicar el significado y la importancia del bautismo en el Nuevo Testamento (ver capítulo 4) a un receptor pasivo incapaz de dar una respuesta. Se pierde por completo el concepto de llevar el arrepentimiento y la fe a su plena expresión y eficacia en el acto del bautismo. La terminología instrumental, que considera que un acto efectúa lo que representa —una verdadera sepultura y resurrección con Cristo— da lugar a una de dos distorsiones. Con algunos, asume el control una perspectiva sacramental extrema, que considera que el agua y las palabras serán suficientes para llevar salvación al bebé (un punto de vista que se denomina de manera apropiada "regeneración bautismal"). Con otros, prevalece una perspectiva simbólica extrema: el bautismo en sí hace poco o nada, pero es una "señal" que apunta hacia atrás, a algo que ya ha ocurrido (la entrada en el pacto mediante el nacimiento físico) o hacia adelante, a algo que se espera que ocurrirá después (la entrada en el reino mediante el nacimiento espiritual). ¡Una de estas perspectivas otorga demasiada importancia al rito; la otra, demasiado poca! Ambas consideran al bautismo como incompleto, que requiere el agregado de alguna forma de "confirmación" cuando se alcanzan los años de la responsabilidad. Unos pocos dirían que el bautismo en agua debe ser completado más adelante con el bautismo en el Espíritu (si bien la teología católica identifica a los dos y cree que el Espíritu es recibido por el bebé en el bautismo).

La posición paidobautista más consistente es la que se apoya en el concepto del pacto. Basada por lo general en la premisa de que hay un solo "pacto de gracia" en toda la Biblia, el cual fue revelado en varias etapas y modos, se argumenta que los tratos de Dios con las personas son más colectivos que individuales, y que su gracia es heredada físicamente, además de ser impartida espiritualmente. Él hace su pacto con un "pueblo" más que con personas. La familia es la unidad de salvación, y una persona nace en la "posición" espiritual de los padres. Por lo tanto, los bautismos de "casas" son totalmente consistentes con los caminos de Dios cuando se los entiende como bautismos de "familias".

La suposición básica detrás de este pensamiento, que hay un único "pacto de gracia" que atraviesa toda la Biblia, debe ser cuestionada. La frase misma no ocurre nunca. Tampoco el concepto. La Biblia habla de diferentes pactos (plural), y distingue entre ellos de acuerdo con sus receptores, promesas y condiciones. Aun en el Antiguo Testamento hay pactos muy diferentes, hechos con Noé (el primero que se menciona), Abraham, Moisés y David. Los tres últimos están muy interrelacionados, y cada uno de ellos involucraba a descendientes o familiares físicos, así que el aspecto "colectivo" del pacto sin duda es pertinente para la relación de Dios con Israel.

Pero el Nuevo Testamento habla de un "nuevo" pacto, predicho en el Antiguo Testamento por Jeremías, quien dijo que éste no sería como el pacto hecho con Moisés (Jer 31:32). Volvería obsoleto el pacto antiguo (Heb 8:13). Debemos examinar los aspectos en que este nuevo pacto sería diferente del antiguo.

Un contraste importante es que sería realizado con cada persona de manera individual y no con un pueblo de manera colectiva. Esto había sido anticipado por los profetas (Jer 31:29-30, 34; Ez 18:2; Jl 2:32) pero aparece muy claramente en las predicaciones de Juan el Bautista y de Jesús, quienes se esforzaron por decir que el linaje se había vuelto irrelevante (Jn 3:9; 8:39). La carne solo puede producir carne; se requiere ahora un segundo nacimiento del Espíritu (Jn 3:5-6). Por lo tanto, hay un nuevo énfasis en la responsabilidad personal (¡que implica la capacidad de responder!). La terminología del nuevo pacto es intensamente personal: "todos", "cada uno" y "todo aquel". El énfasis está en la necesidad de que cada individuo dé su propia respuesta a Dios ("si alguno" en Lc 14:26-27; "todo el que..." en Jn 3:16; "cada uno de ustedes" en Hch 2:38). El juicio venidero será a título individual (Ro 2:6), al igual que la redención de la ira venidera.

¡No puede haber dos formas de ingresar en el reino, donde algunos entran porque nacieron de la carne y otros porque nacieron del Espíritu! El bautismo pertenece a la segunda forma, no a la primera.

Un corolario de esto es que la familia ya no es la unidad de la actividad salvadora de Dios. En efecto, el Nuevo Testamento indica que una "casa" y aun la familia misma pueden estar divididas por el evangelio. Jesús dijo que no vino para traer paz, sino una espada que dividiría al padre del hijo, al hermano de la hermana. Por ejemplo, una familia de cinco personas podría dividirse en dos contra tres (Lc 12:51-53). La única relación íntima que Jesús no imaginaba que podría romperse era la de un esposo con su esposa en matrimonio "santo" (ver capítulo 22).

Concluimos que el "nuevo" pacto se establece sobre una base bastante diferente del pacto "antiguo", y que sus ritos de reconocimiento deben ser aplicados de otra manera. Pero ¿cuál es el pacto "antiguo"? Todas las referencias del Nuevo Testamento usan este adjetivo para el pacto hecho con Israel a través de Moisés, nunca para el que fue hecho con Abraham. Por cierto, en el Nuevo Testamento se dice que los creyentes gentiles son "descendencia de Abraham" (Ro 4:16), heredando las bendiciones que le fueron prometidas a él. Dado que el pacto hecho con Abraham fue heredado también por sus "descendientes", ¿no se aplica esto a los descendientes de cristianos hoy? ¿Acaso no es el bautismo de la "casa" el sustituto directo de la circuncisión abrahámica?

Es importante notar que el Nuevo Testamento nunca usa en realidad la palabra "pacto" cuando vincula a los creyentes cristianos con Abraham. Su vínculo con él es espiritual y no físico, de la fe y no de la carne. Ellos son su "descendencia" o "hijos" en cuanto se parecen a él al compartir su fe; él es el "padre" de muchas nacionalidades de creyentes (Ro 4:16-17). Los cristianos no han heredado todas las cosas prometidas a Abraham —por ejemplo, no han recibido la tierra de Canaán—, pero han recibido el Espíritu prometido (Gá 3:14). También tenemos que recordar que la circuncisión para Abraham vino *después* de su fe y solo podía ser un "sello" de su propia fe; no podía ser un "sello" de la fe de ninguno de sus descendientes (Ro 4:10-11). Él es el Padre de todos los que creen primero y son sellados después. El bautismo en agua jamás se denomina "sello"; esa expresión se reserva para el bautismo en el Espíritu en el Nuevo Testamento. Y el único pasaje del Nuevo Testamento donde aparecen juntos el bautismo en agua y la circuncisión en el mismo contexto es bastante claro en cuanto a que el rito físico de la circuncisión no está bajo consideración en absoluto (Col 2:9-12; ver capítulo 25).

El vínculo entre el pacto abrahámico y el "nuevo" pacto es el Señor Jesucristo mismo. El "antiguo" pacto finalizó con él. Su circuncisión a los ocho días fue el último requerido por Dios, ya que Jesús fue la "simiente" única que heredó la bendición de Abraham (Gá 3:16). El "nuevo" pacto comenzó con él. El bautismo de Jesús en agua a los treinta años y su sufrimiento y muerte a los treinta y tres eran ambos requisitos para inaugurar una nueva forma de heredar la bendición abrahámica (Lc 12:50; 22:20). Él no escogió ser circuncidado, pero sí ser bautizado. He ahí la clave. El contraste es entre la vida de la carne y la vida del Espíritu. La genealogía, tan vital para el pueblo de Dios bajo el "antiguo" pacto, alcanza su culminación y conclusión en el árbol genealógico de Jesús (Mt 1; Lc 3); a partir de ese punto, la herencia es irrelevante. El nuevo pacto forma un nuevo pueblo sobre un nuevo fundamento. Habiendo heredado la bendición de Abraham a través de su carne, Jesús ahora la dispensa a otros exclusivamente a través de la fe (cf. Hch 1:33 y 11:17 con Gá 3:2-14).

Después de esta importante digresión, podemos volver a los pasajes acerca de los bautismos de "casas" y afirmar con cierta confianza que ni la evidencia interna (textual) ni la evidencia externa (teológica) permite usarlas en apoyo de la práctica del bautismo de infantes. Aun permitiendo un margen de ambigüedad, debemos insistir en que el argumento a favor de esta práctica debe establecerse sin estos textos (¡si fuera posible!).

Permítame cerrar este capítulo con una cita de la *Apología de Arístides*. (Arístides fue un cristiano contemporáneo del emperador Adriano, (117-138 d.C.). La *Apología* revela la actitud de los "dueños de casa" cristianos en el período inmediatamente posterior a los escritos del Nuevo Testamento: "En cuanto a sus sirvientes o criadas, o sus hijos, si alguno de ellos los tiene, los persuaden para que sean cristianos por el amor que tienen hacia ellos; y cuando se han convertido en cristianos los llaman sin distinción 'hermanos'". Así que tanto los sirvientes como los hijos en una "casa" cristiana eran considerados como objetos de evangelización; y la clave de su conversión era el amor que recibían de los miembros cristianos de la casa.

20. LOS DISCÍPULOS EFESIOS
(Hechos 19:1-6)

Mientras Apolos estaba en Corinto, Pablo recorrió las regiones del interior y llegó a Éfeso. Allí encontró a algunos discípulos. —¿Recibieron ustedes el Espíritu Santo cuando creyeron? —les preguntó. —No, ni siquiera hemos oído hablar del Espíritu Santo —respondieron. — Entonces, ¿qué bautismo recibieron? —El bautismo de Juan. Pablo les explicó: —El bautismo de Juan no era más que un bautismo de arrepentimiento. Él le decía al pueblo que creyera en el que venía después de él, es decir, en Jesús. Al oír esto, fueron bautizados en el nombre del Señor Jesús. Cuando Pablo les impuso las manos, el Espíritu Santo vino sobre ellos, y empezaron a hablar en lenguas y a profetizar.

Este pasaje es el clásico caso del daño causado por la división no inspirada de la palabra de Dios en capítulos, ¡sin hablar de los versículos! La historia de la misión a Éfeso comienza en Hechos 18. Pablo no estaba arando en tierra virgen sino cosechando lo que otros habían sembrado: a saber, sus amigos Priscila y Aquila y especialmente el judío egipcio, Apolos. Sin duda no puede ser una coincidencia que tanto Apolos como los discípulos que Pablo había descubierto "conocían solo el bautismo de Juan" (18:25; cf. 19:3).

Si, como parece muy probable, el grupo con el que se encontró Pablo debía su conocimiento espiritual a Apolos, ayudaría mucho a explicar por qué Lucas los llamó "discípulos" sin ninguna calificación y por qué Pablo supuso que eran "creyentes". Porque Apolos sabía lo suficiente acerca de Jesús como para poder demostrar a partir de las escrituras judías (es decir, el Antiguo Testamento) que él era el Mesías (griego, *christos*) esperado, al parecer haciendo corresponder las predicciones proféticas con lo que él conocía de la vida, muerte y resurrección de Jesús (de manera muy similar a lo que Jesús mismo había hecho camino a Emaús, Lc 24:25-27).

Esta conexión explicaría también el cuestionamiento cauteloso, hasta suspicaz, de Pablo de la experiencia espiritual de ellos. Porque el ministerio de Apolos había sido deficiente. Su enseñanza acerca de Jesús era precisa, hasta donde había llegado, pero no era adecuada para promover una plena experiencia cristiana. Parece haber desconocido el hecho de que el bautismo ahora se administraba por mandato del Jesús resucitado y comunicaba un significado mayor "a" su nombre; y casi con seguridad desconocía el derramamiento subsiguiente del Espíritu Santo por el Jesús ascendido. Sin estas perspectivas, la "fe" sería vista por Apolos como una aceptación en esencia mental de verdades evidentes (creer *que* Jesús era el Cristo) en vez de una relación existencial (creer *en* Jesús como Salvador y Señor personal), inaugurada por el bautismo en agua y en el Espíritu.

Priscila y Aquila, que ya habían sido colegas de Pablo, reconocieron estas deficiencias de Apolos. ¡En vez de almorzar "pastor asado", tuvieron la sabiduría de llevar a almorzar al pastor! De manera privada e informal, lo esclarecieron con relación al evangelio pleno. También parecen haberle presentado otro grupo de "hermanos" (no los que él había estado enseñando), quienes lo alentaron a predicar su entendimiento más profundo en otro lugar, en Acaya.

Da la impresión, entonces, que Apolos estaba relacionado con dos grupos en Éfeso. El primero, vinculado con la sinagoga, consistía de aquellos judíos que habían aceptado su argumento de que Jesús era el Mesías prometido en sus escrituras. El segundo, que le presentaron Aquila y Priscila, era un grupo de cristianos que tal vez se reunían en sus casas. Los dos grupos no parecen haber tenido una relación directa, y la pareja que corrigió a Apolos no parece haber extendido su preocupación hacia las personas que él había estado enseñando.

Sin embargo, como los contactos iniciales de Pablo en una ciudad eran por lo general a través de la sinagoga, sería el primer grupo el que encontraría. Su conversación con ellos, tema de tanta discusión y aun controversia, se explica por completo ante el trasfondo anterior. Las respuestas a su "interrogatorio" reflejan con precisión la fase anterior de la predicación de Apolos. Obviamente ellos no habían tenido el beneficio de una charla con Priscila y Aquila.

Lucas no titubea en describirlos como "discípulos", el título más habitual para los cristianos en el libro de Hechos. Esta palabra se usa para un creyente (9:10, 36), para algunos creyentes (9:19, 25) y para todos los creyentes (6:1, 7). Si hubieran sido meros "discípulos de Juan", sin duda Lucas lo habría dicho, en su afán por la precisión (cf. Lc 1:3). La expresión indefinida "algunos discípulos" no es significativa aquí (cf. 9:10, 36). Los aceptaba como "discípulos" porque ya estaban en "el Camino" (note con cuánta frecuencia se usa esta "denominación" para el cristianismo en los hechos de Éfeso: 18:25, 26; 19:9, 23). Sin embargo, la pregunta clave es cuánto habían avanzado a lo largo del "Camino"; Pablo quería una respuesta a esto antes de ministrarles.

Para entender el pasaje bien el punto de partida correcto no es el estado o posición espiritual de los "discípulos" sino la perspectiva mental del apóstol. Este pasaje contiene indicios más claros de la teología de iniciación de Pablo que ninguna de sus epístolas, más que nada porque éstas fueron escritas a personas que ya habían sido plenamente iniciadas, y contienen solo algunas referencias ocasionales a sus comienzos, mientras que aquí en Hechos él está aconsejando a los principiantes mismos. Somos testigos del apóstol involucrado de manera directa en la evangelización. Un análisis minucioso de su conversación y conducta en esta oportunidad arroja perspectivas valiosas y principios estimulantes.

La primera pregunta de Pablo a estos "discípulos" requiere ser desmenuzada con cuidado; uno puede querer leer más o menos de lo que realmente dice. Él no está cuestionando su doctrina, sino su experiencia, pero lo está haciendo basado en la teología que tiene.

A partir de las palabras usadas en la pregunta, podemos entender que encontró que su condición espiritual distaba de ser satisfactoria. Debemos tomar las palabras de Pablo al pie de la letra como un resumen genuino de sus primeras impresiones, aun cuando su investigación posterior lo llevaría a modificar su opinión inicial. En resumen, al principio estaba seguro de que habían "creído" en Jesús, pero para nada seguro de que habían "recibido" el Espíritu (solo más tarde tuvo dudas acerca de su fe también).

¿Qué había producido esta doble impresión? Tiene que haber habido algunas señales de que habían "creído". Como alumnos de Apolos, conocerían la interpretación "cristiana" de las escrituras del Antiguo Testamento y podrían hablar libremente acerca de que Jesús era "el Cristo", todo lo cual daría a Pablo la impresión de que habían escuchado y recibido el evangelio. Pero algunas otras señales deben haber estado ausentes, señales de que habían "recibido". Es probable que no hubiera ninguna manifestación de los dones del Espíritu. Para usar otra de las expresiones de Pablo, no parecían "estar teniendo el Espíritu" (Ro 8:9; ver capítulo 21). Esta deficiencia podría deberse a una de dos causas: o ya habían "recibido", pero después habían "apagado" o "resistido" su influencia, o nunca habían "recibido" realmente el Espíritu. La pregunta de Pablo está diseñada con mucho cuidado para descubrir cuál es la verdadera razón, y por lo tanto cuál ministerio sería el apropiado para resolver la situación.

Las palabras usadas son muy significativas. Traducida literalmente, la pregunta de Pablo dice: "Habiendo creído, ¿recibieron Espíritu Santo?". El verbo "creer" está en el tiempo aoristo, y se refiere a ese único paso de fe que inicia la vida de fe para el creyente (el mismo tiempo verbal se usa en conjunción con el verbo "recibir" en Jn 7:39 y Hch 11:17, y ambos contextos son casi idénticos al actual). Ha habido mucha discusión acerca de si la traducción en inglés (o español) debería decir "*cuando* creyeron" (favorecido por quienes creen que "creer" y "recibir" son sinónimos y, por lo tanto, simultáneos) o "*desde que* creyeron" (favorecido por quienes enseñan una "segunda bendición" en una segunda etapa, que debe ser posterior). En realidad, ¡ambas traducciones son perfectamente válidas! Lo que Pablo está diciendo en realidad es: "Habiendo creído

LOS DISCÍPULOS EFESIOS

en Jesús, ¿recibieron ustedes, ya sea en ese momento o después, el Espíritu Santo?" (¡en Hch 10:44 fue simultáneo; en Hch 8:17 fue subsiguiente!) No está en lo más mínimo preocupado por cuándo "recibieron", sino muy preocupado por saber si han recibido. Al preguntar si ambos sucesos habían ocurrido, hay una conclusión que surge con total claridad: *para Pablo, creer en Jesús y recibir el Espíritu Santo no eran la misma cosa.* Era perfectamente posible, de acuerdo con su forma de pensar, que hubiera ocurrido el uno sin el otro, como en el caso de los conversos samaritanos y su propia experiencia durante tres días en Damasco. Este estado puede ser "subnormal", pero no es "anormal".

Otro detalle que hay que resaltar es que Pablo esperaba que los discípulos supieran si habían "recibido" o no. No estaban en condiciones de deducir este "conocimiento" de las escrituras del Nuevo Testamento, como intentan hacer muchos hoy, ¡porque aún no habían sido escritas! Solo podían contestar en términos de una experiencia que era tan definida que era imposible tener dudas acerca de su existencia. Una confirmación adicional de que Pablo está apelando a su experiencia es la falta del artículo definido: "¿Recibieron ustedes Espíritu Santo…?" Esto por lo general tiene el efecto de resaltar el poder subjetivo por encima de la persona objetiva, y es una omisión característica cuando el Espíritu es visto como parte de la experiencia humana (ver Apéndice 2).

La respuesta de los discípulos a la primera pregunta de Pablo debe ser manejada también con cuidado. Una lectura superficial (como en demasiadas traducciones) lo toma coma una confesión de una ignorancia abismal acerca de la tercera persona de la Trinidad, ¡reconociendo que nunca habían oído nada acerca de ella! Tal falta total de conocimiento es muy improbable, ya que la enseñanza de Apolos casi con certeza incluía la promesa de que el Mesías cumpliría su misión mediante la poderosa unción del Espíritu Santo (Is 61:1), que fue cumplida por Jesús en su bautismo por Juan en el Jordán. Tienen que haber oído también acerca de la enseñanza de Juan de que su bautismo en agua no debía compararse con el bautismo del Mesías en

Espíritu Santo, que ocurriría más adelante.

Cuando consideramos de nuevo las palabras exactas de la respuesta, encontramos que delata conocimiento más que ignorancia, pero un conocimiento mental más que experiencial. Lo que dijeron en realidad (traducido literalmente) fue: "Pero no hemos oído que Espíritu Santo es". Luego de notar de nuevo la ausencia del artículo definido (lo que apunta al poder más que a la persona), debemos explorar la oración extrañamente "incompleta" (¿Espíritu Santo "es" qué?). Hay quienes suponen que "es" significa "existe", pero esto implica dar vuelta la oración por completo y hacer que el Espíritu Santo sea el objeto en vez del sujeto de la oración ("No hemos oído que existe un Espíritu Santo"). Sin lugar a dudas, una traducción literal del griego al inglés (o al español) está reclamando una palabra adicional para completar el sentido. Para nuestra fortuna, hay un paralelo exacto en otra parte de la Biblia (¡cuán a menudo esto brinda la solución para un problema exegético!). Jn 7:39 dice, literalmente: "Pues aún no era Espíritu, porque aún no era Jesús glorificado". ¿Qué no "era" el Espíritu aún? ¡Considerar que dice que el Espíritu Santo aún no existía sería una negación herética de la Trinidad eterna! Para evitar este error, las traducciones en inglés (y en español) agregan siempre una palabra adicional (que no está en el griego): "Pues aún no era el Espíritu *dado*" (es decir, manifestado en los hombres). Esto tiene sentido, y aclara la referencia a Pentecostés (que solo podría ocurrir luego de la muerte, resurrección y ascensión de Jesús, su "glorificación"). Tan pronto se agrega esta palabra adicional válida en la misma construcción gramatical de Hch 19:2, la respuesta de los discípulos cambia por completo: "No hemos oído que el Espíritu Santo es dado" (el texto occidental lo deja aún más claro con su texto alternativo *lambanousin tines*; traduciendo esto, su respuesta es: "No hemos oído que alguien haya recibido el Espíritu Santo"). En otras palabras, sabían que la unción sobre el Mesías estaría disponible para sus seguidores, pero no habían sido informados de que esto ya había ocurrido. Su ignorancia no era acerca del Espíritu Santo en sí, sino acerca de los

LOS DISCÍPULOS EFESIOS

sucesos de Pentecostés y su importancia para todos los creyentes que vendrían después.

Esto era lo que Pablo necesitaba saber, así que continuó su investigación más atrás, hacia su iniciación, preguntándoles acerca de su bautismo. Note que él da por sentado que todos han sido bautizados, si bien se pregunta si el bautismo había sido administrado de manera correcta: en la mente de Pablo siguen siendo, a esta altura, "discípulos creyentes". Pero, si saben tan poco de Pentecostés, se comienza a preguntar cuánto contenido "cristiano" ha habido en el bautismo de ellos, y qué habían entendido acerca del propósito del rito; de ahí el uso de la preposición "a" (lit. "fueron bautizados al nombre del Señor Jesús", v. 5; ver capítulo 23 para el significado completo de esto en conexión con el bautismo). Para cada bautismo hay un "en" (el medio; aquí, agua) y un "a" (el significado o propósito buscado que logra el acto). En inglés (español) simple, Pablo está preguntando: "¿Qué hizo su bautismo para ustedes, o qué significó para ustedes?".

Antes de considerar la respuesta de los discípulos, debemos hacer una pausa para preguntarnos qué revela la pregunta acerca del pensamiento de Pablo. Claramente, hay alguna conexión en su mente entre el bautismo en agua y recibir el Espíritu. Si bien Pablo nunca llega a identificar ambas cosas, resulta obvio que las asocia de manera muy estrecha, al punto de casi vincularlas en términos de causa y efecto. El bautismo en agua es a la vez un preludio y una condición para el bautismo en el Espíritu; en la práctica, uno por lo general conducía al otro. Un bautismo deficiente, por lo tanto, es una posible causa para una demora en recibir el Espíritu. Dicho de otra forma, el Señor acostumbra responder a un bautismo adecuado demostrando su aceptación del creyente arrepentido con el don del Espíritu derramado. Así que no es solo lo que el bautismo ha significado para el candidato lo que facilita o demora la recepción del Espíritu; una demora bien podría significar que el Señor mismo está declarando inadecuado el bautismo por alguna razón.

La respuesta que dieron estos "discípulos" a la segunda

pregunta de Pablo reveló finalmente su verdadera posición y le dio toda la información que necesitaba. Su bautismo había sido una auténtica expresión de arrepentimiento hacia Dios, pero no había sido un acto personal de fe en el Señor Jesús. Dado que no había sido explicado como tal, ellos no lo habían considerado como una identificación con Jesús en su muerte, sepultura y resurrección (Ro 6:3-4), expresada en la nueva identidad que recibían al ser bautizados "a" su nombre. No había sido un bautismo "cristiano".

Esto puso en evidencia que su fe no había sido todo lo que debería haber sido. Solo ahora Pablo se dio cuenta de que se había equivocado al suponer que habían "creído", por lo menos de acuerdo a cómo él entendía ese término. De hecho, de los cuatro elementos de la iniciación cristiana, en realidad solo tenían uno: ¡arrepentimiento! Pablo intentó llevarlos más allá señalando que el mentor último de ellos, Juan el Bautista, se había dado cuenta plenamente de las limitaciones de su propio ministerio y bautismo, dirigiendo a sus seguidores a reorientar su dependencia hacia "Aquél" de quien era solo un precursor. Su propio bautismo de arrepentimiento buscaba "preparar el camino" para la fe en el Rey venidero, que resultó ser su propio primo, Jesús.

Es importante notar que cuando Pedro les presentó a Jesús no mostraron sorpresa ni dijeron que no sabían nada de él ("¡Nunca hemos oído que Jesús es!"). Hay un enigma aquí: ellos tienen que haber conocido y usado el nombre de "Jesús" entre ellos cuando Pablo los "encontró" (si no, ¿por qué Lucas los habría llamado "discípulos" y Pablo supuso que había "creído"?), pero Pablo ahora les dice que "crean en" Jesús. La explicación puede encontrarse de nuevo en el ministerio de Apolos. Él les había enseñado "acerca de" (griego: *peri*, 18:26) Jesús y había compartido su creencia de que Jesús era el Cristo, lo cual era acertado pero no adecuado. Pero ésta no era la plena fe salvadora que consiste en creer *en* Jesús (en realidad, Pablo usa la preposición griega *eis* = "a"). La fe salvadora es personal más que proposicional; de ahí el uso del nombre "Jesús" de manera tan destacada, para ser invocado al dirigirse a él directamente y también para ser usado como autoridad por quienes se convirtieron en sus "familiares" y "representantes".

Pablo tiene que haber explicado en detalle todo esto y mucho más en ese momento. La respuesta de los discípulos a la aclaración adicional de Pablo fue un sincero deseo de tener una relación más personal con Jesucristo. Dicho sea de paso, por lo general el anhelo de avanzar más es una señal de que alguien ya está en "el Camino"; ¡no es una buena señal cuando alguien cree que ya tiene todo lo que necesita! Así que los "discípulos" efesios se sometieron de buen grado al bautismo en agua al nombre del Señor Jesús. Pablo no realizó el rito él mismo, sino que lo dejó a sus ayudantes, Timoteo y Erasto (19:22), supuestamente para evitar que los discípulos asociaran su propio nombre con el rito (1Co 1:15).

Antes de seguir avanzando, debemos darnos cuenta de que este acto era lo que muchos hoy llamarían un "rebautismo" (¡para evitar las implicaciones incómodas de esto, Calvino, en sus *Institutos* 4.15.18, negó que el bautismo en agua hubiera sido administrado en Éfeso e insistió en que Pablo solo impuso manos sobre estos "discípulos"!). Pablo no titubeó en meter a estos discípulos en el agua por segunda vez, al igual que Pedro en el día de Pentecostés (ver capítulo 15). Aun cuando su primer bautismo había sido acompañado por un auténtico arrepentimiento, la ausencia de una fe personal en Jesús significó que no había sido un bautismo "cristiano". No había sido aceptado por el Señor como un cumplimiento de su mandato. Pablo no intentó "agregar" la dimensión de la fe en forma retroactiva a ese primer bautismo mediante alguna ceremonia de "confirmación" concebida; eso habría reducido el bautismo a un mero símbolo anticipatorio, algo que nunca había sido la intención del rito. El uso de agua con una fórmula verbal que incluyera el nombre de Jesús difícilmente habría satisfecho al apóstol en cuanto a que había habido un bautismo cristiano. No es la fórmula —el uso del nombre de Jesús por sí mismo— que convierte en eficaz el sacramento, sino la fe en su nombre y la invocación de su nombre por el bautizador y el bautizado por igual (Hch 2:21; 3:16; 22:16). Tampoco hay evidencia alguna de que

Pablo habría aceptado un arrepentimiento o una fe vicarios como sustitutos de la respuesta de la persona misma al evangelio (ver el capítulo anterior). No importa cuál haya sido el estado original de su fe, no cabía ninguna duda acerca de que los discípulos efesios eran ahora verdaderos creyentes, al haberse arrepentido de sus pecados, haber puesto su fe en el Señor Jesús, manifestando el fruto de ambos en el bautismo en agua. Por lo tanto, es algo irrelevante discutir acerca del estado espiritual de ellos cuando Pablo los encontró. ¡El hecho simple es que cuando salieron del agua estaban *aún* en la condición de haber creído pero sin haber recibido! Este punto vital es pasado por alto completamente por la mayoría de los evangélicos modernos (que siguen sosteniendo que tienen que haber recibido cuando creyeron, a pesar de no haber habido ninguna señal exterior) y por la mayoría de los sacramentalistas modernos (que siguen sosteniendo que tienen que haber recibido cuando fueron bautizados, sin ninguna señal exterior); si estas dos perspectivas fueran correctas, no habría habido necesidad alguna de una ministración *adicional* de Pablo. El apóstol, sin embargo, no pensaba de ninguna de estas dos formas. No mostró ninguna sorpresa de que todavía nada había "ocurrido" realmente que indicara que el Espíritu había sido dado. Parece haber procedido de acuerdo con la sencilla suposición de que estos "discípulos" eran ahora plenamente elegibles para "recibir", así que el siguiente paso apropiado era pedir que ese don fuera dado, usando esa forma de oración intensiva y expresiva conocida como "imposición de manos". Esto ya había sido practicado por otros apóstoles (Hch 8:15-17) y era, de hecho, la forma en que Pablo mismo había recibido el Espíritu Santo luego de arrepentirse y creer (Hch 9:17). A diferencia de los bautismos en agua, Pablo ahora lo realizó él mismo, no porque requería un apóstol (Ananías había sido suficiente en su propio caso) o porque él había planteado el tema en primer lugar, sino porque su pedido de oración dejaría bien en claro que esta vez no era ningún ser humano que bautizaba, sino Jesús mismo (las palabras usadas eran dirigidas a él y no al candidato). Es decir, *todo* creyente, sin distinción, será bautizado en el

LOS DISCÍPULOS EFESIOS

Espíritu Santo por Jesús mismo, pero serán bautizados en agua por diferentes discípulos de Jesús.

Por fin, habiendo cumplido con todas las condiciones y enfrentado los obstáculos, los discípulos efesios recibieron el Espíritu Santo y podrían haber contestado ahora la pregunta original de Pablo con un "'sí" resonante (no necesitaron hacerlo, porque la recepción del Espíritu siempre era perfectamente obvia para las demás personas presentes en el momento; Pablo solo preguntó porque no había estado en sus comienzos). Su iniciación estaba ahora *completa*. Era también ahora *normal*. Se habían arrepentido y habían creído antes del bautismo y recibieron el Espíritu después del bautismo, la exacta secuencia que experimentaban de manera general todos los que respondían al evangelio en esos días. La *secuencia temporal* fue algo inusual, ya que a su fe le llevó algún tiempo alcanzar su eficacia salvadora. El desfase entre alcanzar la fe plena y recibir el Espíritu fue breve, pero real (el bautismo estuvo entre ambos). Sea que se mida en minutos (como aquí) o en días (como Samaria), la "brecha" es suficiente para mostrar que "creer" y "recibir" son claramente cosas distintas.

El argumento decisivo es que en Éfeso, como en todos los demás lugares y para todas las demás personas, recibir el Espíritu Santo fue acompañado por una evidencia audiovisual de carácter "pentecostal". En esta ocasión hubo "lenguas y profecías". Ambas son expresiones de habla *espontánea*; la primera sería en idiomas no aprendidos y probablemente no reconocidos, mientras que la segunda sería en su propio idioma. El contenido de ambas vendría de sus espíritus más que de sus mentes, y el Espíritu Santo les indicaría lo que debían decir. Tal vez sea significativo que cada vez que se registran "señales" de la recepción del Espíritu Santo, *siempre* se incluye el don de "lenguas". Por otra parte, cuando se registran también otras "señales", no hay ninguna afirmación clara de que *todos* hablaban en lenguas además de usar los demás dones (la única vez que se hace tal afirmación "genérica" es en el día de Pentecostés mismo, cuando las lenguas fueron la única manifestación, Hch 2:4; ver capítulo 14). Aquí, en Éfeso, al parecer algunos hablaron en lenguas y algunos profetizaron (este es el sentido más natural de las palabras). Con la excepción de Pentecostés mismo, no existe ningún registro de que todas las personas hablaron en lenguas cuando recibieron el Espíritu ni ninguna enseñanza apostólica de que deberían hacerlo. Que ésta bien podría ser la señal exterior puede tener un buen apoyo escritural, pero afirmar dogmáticamente que es la única evidencia válida es ir más allá de la Biblia misma.

Una o dos observaciones finales completan nuestro estudio. El hecho de que hubo doce "hombres" en este suceso probablemente tenga poca importancia, más allá de subrayar la meticulosa precisión de Lucas al registrar los hechos. Tampoco excluye por fuerza a sus esposas o miembros creyentes de sus familias. Note que no recibieron el Espíritu Santo al mismo tiempo como un grupo colectivo —la principal ocasión en que ocurrió esto en el Nuevo Testamento fue en Pentecostés— sino de manera individual, uno por uno, a medida que el apóstol les imponía las manos (como había ocurrido en Samaria, Hch 8:17). La afirmación de que el Nuevo Testamento solo registra bautismos en el Espíritu colectivos es simplemente falsa.

Hemos prestado una atención detallada a este pasaje por su importancia única en brindar un vínculo directo entre las teologías del Espíritu de Lucas y Pablo. ¡Se ha puesto de moda en algunos círculos resaltar la diferencia entre ellos y luego escoger uno como criterio para el otro! Los evangélicos tienden a escoger la paulina, usándola para neutralizar la dimensión carismática de Lucas, mientras que los pentecostales tienden a escoger a Lucas, para neutralizar la doctrina integrada de Pablo. Hechos 19 demuestra que la opinión de Pablo de la iniciación cristiana era la misma que los demás apóstoles: a saber, el patrón que aparece con consistencia a lo largo de la historia interpretada de Lucas de la iglesia primitiva. Los rasgos característicos de esta teología común pueden detallarse de la siguiente forma:

1. La iniciación completa consiste en cuatro elementos: arrepentirse hacia Dios, creer en Jesús, ser bautizado

en agua y recibir el Espíritu Santo.
2. El bautismo cristiano requiere el arrepentimiento del pecado y la fe personal en Jesús como prerrequisitos necesarios.
3. Creer en Jesús y recibir el Espíritu Santo no son la misma cosa, y pueden estar separados en el tiempo.
4. Recibir el Espíritu Santo es una experiencia definida con evidencia demostrable.
5. Cuando falta alguno de los cuatro elementos, deben tomarse medidas para cubrir esa deficiencia.

Por supuesto, Hch 19:1-6 no es el único pasaje de donde pueden extraerse estas conclusiones (ej: ver capítulos 16 y 27), pero es uno de los ejemplos más claros de la práctica apostólica, que nos permite deducir la doctrina apostólica. (La aplicación pastoral de estos principios será discutida más tarde en el libro, en los capítulos 32 a 35.)

El desafío de repensar nuestros supuestos modernos es expresado de manera estupenda por un estadista misionero al estilo de Roland Allen, el obispo Lesslie Newbigin, en *The Household of God*[11] (London: SCM Press, 1953), uno de los escritos más proféticos sobre la iglesia en nuestros días:

> El apóstol hizo a los conversos de Apolos una pregunta: "¿Recibieron ustedes el Espíritu Santo cuando creyeron?" y recibió una respuesta directa. Sus sucesores modernos están más inclinados a preguntar: "¿Creyeron ustedes exactamente lo que nosotros enseñamos?" o "¿Fueron nuestras manos las que se impusieron sobre ustedes?" y —si la respuesta es satisfactoria— a asegurar a los conversos que han recibido el Espíritu Santo aun cuando no lo sepan. Hay una diferencia sideral entre estas dos actitudes. (p. 95)

---

11 En español, *La casa de Dios*.

21. LA PRUEBA DE FUEGO
(Romanos 8:9)

Sin embargo, ustedes no viven según la naturaleza pecaminosa sino según el Espíritu, si es que el Espíritu de Dios vive en ustedes. Y si alguno no tiene el Espíritu de Cristo, no es de Cristo.

Este es uno de los "textos de prueba" favoritos de quienes sostienen que el Espíritu Santo es "recibido" de manera automática, y por lo general, inconsciente, en el momento que la persona "cree", lo cual hace que sea innecesario y aun ilusorio esperar cualquier evidencia o experiencia adicional para confirmar que el "don" ha sido dado en efecto.

Sin embargo, quienes usan este versículo para ese propósito lo manejan de una forma bastante extraordinaria. La afirmación de Pablo no se toma tal como está, sino que se invierte dos veces: ¡primero de negativo a positivo, y luego de atrás para adelante! Además, se introduce la palabra "cristiano", aunque no figura en el original. El "pase de manos" exegético hace aparecer el siguiente razonamiento:

todo el que no tiene el Espíritu no es un "cristiano", por lo tanto

todo el que tiene el Espíritu es un "cristiano", por lo tanto

todo el que es "cristiano" debe tener el Espíritu.

La tercera afirmación luego se toma como el significado del texto, y para el oído inexperto suena como una deducción perfectamente legítima. Pero hay un defecto fatal en la lógica, que es más fácil de detectar en una única inversión:

todo perro tiene cuatro patas, por lo tanto

todo lo que tiene cuatro patas debe ser un perro.

Si entendimos la falacia básica, podemos dar ahora un ejemplo de una doble inversión:

todo el que no nació de padres británicos no es "británico", por lo tanto

todo el que nació de padres británicos es "británico", por lo tanto todo el que es "británico" tiene que haber nacido de padres británicos. Nos puede parecer un argumento impresionante hasta que nos damos cuenta de que el significado de la palabra "británico" puede no ser siempre el mismo; en la tercera afirmación puede incluir a los que han pasado por un proceso legal de adopción o naturalización. De forma exactamente igual, la palabra "cristiano" puede tener significados bastante disímiles en la primera y la tercera afirmación. En su uso moderno, se usaría el término "cristiano" para los samaritanos antes de recibir el Espíritu, ¡en cuyo caso Romanos 8:9 podría ser usado para demostrar que habían recibido el Espíritu! Si la palabra "cristiano" se usa para todo el que ha "creído" en Jesús, entonces esta interpretación de Romanos 8:9 convierte en un sinsentido total la pregunta de Pablo a los "discípulos" efesios, que ahora podría leerse así: "¿Recibieron ustedes el Espíritu Santo cuando se convirtieron en cristianos?".

Habiendo sacado del camino esta interpretación errónea pero muy aceptada, podemos proceder hacia una perspectiva fresca si consideramos el contexto más amplio y las palabras del texto mismo, para luego examinar su relación con la doctrina de iniciación de Pablo.

Pablo escribe a Roma porque tiene la ambición de ministrar entre ellos (como el centro del Imperio Romano) y más allá de ellos (como un "campo base" desde donde extenderse hacia el oeste, hacia España). Dado que no era una iglesia que él había plantado, y nunca había recibido su ministerio, Pablo escribe su propia "carta de recomendación" (ver 2Co 3:1-3). Esto explica el detalle menor de tantos saludos personales (en Ro 16) y el detalle mayor de una declaración tan exhaustiva del evangelio que predica (¡lo más cerca que llegó jamás a poner por escrito una teología "sistemática"!). Ellos necesitan saber lo más posible sobre él antes que llegue, para que pueda ser aceptado y enviado con la mayor prontitud (Ro 15:24).

Es importante también darse cuenta de que él los conoce a ellos tanto como ellos a él. Si bien ha escuchado informes excelentes de su fe colectiva (Ro 1:8), no quiere dar nada por sentado. Al no haberlos evangelizado él mismo, no supone que sean todo lo que deberían ser. En ocasiones, se dirige a ellos como si todavía fueran pecadores, aun cuando son "llamados a ser santos" (Ro 2:5; cf. 1:7). En un momento parece estar sugiriendo incluso que no todos están bautizados (Ro 6:3). Él supone que les vendría bien tener más dones espirituales que los que tienen (Ro 1:11; cf. 1Co 1:7). Anticipa, de manera bastante razonable, que necesitan mucha ayuda y consejos para la vida piadosa, tanto juntos en la iglesia como por separado en el mundo (Ro 12-15). El versículo que estamos considerando (Ro 8:9) encaja en toda esta "atmósfera" muy bien, ya que contiene el amable recordatorio de que detrás de su enseñanza yace la premisa básica de que todos ellos "tienen" el Espíritu; sin este supuesto, las conclusiones del apóstol no son aplicables.

Los primeros ocho capítulos de Romanos presentan la predicación del evangelio de Pablo, su "teología" de la salvación; los tres siguientes capítulos tratan con la relación entre judíos y gentiles, un tema urgente en la iglesia de Roma; los capítulos finales detallan la ética de la salvación. Dentro de la primera sección (Ro 1-8), hay tres claras divisiones:

la necesidad de la salvación (la ira de Dios y el pecado del hombre);
el comienzo de la salvación (justificación);
la continuación de la salvación (santificación).

Romanos 8:9 se interpreta siempre como si perteneciera a la segunda división, pero forma parte de la tercera. No es tanto una referencia a la *condición* del creyente ante Dios, que es el tema de la justificación, como una referencia al *estado* de los creyentes en Dios, que es un tema de la santificación. Por lo tanto, es bastante erróneo introducir en la lectura del versículo una definición de cómo una persona "se convierte" en "cristiana" (esta es otra ilustración de la máxima "un texto fuera de contexto se convierte en un pretexto").

Romanos 7 y 8 forman una unidad. Brindan el trasfondo inmediato del versículo al contrastar la vida en la "carne" (tanto antes de la conversión, en 7:7-13, como después de la conversión, en 7:14-25) con la vida en el "Espíritu". Una forma de vida conduce a la derrota, desesperanza y muerte; la otra, a la victoria, esperanza y vida. Mostrar las diferencias es una de las formas preferidas de Pablo de estimular a los creyentes a buscar la santidad (Gá 5:16-23 es un ejemplo clásico de esta clase de contraste). Pablo entiende que el creyente cuenta con una opción que no tiene el incrédulo. Un no creyente solo puede vivir en la carne. Un creyente, en cambio, puede vivir en la carne y ser "carnal" —en cuyo caso su vida será tan confusa y deprimente como lo fue en sus días "precristianos"— o puede vivir en el Espíritu, y ser "espiritual".

Por lo tanto, es perfectamente natural, a la luz de su tema y su relación con los romanos, que Pablo deslice una acotación en el sentido que da por sentado que todos sus lectores "tienen" el Espíritu. A menos que esto sea así, la paz, la condición de hijos, la ayuda en la oración, el dominio providencial sobre las circunstancias, el triunfo sobre toda adversidad, quedarán todos fuera de su alcance. Estas cosas son el producto directo de andar en el Espíritu, ser guiados por el Espíritu, recibir el testimonio del Espíritu y ser ayudados por el Espíritu. Por el poder del Espíritu, la carne es obligada a "dimitir". Porque es imposible vivir por la carne y por el Espíritu al mismo tiempo. El creyente puede ser "libre" para andar en la carne o en el Espíritu, pero nunca en ambos (cf. Ro 8:5 con Gá 5:17).

Con todo esto en mente —¡y usando los lentes de contexto adecuados!— vamos a Romanos 8:9 mismo, comenzando por una traducción literal del griego del final del texto: "Si alguno no está teniendo Espíritu de Cristo, éste no es de él".

Lo más llamativo de esta afirmación es el tiempo del verbo "tener". En griego, el tiempo presente significa ya sea una acción prolongada ("seguir" teniendo algo) o una condición presente ("estar" teniendo algo). Ambos significados comparten el elemento de continuidad; se lo conoce a menudo como el tiempo "presente continuo".

No puede enfatizarse demasiado que Pablo se está refiriendo a la condición presente de sus lectores y no a su conversión pasada. Está hablando de su experiencia actual de santificación más que de su ingreso pasado a la justificación. Cuando quiere hablar de la recepción inicial del Espíritu de un creyente, usa el tiempo pasado o, más específicamente, el tiempo aoristo (que se refiere a un suceso único). Esto es lo que ocurre antes en la carta, en la sección sobre justificación, cuando se refiere a "el Espíritu Santo que nos ha dado" (Ro 5:5). Note que en Romanos 5 Pablo expresa una confianza total en que sus lectores han "recibido" todos, en tanto que aquí, en Romanos 8, introduce una nota de duda en cuanto a si todos "tienen". Esto apunta a una diferenciación fundamental en el pensamiento y la enseñanza de Pablo. "Recibir" y "tener" no son sinónimos, aunque el primero debería conducir al segundo. Cuando los discípulos no parecen estar "teniendo" el Espíritu, lo primero que hay que averiguar es si "recibieron"; ésta era la situación exacta en Éfeso que provocó la pregunta de Pablo (ver capítulo 20). Si bien en Éfeso descubrió que nunca habían "recibido", la forma de su pregunta muestra que estaba abierto a la posibilidad alternativa de que hubieran "recibido" pero no habían seguido "teniendo".

La confirmación de este entendimiento de "tener" y "recibir" viene de la Septuaginta, la traducción griega de las escrituras del Antiguo Testamento. Esta versión es la que Pablo cita con mayor frecuencia, y a través de ella él se habría familiarizado con la frase: "teniendo Espíritu Santo". Se usa allí, en el tiempo presente, de hombres como José y Josué, para describir su estado continuo de madurez espiritual (Gn 41:38; Nm 27:18). Pablo lo usa con respecto a sí mismo (1Co 7:40).

En otras palabras, "tener" debe ser entendido en términos continuos y experienciales relacionados con la santificación, y no en términos doctrinales y judiciales vinculados con la justificación. Puede haber un indicador adicional de esta interpretación si el artículo definido ha sido omitido adrede; esto enfatizaría la experiencia "subjetiva" del poder del Espíritu Santo en el creyente, en comparación con la existencia "objetiva" de la persona del Espíritu Santo en él (ver Apéndice 2). Esto es del todo congruente con la primera mitad de Romanos 8:9, que dice, literalmente: "Ustedes no están en carne, sino en Espíritu, si realmente Espíritu Santo continúa habitándolos". Aquí aparecen los mismos rasgos gramaticales: el tiempo presente continuo del verbo, la ausencia del artículo definido, etc. De hecho, las dos mitades de la declaración se leen como un dístico de la poesía hebrea (que está basada en el "paralelismo", la repetición de la misma idea con diferentes palabras); estos dísticos no son improbables de la pluma de un "hebreo de pura cepa" (Fil 3:5).

Lo más llamativo de todo es que ambas afirmaciones llevan el prefijo "si", con la primera reforzada por la frase "en verdad" ("si en verdad", LBLA, NBLH). Esto expresa sin duda una situación condicional, ya que no hay nada automático en "tener" ni en "morar". Es posible comenzar por "recibir" y no continuar "teniendo" el Espíritu.

Entonces, ¿qué se pierden lo que no continúan "teniendo"? Dado que esta afirmación está en Romanos 8 y no en Romanos 5, la primera respuesta es: su santificación, aunque no necesariamente su justificación. Ninguna de las bendiciones de la "vida" en el Espíritu pueden ser suyas. Se encontrarán nuevamente "en la carne", viviendo vidas "carnales" (1Co 3:1). La ley del pecado, operando en sus miembros, prevalecerá sobre la ley de Dios en sus mentes. En una palabra, ¡quedarán atascados en Romanos 7! Eso solo puede producir una condición de muerte espiritual.

Pero, ¿podría esto terminar en muerte eterna? ¿Puede perderse la justificación además de la santificación? ¿Cuál es el significado de la última frase, "no es de Cristo" ("no es de él", RVR60; "el tal no es de Él", LBLA, NBLH)?

Lo primero que hay que decidir es a quién se refiere la palabra "él" (en la traducción literal "Si alguno no está teniendo Espíritu de Cristo, éste no es de él"). Las tres personas de la Trinidad (Dios, Cristo, Espíritu) aparecen mencionadas en este versículo. Sin embargo, es improbable que "él" se refiera en conjunto a las tres. Por lo general se ha considerado que se refiere a Cristo, dado que es la última persona nombrada antes del pronombre. Este punto de vista es favorecido en particular por quienes interpretan todo el versículo en términos de justificación más que de santificación. Entonces, la frase se considera que quiere decir: "de ninguna manera es un cristiano", ¡generalmente con la implicación adicional "y nunca lo ha sido"!. Esta interpretación, por mucha aceptación que pueda tener, rompe la continuidad del argumento contundente de Pablo, y convierte a Romanos 8:9 en un "aparte" (que debería estar entre paréntesis, ¡como este aparte!). Entonces pasa a ser una especie de "retroceso" a una parte muy anterior de su exposición, y encajaría mucho más cómodamente luego de Romanos 5:5, la sección sobre la justificación, donde habla de recibir el don del Espíritu cuando uno "se convierte en cristiano". Pero en Romanos 8, que es considerado de manera correcta como la culminación más que el comienzo de la experiencia cristiana, parece extraño que Pablo interrumpa de pronto su flujo con un comentario abrupto como "Por supuesto, ¡nada de esto se aplica si ustedes ni siquiera son cristianos aún!".

La dificultad queda resuelta si nos atenemos a nuestro enfoque contextual. No es solo que Romanos 8 se ocupa de manera exclusiva de la santificación, sino que la principal persona bajo consideración es el *Espíritu Santo*. Ha habido un énfasis progresivo a lo largo de la epístola que va de la ira de Dios, a través de la redención de Cristo, a la vida en el Espíritu. Aquí, en Romanos 8:9, el Espíritu es central para la exposición, y aparece descrito de diversas formas, como "el Espíritu de Dios" y "el Espíritu de Cristo", lo cual lo identifica estrechamente con las demás personas de la Deidad, una expresión de sana teología. Ambos títulos son complementarios y resaltan de manera más vívida el paralelismo poético de las dos afirmaciones. El orden de las frases varía, como ocurre en los Salmos hebreos, pero si las reacomodamos aparecerá claramente el paralelo.

Espíritu de Dios + morada = en Espíritu
Espíritu de Cristo + tener = de él

Dado que "de él" en la segunda línea es sinónimo con "en Espíritu" en la primera, ambas frases se refieren al Espíritu Santo y el "él" final no es Cristo, sino el Espíritu de Cristo.

Hay un paralelo adicional interno en cada afirmación, que puede ponerse en evidencia así:

Cuando el Espíritu mora en usted, usted está en él;

Cuando usted no tiene el Espíritu, él no lo tiene a usted.

Pablo está diciendo algo importante, primero de manera positiva y luego de manera negativa, ¡y todo mediante la poesía!

Está hablando acerca del proceso continuo más que del ingreso del Espíritu Santo en el creyente. Todo el versículo es experiencial más que doctrinal, y se ocupa de nuestra "salvación" en este mundo más que en el próximo, de la santificación más que la justificación. No está discutiendo quién es "de Cristo" (su definición habitual de un cristiano es alguien que está "en Cristo"); está discutiendo quién es "del Espíritu".

Por lo tanto, no hay necesidad alguna de discutir la relación de este versículo con el tema "una vez salvo, siempre salvo" (ver capítulo 36). Perder la santificación en un sentido existencial es bastante diferente de perder la salvación eterna. Lo que le preocupa a Pablo en Romanos 8 es lo primero.

El tono de Romanos 8:9 es realista, con un delicado equilibrio entre una fuerte dosis de optimismo en la línea positiva de la estrofa y un leve toque de pesimismo en su línea negativa. Es la delicada combinación de una advertencia necesaria, postulada de manera impersonal acerca de "alguno" que no "sigue teniendo" Espíritu Santo, y una seguridad confiada, dirigida de manera personal a "ustedes", de que la advertencia es apenas necesaria en Roma, ya que no están en la carne sino en el Espíritu (y, por lo tanto, pueden aplicar la totalidad de Romanos 8 a ellos). Encontramos esta misma mezcla de advertencia general y aliento particular en otros escritos apostólicos (Heb 6:9 es un buen ejemplo; ver capítulo 27).

Resumiendo, "Espíritu Santo", para Pablo, no era tanto una sana doctrina como una dinámica espiritual. Le preocupaba que sus conversos, habiendo primero "recibido" el Espíritu (Gá 3:2, tiempo aoristo "de una vez"), "continuaran" "siendo suministrados" con el Espíritu (Gá

3:5, tiempo presente "continuo"). La salvación completa solo será experimentada por quienes "*aún* tienen" el Espíritu; no alcanza con "haberlo tenido *una vez*". El desafío de esta distinción tal vez sea más necesario en nuestros días que en ningún otro momento. El bautismo en el Espíritu Santo es solo un comienzo. Haber sido llenado es una cosa; mantenerse lleno es bastante distinto. "Recibir" el Espíritu Santo es un paso vital; "tener" el Espíritu es un andar victorioso. Ése es el mensaje de Romanos 8, del cual el versículo 9 es la prueba de fuego.

22. LA FAMILIA SANTA
(1 Corintios 7:14)

Porque el esposo no creyente ha sido santificado por la unión con su esposa, y la esposa no creyente ha sido santificada por la unión con su esposo creyente. Si así no fuera, sus hijos serían impuros, mientras que, de hecho, son santos.

Este es otro "texto de prueba" para el bautismo de bebés sin su consentimiento o cooperación. Se lo suele vincular con los bautismos de "casas" (ver capítulo 19), aunque en aquellos casos era la "cabeza" (es decir, el *esposo*) cuya fe debía salvar a toda la casa, mientras que aquí se dice que puede lograrse lo mismo a través de una *esposa* creyente.

En realidad, este versículo no tiene nada que ver con la iniciación, ni con la salvación como tal. El contexto es una discusión acerca del matrimonio y los problemas que surgen entre dos creyentes, y aun más entre un creyente y un no creyente. ¿Puede un creyente huir de las presiones de este "yugo desigual"? Claro que un creyente nunca debería haberse metido en una situación de este tipo (2Co 6:14), así que Pablo casi con certeza se está refiriendo a la situación en que un miembro de la pareja se ha convertido en creyente *después* del matrimonio.

Pablo no puede citar palabras detalladas de Cristo para tratar cada circunstancia de este tipo, no obstante considera que su consejo "apostólico" tiene la autoridad de una "orden" (1Co 7:10). Pero el principio básico detrás de su consejo sí tiene el precedente del Señor: el divorcio no es una opción. Si la separación es la única solución para una situación doméstica imposible, el creyente debe permanecer soltero o reconciliarse con su pareja anterior (pero no casarse con otra, porque su primer matrimonio no está disuelto, sino solo ha quedado en suspenso).

Leyendo entre líneas, es obvio que algunos creyentes estaban tratando de justificar el divorcio, o aun la separación legítima, con el único fundamento de que la pareja no era creyente. Decían que este yugo desigual era una relación inmoral que debía ser cortada; estar casado con un "pecador" era considerado como una corrupción espiritual del "santo". ¡Lo más probable era que fuera una mera excusa para sacarse de encima una pareja molesta! De hecho, la influencia es al revés, según Pablo. Lejos de contaminarse el creyente, el no creyente es "santificado". Pero, ¿qué significa esto precisamente? Sin duda no puede referirse a la purificación moral y espiritual que sigue a la justificación, ya que Pablo dice más tarde que la pareja incrédula aún no es "salva" (1Co 7:16). Debe estar usando el término en un sentido técnico, legal y ritual, como "apartado para Dios" (su connotación original en el Antiguo Testamento). El matrimonio "santo" ha puesto a tales incrédulos en una categoría diferente, haciendo que sea inapropiado "salir de en medio de ellos y apartarse" (2Co 6:17). La relación cuenta con la aprobación y la bendición de Dios, y lo que tiene el respaldo divino debe contar con el respaldo del creyente también.

Pablo zanja la cuestión señalando que si una pareja no creyente es considerada demasiado "impura" como para convivir con ella (es decir, por su incredulidad más que por sus pecados), el mismo principio sería aplicable a los hijos, y el creyente tendría que abandonarlos también (porque son los hijos de un incrédulo y, por lo tanto, "contaminados" o porque los hijos mismos no son creyentes todavía). Pero esto no es necesario, porque la "santidad" de la familia como unidad pone a los hijos también en la categoría de cosas "santas" que el creyente puede tratar de manera segura. De nuevo, está claro que Pablo está usando a palabra "santo" en un sentido objetivo y "legal" (como "no contaminante") más que en un sentido subjetivo "moral" (como "no contaminado"); ¡solo un idealista que no ha tenido ningún contacto con niños podría creer que tener uno de los padres convertido garantiza una conducta y un carácter "santos" en la descendencia!

Usar esta aplicación de "santo" para los hijos como una justificación para el bautismo de bebés es, como mínimo, precario. Con igual criterio, podría argumentarse que dichos bebés "santos" no necesitan *ningún* rito de purificación (de la misma forma que el bautismo de los prosélitos judíos incluía a los hijos existentes de los padres "conversos", pero consideraba a los hijos posteriores como ya "santos" y sin necesidad de una purificación ritual). ¡Y podría afirmarse además que un esposo "santificado" pero incrédulo era tan elegible para el bautismo como sus hijos "santos"!

Sería razonable si todos acordaran una moratoria en el uso de este pasaje en todas las discusiones sobre la iniciación cristiana. ¡Es un pasaje lo suficientemente difícil para aplicar al tema declarado del divorcio y nuevo matrimonio como para arrastrarlo al contexto bastante foráneo del bautismo! Solo lo tratamos aquí porque ha sido usado tan a menudo en apoyo de la amplia separación en el tiempo entre el bautismo y los demás elementos de la iniciación cristiana.

Los hijos de un padre o madre creyente ya son "santos" por nacimiento en esa familia. El bautismo no los puede hacer más santos de lo que ya son, y usarlo simplemente como un reconocimiento de lo que ya son es una burda distorsión del significado del acto en el Nuevo Testamento.

23. EL CUERPO DESARTICULADO
(1 Corintios 12:13)

Todos fuimos bautizados por un solo Espíritu para constituir un solo cuerpo —ya seamos judíos o gentiles, esclavos o libres—, y a todos se nos dio a beber de un mismo Espíritu.

Como en la mayoría de sus cartas, Pablo está tratando aquí con problemas en una iglesia que él fundó. Algunos de estos son doctrinales (eran algo inestables en su entendimiento de la resurrección), algunos son morales (con incesto entre miembros y embriaguez en la cena del Señor) y algunos son sociales (con camarillas que rodeaban a diferentes predicadores). Dos de las inquietudes básicas con relación a los corintios eran la inmadurez (eran más "carnales" que "espirituales") y la desunión (estaban más interesados en los "dones" espirituales que en el "fruto").

El contexto inmediato del versículo que estamos considerando es una sección de tres capítulos "en cuanto a los dones espirituales" (griego: *charismata*). 1 Corintios 12 trata con los variados dones experimentados en el cuerpo; 1 Corintios 13 demuestra que los dones, cuando se ejercen *sin amor*, pueden dañar al cuerpo; 1 Corintios 14 describe el "camino más excelente" de usar los dones *con amor* para edificar el cuerpo. Es una verdadera lástima que la poco inspirada división en capítulos haya interrumpido el "flujo" del tratamiento de Pablo, ¡permitiendo a los lectores lamer la mermelada del amor de su emparedado "carismático"!

Pablo está respondiendo a la situación corintia, ya sea ante preguntas directas que le habían hecho acerca del uso de los dones espirituales o, más probablemente, ante informes de su abuso en la asamblea. Sin embargo, su preocupación subyacente (o dominante) es la unidad del cuerpo, sin la cual los dones son, en el mejor de los casos, juguetes inútiles o, en el peor de los casos, armas peligrosas. De aquí su énfasis en el "amor" (griego: *agape*, que es "cuidar" más que "querer"). Esta clase de actitud busca edificar a los otros más que expresarse o exhibirse uno mismo.

El tema de 1 Corintios 12 es "variedad en unidad", y la apelación básica en todo momento a los corintios es a la experiencia del Espíritu que los mueve cuando se reúnen. Pablo comienza por recordarles que no toda palabra espontánea es del Espíritu Santo; puede haber una influencia pagana de su pasado obrando todavía. El contenido de las exclamaciones indicará su fuente. Tal vez Pablo comienza por este punto porque la mayoría de los dones espirituales que aparecen después asumen la forma de palabras de inspiración sobrenatural.

La iglesia corintia estaba experimentando la gama completa de *charismata*, por lo cual Pablo ya había expresado gratitud a Dios (1Co 1:7). Pero justamente esta diversidad se había convertido ahora en un problema. Algunos dones eran más impresionantes que otros, realzando la reputación de quienes los ejercían. Se acentuaba la necesidad de algunos dones y se minimizaba la de otros. La envidia, el orgullo, la ira, la impaciencia, la malicia y la grosería habían estado al acecho en el interior de estos cristianos inmaduros, pero la llegada de los *charismata* había traído estos vicios a la superficie. El uso egoísta de los dones estaba dividiendo el cuerpo.

Pablo, por lo tanto, pone el énfasis en la unidad de los dones que subyacen esta variedad. Detrás de la variedad de dones, servicio y operación está el mismo Dios: Padre, Hijo y Espíritu Santo, y los tres están involucrados directamente en la actividad carismática. Por cierto, la Trinidad es el ejemplo perfecto y original de la variedad trabajando en unidad, y esto es algo que se refleja en toda actividad divina en la iglesia sobre la tierra.

Del "todos" de 1 Corintios 12:4-6, Pablo pasa al "cada uno" de los versículos 7-11. El mismo Espíritu hace que cada persona sea diferente en los dones que recibe, y él mismo es quien elige los dones. Así que hay una sola persona detrás de todo, y todo es para un solo propósito: "para el bien de los demás". Los dones son *desde* la unidad y *para* la unidad.

El resto de 1 Corintios 12, comenzando por el versículo 12, gira alrededor de la metáfora de un cuerpo físico. Así como el Creador es un ejemplo de la variedad en la unidad, también lo es la criatura hecha a su imagen. Los dones espirituales son para la iglesia lo que las extremidades, los órganos y las habilidades son para el cuerpo. La salud, en ambos casos, es el resultado de la plena *participación* y la buena *coordinación* de todas las partes. Note que Pablo no dice que esto es cómo *debería* ser "para" los cristianos, sino como *es* "con" Cristo. ¡La iglesia es *su* cuerpo, no nuestro!

1 Corintios 12:13 debe ser examinado con cuidado en este contexto. No es de extrañar que la palabra clave sea "un"; aparece tres veces, con las palabras "todos" y "Espíritu", ambas usadas dos veces, en segundo lugar. "Todos-un-Espíritu" resume el versículo y encaja perfectamente en el argumento general.

Tenga en cuenta que toda la apelación de este capítulo es a la *experiencia* del Espíritu de los corintios, no a su teología del Espíritu. Cada uno de ellos podrá tener experiencias muy diferentes de los diversos dones que dio a "cada uno"; pero "todos" han tenido exactamente la misma experiencia de introducción al ejercicio de los dones dentro del cuerpo. Este "punto de partida" común a su experiencia carismática brinda una unidad fundamental detrás de la variedad de dones que siguieron. Todos compartían el mismo recuerdo de una experiencia iniciática definida y fechable de la "vida en el Espíritu". Era, también, una experiencia "doble", que se describe mejor con los dos verbos, "bautizado" y "beber". Consideraremos las dos mitades de 1 Corintios 12:13 por separado.

. . . BAUTIZADOS EN UN ESPÍRITU A UN CUERPO . . .

Aparte del cambio de adjetivo, de "santo" a "un" (que se explica con facilidad en términos del contexto y el propósito de este pasaje, según se explica más arriba), esta frase es exactamente la misma que aparece en otras partes del Nuevo Testamento: "bautizado en Espíritu" (Mt 3:11;

Mr 1:8; Lc 3:16; Jn 1:33, Hch 1:5; 11:16). El verbo (griego: *baptizein*) es seguido por una preposición (griego: *en*) y el caso dativo (griego: *pneumati*). Por lo tanto, la frase para Pablo debe tener seguramente el mismo significado que en todos los demás lugares. La preposición debería ser traducida, entonces, por su habitual "en" (en lugar de "por", en muchas traducciones en inglés-español, incluyendo la NVI; ver, sin embargo, nota al pie). El Espíritu no es el agente "por" quien se administra el bautismo, sino el medio "en" el cual tiene lugar el bautismo. Si traducimos *en* como "por", ¡estaríamos frente al único versículo en todo el Nuevo Testamento que atribuye el papel de "bautista" (es decir, bautizador) a la tercera persona de la Trinidad!

Así como los creyentes corintios han sido todos bautizados "en agua" (griego: *en hudati*), también han sido todos bautizados "en Espíritu" (griego: *en pneumati*). El tiempo aoristo del verbo "bautizado" señala un suceso único y excepcional, que les había ocurrido a todos, si bien es obvio que no de manera simultánea, ya que es muy improbable que todos se hubieran incorporado a la iglesia el mismo día.

Pero, ¿*experimentaron* todos este "bautismo" en Espíritu? ¿Habían sido conscientes de que ocurría en el momento? ¿Era un verdadero recuerdo? ¿Sabían de qué estaba hablando Pablo, o era una "revelación" fresca para ellos de que habían sido, de hecho, bautizados en el Espíritu sin que se dieran cuenta? Esta clase de preguntas, tan comunes hoy, probablemente habrían asombrado por igual a Pablo y a los corintios. Sin embargo, debemos encararlas, en vista de la interpretación evangélica usual de este versículo, que lo considera como una explicación doctrinal de Pablo más que la experiencia dinámica de los corintios. Hay muchísimo en juego: las palabras "todos fuimos", ¿incluyen a todos los cristianos hoy o no? En otras palabras, ¿han sido todos los creyentes contemporáneos "bautizados en un Espíritu", aun sin ninguna percepción consciente de que hubiera ocurrido? ¡Las implicaciones pastorales son enormes!

La clave para este profunda diferencia de opinión

yace en la interpretación de la frase "a un cuerpo" ("para constituir un solo cuerpo", NVI). A primera vista, esto parece referirse al ingreso inicial de un creyente a la iglesia de Cristo. La visión sacramental entiende que el bautismo en agua marca el momento del ingreso; de ahí la afirmación católica de que el bautismo en el Espíritu es la realidad interior del rito exterior. El Espíritu es recibido a través de ese sacramento, aun cuando se aplique a bebés, y toda experiencia posterior de él es considerada, sin fundamento escritural, como la "liberación" del Espíritu desde el interior. La visión evangélica entiende que la fe es el momento del ingreso; de ahí la afirmación de que el bautismo en el Espíritu es lo mismo que la justificación o la regeneración. El Espíritu es "recibido" el instante en que una persona cree, y toda experiencia posterior de él está relacionada con la "plenitud" (otra palabra no escritural) del Espíritu. Ninguna de estas perspectivas se siente para nada cómoda con la expresión "bautizado en Espíritu" y la usa poco y nada; una prefiere hablar de ser bautizado en agua y la otra de ser "nacido de nuevo" del Espíritu. Este descuido es sorprendente, si consideramos la predicción de Juan el Bautista de que ésta sería la característica destacada del ministerio mesiánico de Jesús. El evangélico, en particular, ¡parece desconocer extrañamente el hecho de que "bautizado en Espíritu" y "nacido de nuevo" ocurren con casi la misma frecuencia —o, más bien, infrecuencia— en el Nuevo Testamento! Finalmente, la visión pentecostal, si bien tiene muy pocos reparos en usar la frase, ¡no cree que ocurra en 1 Corintios 12:13! El "bautismo" mencionado aquí es considerado como un acto de incorporación más que de empoderamiento; si bien es realizado por el Espíritu, no tiene referencia alguna al bautismo en o del Espíritu, o al bautismo en agua. En la práctica, esto se aproxima mucho al enfoque evangélico, aunque permite creer en un bautismo en el Espíritu como una "segunda bendición" en una etapa posterior. La perspectiva liberal parece renuente a usar tanto "nacido de nuevo" como "bautizado en Espíritu", y tiende a creer que el Espíritu ya está obrando en todos los hombres y mujeres que están en el "cuerpo" de la humanidad.

Tanto el enfoque católico, evangélico como pentecostal suponen que la palabra "a" ("en") tiene el mismo significado en griego que en inglés-español. Consideran que se refiere a la primera introducción a una nueva situación. La palabra griega *eis* puede referirse al principio, la mitad o el final de un viaje, una partida o una llegada. Solo el contexto indica cuál aspecto predomina.

Cuando se usa la palabra "a" ("en") con el verbo "bautizado", significa siempre la finalización más que el inicio, llevando algo a su plena expresión, función práctica o culminación adecuada. Por ejemplo, la frase "todos en (a) Moisés fueron bautizados en la nube y en el mar" (1Co 10:2, RVR60) no significa que él no hubiera estado liderando a los esclavos hebreos antes que cruzaran el Mar Rojo, sino que este suceso llevó su dependencia y confianza en él a un compromiso total, ya que significó el rompimiento final con la autoridad del faraón; ese "bautismo" no permitía ninguna vuelta atrás, porque era final. La frase "bautizados en (a) Cristo" (Gá 3:27, suponiendo que se refiere al bautismo en agua, que parece probable por su referencia a ser "revestidos" con la nueva "vestimenta" de Cristo) acarrea prácticamente el mismo significado; no implica que no había habido ninguna fe en Cristo o ninguna relación con él antes de su bautismo, sino que estas cosas son llevadas ahora a su consumación apropiada. El ejemplo más claro de este uso es la afirmación de Juan: "Yo los bautizo en [griego: *en*] agua para que [griego: *eis*] se arrepientan" (Mt 3:11); ¡pero ya les había exigido frutos dignos de arrepentimiento antes de su bautismo (Mt 3:8)! Debían demostrar que ya estaban *en* arrepentimiento antes que él los bautizara *al* arrepentimiento. Esto es todo lo contrario al uso inglés-español habitual, donde "a" conduce a "en". Pero, si el significado de "a" (griego: *eis*) con "bautizado" significa "adentro", todo encaja. Por ejemplo, un nadador podría meter un pie en el agua para probar la temperatura antes de zambullirse. Otro ejemplo de la Biblia sería el anuncio de Pedro en el día de Pentecostés de que el bautismo es "al" ("para") perdón de pecados (Hch 2:38); el bautismo lleva esta libertad del pasado a su culminación y consumación, de una forma muy similar al cruce del Mar Rojo, que llevó la libertad hebrea de la esclavitud egipcia a su conclusión, aun cuando en realidad habían abandonado su esclavitud algunos días antes.

Cuando aplicamos esta interpretación a 1 Corintios 12:13, aprendemos que, cuando una persona es "bautizada a un Espíritu", es llevada "adentro" del cuerpo, al ser ungida con poder para servir al cuerpo mediante diversos dones. Pablo entiende el hecho de ser "miembro" del cuerpo como algo completamente funcional; ¡no se trata tanto de estar en una hoja como de representar un papel! El "bautismo en Espíritu" es lo que produce el funcionamiento eficaz de cada parte del cuerpo.

Sin embargo, es vital notar que esta interpretación del versículo impide la deducción negativa, que los que no están "bautizados en Espíritu" deben estar, por lo tanto, "afuera" del cuerpo. Podrían estar *entrando*, aunque no hayan alcanzado el punto de estar *a (en)* su lugar y función ordenada por Dios. De una forma muy similar, los creyentes arrepentidos que no han sido bautizados en agua están bien encaminados, pero aún no han cumplido con el requisito básico del discipulado (Mt 28:19). Ciertamente no deben ser considerados como "afuera", pero tampoco deben ser considerados "adentro" (su estado espiritual se trata en detalle en el capítulo 36).

Este punto de vista también permite que la expresión "bautizado en (un) Espíritu" tenga el pleno significado subjetivo y experiencial que surge claramente en otras partes del Nuevo Testamento, aun cuando no sea definida o descrita en este versículo específico (Pablo da por sentado que los corintios saben perfectamente bien de lo que está hablando). Es siempre una *experiencia* consciente, acompañada por una *evidencia* audiovisual. Todo esto quedaría descartado si el bautismo en el Espíritu estuviera identificado con la justificación por un lado o con el bautismo en agua por el otro, planteando aún más dudas acerca de cada una de estas perspectivas. El "empapamiento" en el Espíritu (porque esto es lo que significa "bautizar") sin duda era lo mismo que el "derramamiento" del Espíritu, que todo creyente en el Nuevo Testamento había experimentado (ver capítulos 18, 19 y 26). Este énfasis subjetivo aparece subrayado en la segunda mitad del versículo, al cual nos volvemos ahora.

"... DADOS UN ESPÍRITU PARA BEBER..."

Los sacramentalistas, que ya han identificado la primera mitad del versículo con el bautismo en agua, ¡aplican la segunda mitad a la Santa Comunión! Los evangélicos, que ya han identificado la primera mitad con la justificación, tienden a ver aquí una referencia a la apropiación continua del Espíritu, que conduce a la santificación. Ambas interpretaciones parecen lógicas hasta que se examina el tiempo del verbo: ¡"beber" está en el aoristo, refiriéndose a un suceso único y no repetido! Por lo tanto, no puede referirse a un beber continuo, sea sacramental o espiritual en naturaleza. Es una referencia a ese único trago que inicia una corriente que fluye desde el interior (ver capítulo 11).

Entonces, ¿qué es este "trago", y cómo se interrelacionan los dos sucesos de este versículo? Muy pocos estudiosos han sugerido que no tienen ninguna relación entre sí; esto es, en parte, por la palabra "y" que los vincula, pero principalmente porque el versículo tiene un aire de "paralelismo hebreo", muy frecuente en los salmos, ¡y que sería natural en los escritos de un ex rabino judío! Pero hay opiniones divididas en cuanto al tipo de paralelismo usado aquí: *sinónimo* (dice lo mismo de dos formas diferentes) o *sintético* (complementa la primera línea con información adicional en la segunda).

Algunos consideran que el dístico es sinónimo, ¡aun cuando "empapar" y "beber" difícilmente sean lo mismo! Para sostener este punto de vista, recurren a un significado alternativo del segundo verbo, "irrigar" o "saturar". Los dos verbos, entonces, serían formas alternas de decir "fuimos todos inundados por el Espíritu". Esto es factible, pero no está avalado realmente por el resto de la Biblia, y en particular por el ofrecimiento de Jesús mismo de un "trago" a la mujer samaritana y en la fiesta de los Tabernáculos (ver capítulo 11).

Considerar el dístico como sintético tiene más sentido. Un único suceso o experiencia es descrito desde dos ángulos diferentes. Sería conveniente decir que la primera frase denota el aspecto objetivo y la segunda, el subjetivo. Pero esta distinción moderna podría haber parecido algo extraña para los escritores del Nuevo Testamento, a pesar de su constante exhortación a "convertirse en los que son", es decir dejar que su estado subjetivo refleje su condición objetiva, que su santificación exprese su justificación. Ya hemos visto que "bautizado" contiene un fuerte elemento subjetivo. Parece más apropiado ver la primera afirmación como el aspecto externo y la segunda, como el interno. "Empapado" da a entender algo derramado sobre nosotros y que, por lo tanto, viene de afuera de nosotros; "beber" sugiere algo vertido dentro de nosotros, que se mete bien adentro de nuestro ser. Podemos encontrar confirmación de esta distinción en las voces de los verbos: "empapado" está en la voz *pasiva*, dando a entender una actividad solo de parte del bautizador, mientras que "beber" es voz *media*, sugiriendo una cooperación entre el bautizador y el bautizado.

Ambas palabras encuentran su origen en Jesús (Jn 4:13; 7:37-39; Hch 1:5, 8). Fueron vinculadas de una forma inusual en Pentecostés: cuando los discípulos fueron "bautizados" en Espíritu los espectadores se preguntaron qué habían estado "bebiendo" (Hch 2:13-15). Pablo exhorta a los creyentes a no "beber" vino, sino ser llenos de Espíritu (Ef 5:18). Ambos conceptos aparecen juntos en el contexto de la naturaleza: la tierra "bebe" la lluvia que la "empapa" (Heb 6:7).

Así que la experiencia a la que se refiere Pablo combina ser "empapado" pasivamente en el Espíritu y "beber" el Espíritu activamente (note las implicaciones para el uso de la boca en la etapa cooperativa). Juntos, constituyen lo que los apóstoles llamaban "recibir" el Espíritu. En la iglesia primitiva, ¡decir que una persona podría "ser empapada" y "beber" sin que ella o ninguna otra supiera nada al respecto habría parecido absurdo! Era esta experiencia consciente la que liberaba a un creyente para ejercer los dones espirituales mencionados justo antes de esta afirmación (entre los cuales las lenguas y la profecía por lo general eran los primeros), convirtiéndose así en un "miembro" plenamente funcional del cuerpo.

Podemos agregar una palabra acerca de la aplicación general de este versículo hoy (si bien el tema será tratado con mayor detalle en el capítulo 35). La frase "todos fuimos" era usada legítimamente con relación a los creyentes corintios. Habiendo sido "plantados" por él, que siempre insistía en que sus conversos "recibieran" el Espíritu además de "creer" en Jesús, Pablo podía suponer correctamente que esta experiencia había sido incluida en su iniciación, y podía basar su argumento a favor de la unidad en el recuerdo que compartían de ese suceso. Pero esto no es algo que pueda suponerse con relación a *todos* los "cristianos" o "iglesias" hoy, de la misma forma que no se puede dar por sentado que *todos* los creyentes hoy han sido "sepultados con Cristo" en el bautismo en agua (Ro 6:4; 1Co 1:13; Gá 3:27; Col 2:12; todos estos pasajes lo dan por sentado). Lamentablemente hay muchos creyentes hoy que carecen de uno o ambos bautismos.

Este último hecho es casi con seguridad la explicación de la escasez, y en muchos casos la total ausencia, de los "dones espirituales" listados en 1 Corintios 12. La iglesia, entonces, depende de dones "naturales" dedicados (es decir, aquellos poseídos *antes* de convertirse en cristiano y usados después también); dado que estos dones están distribuidos de manera muy despareja, ¡el ministerio divide al pueblo de Dios en una minoría activa y una mayoría pasiva! Cuando 1 Corintios 12:13 no forma parte de nuestra experiencia, ¡los versículos 7-11 difícilmente lo sean también! Aun escritores evangélicos que no usan o no les gusta la terminología de ser "bautizado en Espíritu" han reconocido con franqueza que solo donde esta terminología es predicada con confianza aparecen los dones espirituales con alguna regularidad y frecuencia. (Ver, por ejemplo, la cita de Michael Cassidy del libro de Michael Green, *Bursting the Wineskins*[12] (Hodder and Stoughton, 1983), pp. 261-262.) ¡La observación práctica puede complementar la exposición preparada!

---

12 En español, *Reventando los odres de vino*.

Solo podemos concluir que la iniciación cristiana es incompleta sin la "inundación" del Espíritu, que combina tanto el "empapamiento" como la "bebida", y que esta experiencia es el ingrediente vital para la unidad de la iglesia. Por cierto, sin esto sería imposible "mantener la unidad del Espíritu mediante el vínculo de la paz" (Ef 4:3). Esto podría explicar las muchas desilusiones ecuménicas y algunos de los subproductos inesperados del movimiento carismático: ¡cuando el agua sube por encima de los cercos, los patos comienzan a nadar juntos!

24. LOS MUERTOS BAUTIZADOS
(1 Corintios 15:29)

Si no hay resurrección, ¿qué sacan los que se bautizan por los muertos? Si en definitiva los muertos no resucitan, ¿por qué se bautizan por ellos?

Esta es la única mención en el Nuevo Testamento del bautismo "por poder", en el cual una persona participa de la ceremonia en nombre de otra, que será, sin embargo, la beneficiaria.

Algunos lo han considerado como una práctica cristiana muy primitiva que se desarrolló para salvaguardar a los familiares que habían muerto antes que la plena salvación —hecha posible por la primera Pascua y Pentecostés— estuviera disponible. Como tal, habría sido entonces una de esas costumbres que desaparecería inevitablemente luego de las primeras generaciones (dado que pocas personas se preocupan por el destino eterno de sus antepasados más allá de sus abuelos).

Otros, en especial los mormones, afirman que es una práctica continua hasta los "últimos días" mismos, dado que cuenta en este versículo con plena aprobación bíblica y apostólica.

Sin embargo, hay sólidas objeciones a que sea considerada siquiera "cristiana". Las implicaciones serían bastante contrarias a algunos de los principales fundamentos de la Biblia.

Ante todo, contradice todo el tenor de la enseñanza del Nuevo Testamento de que las elecciones morales cesan al morir. Más allá de la vida hay un "gran abismo" que nadie puede cruzar (Lc 16:26). Las decisiones tomadas durante esta vida son decisivas para nuestro destino eterno (Lc 12:20). La doctrina de una "segunda oportunidad" de salvación en el otro mundo encuentra poco fundamento en la enseñanza apostólica. La única posible excepción tiene que ver con *una* generación: los que se ahogaron en el tiempo de Noé (1P 3:19-20; ver capítulo 20).

Segundo, esto constituiría, hecho y derecho, la doctrina de la "regeneración bautismal", el concepto de que el uso del agua y de las palabras correctas efectúan la salvación en sí mismos, aun cuando falte la fe y el arrepentimiento en los beneficiarios del bautismo. El término técnico para esta visión mecánica, hasta mágica, del bautismo es la frase latina *ex opere operato* ("obra por sí mismo").

Tercero, depende de la posibilidad de una fe vicaria, ejercida en nombre de otra persona, con o sin su consentimiento y cooperación. Es cierto que hay algunos ejemplos en los Evangelios, si bien allí siempre tiene que ver con la sanidad de una enfermedad o el exorcismo de demonios. Pero no hay un solo caso en que alguien actúe como esta clase de "sustituto" cuando se trata de la salvación personal y eterna. Note, por ejemplo, el fuerte énfasis en la necesidad de la *propia* respuesta de la persona en la predicación apostólica ("Arrepiéntase y bautícese cada uno de ustedes . . .", Hch 2:38; ver capítulo 15). Si bien hay expresiones de responsabilidad colectiva por pecados nacionales en el Antiguo Testamento (Neh 1 y Dn 9 contienen ejemplos), no hay ningún caso de un arrepentimiento vicario en el Nuevo. Por cierto, sería una señal del nuevo pacto que cada individuo sería responsabilizado solo por sus propios pecados personales (Jer 31:29-30; Ez 18:2).

Además de estas dificultades generales, hay indicaciones en el texto mismo de que Pablo no se está refiriendo a una costumbre cristiana. Habla de quienes lo practican en tercera persona. En vez de preguntar: "¿Qué sacamos . . .?" o "¿Qué sacan ustedes . . .?", él pregunta: "¿Qué sacan los que se bautizan . . .?". Sumado a estas palabras inusuales (y suponemos escogidas con cuidado) hay algunas omisiones significativas. No hay ninguna mención de arrepentimiento y fe, siquiera de naturaleza vicaria, aunque Pablo los había considerado a ambos como prerrequisitos esenciales para el bautismo. Tampoco indica Pablo el propósito o la eficacia de la práctica.

Lo único que dice Pablo es que quienes participan en este rito físico en nombre de los muertos lo hacen porque creen en alguna clase de existencia corporal más allá de la tumba (a diferencia de la habitual visión griega de la extinción del cuerpo y la inmortalidad del alma, para lo cual un sacramento "material" sería por completo irrelevante). La confianza de su "superstición" está en un marcado contraste con el escepticismo de los cristianos corintios, que parecen haber sido infectados por las dudas acerca de la resurrección corporal inherentes a la filosofía griega (cf. Hch 17:32).

Queda claro que Pablo está usando lo que se denomina un argumento *ad hominem*: utiliza un ejemplo de confianza pagana para avergonzar a sus lectores escépticos para que tengan una fe más firme. No demuestra más aprobación de la práctica que Jesús, cuando usó una apelación similar a la astucia de un estafador completamente deshonesto; por desgracia, se cumple a menudo que "los de este mundo, en su trato con los que son como ellos, son más astutos que los que han recibido la luz" (Lc 16:8).

Tengo una fotografía, tomada en Singapur, de un modelo a plena escala de un coche construido solo con cañas de bambú y papel tisú que sería comprado y quemado en una pira funeraria para brindar al fallecido un medio de transporte conveniente en el próximo mundo. (Me dio risa notar que las ruedas de papel llevaban el logotipo de Mercedes-Benz, ¡supuestamente para garantizar un millaje eterno!) Si Pablo estuviera hoy, bien podría comparar esta creencia ingenua en un más allá "material" con el rechazo de la teología radical de una resurrección "corporal", ¡dando a entender que la primera demuestra más fe que la segunda! Y muchos cristianos cuya ambición es tener un Mercedes en este mundo podrían verse desafiados por esta práctica china a aprender a "acumular para sí tesoros en el cielo" (Mt 6:19-21; Lc 16:9).

Algunos de los conceptos establecidos más arriba plantean también preguntas acerca de la pertinencia y eficacia del bautismo de bebés, sea que se lo entienda "sacramentalmente" (*ex opere operato*) o "evangélicamente" (dependiendo del arrepentimiento y la fe vicarios en los patrocinadores: padres, padrinos y/o miembros de la iglesia). Lo que puede decirse del versículo bajo consideración es que si el bautismo en nombre de los muertos no era una práctica paulina ni corintia, no brinda ningún precedente para las promesas por poder en nombre del recién nacido.

25. LA NUEVA CIRCUNCISIÓN
(Colosenses 2:9-12)

Toda la plenitud de la divinidad habita en forma corporal en Cristo; y en él, que es la cabeza de todo poder y autoridad, ustedes han recibido esa plenitud. Además, en él fueron circuncidados, no por mano humana sino con la circuncisión que consiste en despojarse del cuerpo pecaminoso. Esta circuncisión la efectuó Cristo. Ustedes la recibieron al ser sepultados con él en el bautismo. En él también fueron resucitados mediante la fe en el poder de Dios, quien lo resucitó de entre los muertos.

Estudiar una epístola del Nuevo Testamento es como escuchar un lado de una conversación telefónica. Para entender lo que se dice, se debe reconstruir el otro lado del diálogo. (Ver Gordon D. Fee and Douglas Stuart, *How to Read the Bible for All its Worth*[13] (Scripture Union, 1983), cap. 4. El libro de Fee y Stuart es sin duda la mejor ayuda de estudio bíblico que conozco.)

Para apreciar lo difícil que puede ser este proceso de escuchar y reconstruir, invito al lector a usar su imaginación para adivinar de qué se trata el siguiente intercambio (del que tiene un solo lado):

"¡Felicitaciones! ¿Cuánto pesa?".
(Silencio.)
"¿De qué color es?".
(Silencio.)
"¿Cuántos galones por milla consume?".
(Silencio.)
"¿Van a servir tus viejos implementos?".
(Silencio.)

¿Cuánto tiempo le llevó adivinar que un agricultor había comprado un tractor nuevo?

El costo y la complicación del correo en los tiempos del Nuevo Testamento significaban que cada carta era escrita para un propósito importante, por lo general en respuesta

---

[13] En español, *Cómo leer la Biblia por todo lo que vale.*

a una situación específica que había surgido entre los destinatarios. Así que es necesario "leer entre líneas" para identificar la necesidad específica de consejo o corrección de los receptores.

En el caso de los colosenses, es obvio que se había introducido la herejía en su ministerio de enseñanza, con el inevitable efecto perjudicial sobre la conducta, en especial en las relaciones personales. La falsa doctrina parece haber sido una amalgama de filosofía "gnóstica" y ritualismo judío. Esto último está detrás de los versículos que estamos considerando. Para Pablo, "observancias" como una dieta *kosher*, los días de reposo y las fiestas anuales pertenecen al mundo de las "sombras"; pueden tener una "forma" más o menos correcta, pero carecen de toda verdadera sustancia.

Aunque no incluye a la circuncisión en su compendio de prácticas erróneas, sin duda debe estar en su mente. Los versículos 9-11 pueden parafrasearse así: "Ustedes tienen todo lo que podrían necesitar jamás en Cristo, incluyendo toda la circuncisión que puedan necesitar jamás". La exigencia de que los cristianos sean circuncidados era un error judaizante que acosaba la misión de Pablo a los gentiles. Tuvo que oponerlo en Jerusalén mismo (Hechos 15) y casi en todos los demás lugares (ver Ro 2:26; 1Co 7:19; Gá 5:2; Ef 2:11; Fil 3:2). El rito físico como tal es obsoleto e irrelevante para el nuevo pueblo de Dios en Cristo (Col 3:11).

El rito de circuncisión fue dado a Abraham como un "sello" de su justicia por fe (Ro 4:11; note que vino *después* que creyó; si *hubiera* algún paralelo entre la circuncisión y el bautismo, ¡éste tendría que seguir el mismo orden!). Debía ser transmitido a todos los hijos y sirvientes varones de su "casa", como una "señal" (que mira hacia adelante, en tanto que un sello mira hacia atrás) de que la promesa de Dios era extendida a la "descendencia" de Abraham: un único descendiente varón que la heredaría (Gá 3:16). Cuando llegó ese legatario, en la persona de Jesús, la señal alcanzó su cumplimiento; su circuncisión fue la última exigida por Dios. Note que mientras la "señal" era transmitida su "efecto" práctico era despreciable. No hacía ningún cambio real en el bebé (más allá de la escisión del prepucio del pene); era un mero reconocimiento de que el niño ya era un descendiente de Abraham por nacimiento. Sin embargo, si no era circuncidado tendría un efecto profundo, eliminando al bebé de la línea; no ser circuncidado era considerado como romper el pacto abrahámico (Gn 17:14). Más tarde, el rito de circuncisión ligaría también al receptor a la obligación de guardar cada ley de Moisés, dada a los descendientes de Abraham cuando salieron de Egipto. Fue por esta última razón que Pablo se opuso con tanta vehemencia a su aplicación a los conversos gentiles, si bien lo aceptó como una costumbre social válida sin ningún significado espiritual (llegó a circuncidar a Timoteo para poder evangelizar a los judíos, Hch 16:3). Pero está claro que lo consideraba un rito religioso que había sido abolido (1Co 7:19).

No obstante, muchos hoy dirían que la circuncisión, más que abolida ha sido cumplida: ha sido transmutada en otro rito físico, el bautismo cristiano. El uno ha sido reemplazado simplemente por el otro como el rito de iniciación en el pueblo de Dios. Esta "continuidad" es promovida por lo general por los paidobautistas, que dicen que el bautismo de los bebés, siempre y cuando puedan mostrar un linaje cristiano, es la perpetuación válida de la práctica anterior de circuncidar a los recién nacidos. La justificación teológica de esta posición surge de una interpretación "aliancista" de la Biblia que mete en una misma bolsa todos los pactos o alianzas en un "pacto de gracia" y hace que las condiciones y la aplicación de este pacto sean iguales a lo largo del Antiguo y Nuevo Testamento (ver capítulo 34 y Apéndice 1 para más detalles). La justificación textual para esta identificación del bautismo con la circuncisión se encuentra en este pasaje de Colosenses (aunque es el único lugar en el Nuevo Testamento donde aparecen juntos los dos temas).

Debemos reconocer que las palabras "circuncisión" y "bautismo" aparecen muy vinculadas aquí y, a primera vista, en comparación una con la otra. Pero un estudio cuidadoso revela que, en realidad, están contrastadas. Si Pablo hubiera dicho "Ustedes no necesitan ser circuncidados porque han sido bautizados" no habría nada más que decir. Si era esto lo que él creía, ¡se podría haber ahorrado asistir al concilio de Jerusalén o escribir su carta a los Gálatas! Pero ni él ni ningún otro apóstol hizo jamás esta simple ecuación: la ilación de su pensamiento es mucho más complicada y necesita ser desenmarañada con cuidado.

En el corazón de su argumento hay una clara distinción entre la circuncisión física practicada en el cuerpo por los judíos y la circuncisión espiritual experimentada en el corazón por los cristianos. La frase clave es "no por mano humana", ¡que difícilmente pueda ser una descripción del bautismo! Obviamente existe una conexión entre esta circuncisión del corazón y el bautismo, pero no es una identificación total.

Había un antecedente escritural para el uso de la palabra "circuncisión" en un sentido espiritual antes que físico. Si bien su significado habitual en el Antiguo Testamento era aquella operación quirúrgica que marcaba a uno de los descendientes de Abraham, los profetas israelitas coincidieron en insistir en que la operación física debía ser acompañada por una pureza moral que denominaban la "circuncisión del corazón" (ver Dt 10:16; Jer 4:4; 9:26). Los extranjeros no podían entrar en el templo porque no estaban circuncidados en el corazón y en la carne (Ez 44:7). En la mayoría de las ocasiones, esta circuncisión del corazón era considerada como una obra humana, igual que la circuncisión de la carne, pero existía también la promesa de que un día el Señor mismo lo haría de la manera correcta (Dt. 30:6).

Sin duda Pablo habría estado al tanto de esta línea de enseñanza profética acerca de la circuncisión, pero es posible que sus lectores en Colosas no la recordarían, o tal vez ni siquiera la conocían. Tampoco era necesario que lo hicieran. El argumento no depende de los aspectos dobles de la circuncisión, sino del doble significado de la palabra "carne" (griego: *sarx*). Si bien el término podría referirse al cuerpo físico, el apóstol lo usó mucho más frecuentemente para denotar aquella naturaleza pecaminosa que había sido heredada junto con la vida corporal. La circuncisión judía solo quita una pequeña parte de la "carne" física, pero la circuncisión cristiana quita la totalidad de la "carne" pecaminosa.

Esto se logra a través de "la circuncisión de Cristo" (RVR60, LBLA, v. 11). Pero, ¿cuál es el significado del genitivo ("de")? ¿Es subjetivo u objetivo, es hecho a Cristo o hecho por Cristo? ¿Se refiere Pablo a un suceso único en la vida de Cristo o a un suceso repetido en la vida de cada creyente? Expresado de otra forma, ¿Cuándo ocurrió u ocurre esta "circuncisión de Cristo"?

Hagamos de cuenta que se refiere a una circuncisión que Cristo mismo tuvo y veamos adónde nos conduce esto. En su sentido más simple, podría referirse al rito judío al que se sometió cuando tenía ocho días de edad (Lc 2:21). Pero Pablo habla de "despojarse del cuerpo pecaminoso"; es decir, no solo parte, sino todo. Por lo tanto, es más probable la sugerencia de que se trate de una referencia figurada a su muerte en la cruz. Hecho a semejanza de la carne pecaminosa (Ro 8:3), hecho pecado quien no tenía pecado (2Co 5:21), murió al pecado (Ro 6:10). No estaba simplemente "sacudiéndose su arcilla mortal" sino despojándose de aquello que se había convertido en un "cuerpo de pecado". Era una "muerte a la carne" total, en ambos sentidos de la palabra. Como Cordero de Dios, "quitó el pecado del mundo" (Jn 1:29) en este "despojarse de la carne" en el Calvario.

Este punto de vista encaja bien en el contexto, pero brinda también un enlace directo entre el significado "objetivo" y el "subjetivo". Lo que fue hecho *a* Cristo en la cruz es hecho también *por* Cristo en el creyente. Era fundamental para la teología de Pablo que lo que había sido logrado de manera histórica en la muerte, sepultura y resurrección del Señor Jesucristo (1Co 15:3-4) debía ser apropiado de manera existencial por el creyente individual, que debe ser crucificado, sepultado y resucitado con Cristo para poder también "despojarse de la carne" (esta vez, el significado será totalmente espiritual, refiriéndose a su naturaleza pecaminosa heredada; no será necesaria ninguna cirugía sobre el cuerpo).

Esta identificación con la "circuncisión de Cristo", que separa al cristiano de su carne pecaminosa, comienza por su arrepentimiento y fe, pero es consumada en el acto del bautismo. El bautismo es "en su muerte" (Ro 6:3). El sumergimiento en el agua aplica su sepultura; el surgimiento del agua, su resurrección (note que el creyente es "sepultado" y "resucitado" *con* Cristo Jesús). Podemos notar dos cosas acerca de la terminología de Pablo en este punto. Primero, es sacramental más que simbólica; ¡el rito es un agente instrumental más que una ayuda educacional! Segundo, hay una sorprendente omisión en Colosenses de cualquier vínculo directo entre el bautismo y la muerte de Jesús; solo se mencionan la sepultura y la resurrección (si bien esto podría no ser demasiado significativo).

Hay una profunda paradoja que recorre toda esta sección. Mientras la carne está viva, la persona está en un estado de muerte incircuncisa (Col 2:13), ¡aun cuando su cuerpo esté circuncidado! ¡Cuando la carne ha sido crucificada y sepultada mediante el bautismo, comienza la verdadera vida! El mismo "poder" que levantó a Jesús de los muertos obra a través del bautismo para producir nueva vida en el creyente. Dado que este "poder" se define en otras partes como el Espíritu Santo (Ro 8:11), Pablo podría estar refiriéndose aquí al bautismo en el Espíritu, que ocurriría generalmente después del bautismo en agua en la evangelización apostólica. Otros pasajes del Nuevo Testamento vinculan el bautismo con la resurrección de la misma forma (Ro 6:4; 1P 3:21).

Una visión tan "elevada" del bautismo, en la cual Dios está más activo que el hombre, es rescatada de una eficacia mecánica, o aun mágica, por el fuerte énfasis en la fe (note la frase "mediante la fe" en v. 12). Es el bautismo de los creyentes el que logra esta identificación efectiva con la "muerte a la carne" de Cristo.

Hay, por lo tanto, dos razones por las que este pasaje no brinda aliento alguno a la práctica del bautismo de bebés. Primero, ante la ausencia de la fe de la persona bautizada, el rito degenera en una ceremonia que es prácticamente supersticiosa o puramente simbólica; de una forma u otra, se pierde el equilibrio bíblico. Segundo, Pablo no se está refiriéndose de manera explícita a la circuncisión *corporal* en modo alguno (si bien es probable que formara parte del trasfondo de su carta). A lo largo del pasaje se está refiriendo a la "circuncisión" del *corazón*, hecha "no por mano humana", por Cristo y en los cristianos.

Si Pablo hubiera estado afirmando, o siquiera sugiriendo, una continuidad directa entre los dos ritos físicos de la circuncisión y el bautismo —como ritos de iniciación sucesivos dentro del mismo "pacto de gracia"— es extraño que nunca haya usado esta línea de argumento en el concilio de Jerusalén (Hechos 15) o en su carta a los Gálatas, donde la circuncisión judía era el tema principal, o en ninguna situación en la que los judaizantes estaban causando problemas entre sus conversos. Tampoco explicaría por qué se opuso solo a la circuncisión de creyentes gentiles; si el bautismo había "reemplazado" la circuncisión, ¡tendría que haber desalentado la práctica entre los creyentes judíos también!

La interpretación del bautismo dada aquí enfatiza la disimilitud entre los dos actos. La circuncisión era un reconocimiento (hecho visible por la remoción de una parte del cuerpo) de que una persona había nacido de la carne en el pacto abrahámico. El bautismo, al "sepultar" y "resucitar" todo el cuerpo, reconoce que una persona ha nacido del Espíritu en el "nuevo" pacto, habiendo muerto a la carne. El uno requiere una conexión carnal con Abraham, el otro, una identificación de fe con Jesús. Uno era solo para varones; en el otro "ya no hay ... hombre ni mujer" (Gá 3:27-28).

Que el bautismo y la circuncisión no eran considerados por Pablo como actos de iniciación equivalentes ha sido demostrado de manera categórica en base a Col 2:9-12, por el obispo Lesslie Newbigin. En su libro *The Household of God*[14] (London: SCM Press, 1953), pp. 36ff., señala correctamente que "en todo el terrible calor del conflicto acerca de si la circuncisión debía ser exigida o no a los conversos gentiles, esta ecuación (circuncisión en el

---

14 En español, *La casa de Dios*.

Antiguo Testamento = bautismo en el Nuevo Testamento) nunca se sugiere en Hechos, Gálatas o Romanos". Por el contrario, él llega a la conclusión de que "la tremenda lucha acerca de la circuncisión no era una lucha entre dos ritos de iniciación alternativos en el pueblo de Dios. Era una lucha acerca de los principios fundamentales sobre los cuales ese pueblo está constituido".

26. EL BAÑO REGENERADOR
(Tito 3:5)

. . . él nos salvó, no por nuestras propias obras de justicia sino por su misericordia. Nos salvó mediante el lavamiento de la regeneración y de la renovación por el Espíritu Santo . . .

El propósito de esta epístola es muy práctico: mostrar que la sana doctrina abarca tanto la conducta como la creencia. La salvación que Dios ha obrado en nuestro corazón necesita ser reflejada en nuestras vidas (cf. Fil 2:12-13).

Un estímulo para la santidad es el recuerdo constante de cuánto ha cambiado ya. Es bueno recordar cómo éramos y también los medios que Dios usó para cambiarnos. El contexto inmediato del versículo bajo consideración es un recuerdo vívido de la clase de vidas que habían tenido previamente los lectores, quién los había rescatado de este desastre y cómo lo había hecho.

"Salvó" está en el tiempo aoristo, y se refiere a un hecho del pasado más que a un proceso continuo. Este suceso los liberó de sus pecados pasados (necedad, desobediencia, descarrío, malicia, envidia, etc.). Nunca habrían podido romper esas cadenas habituales "haciendo el bien"; ¡hacerlo "por sí mismos" era tan imposible como volar tirando de sus sandalias! Fueron necesarios la bondad, el amor y la misericordia de "Dios nuestro Salvador" (v. 4, casi con certeza una referencia al Padre, pero la expresión "se manifestaron" incluye la encarnación del Hijo; es improbable que Pablo esté haciendo una afirmación cristológica).

Pero, ¿cómo tuvo lugar exactamente esta "liberación" en las vidas humanas? ¿Qué *medios* se usaron para lograr este rescate? ¿Qué ocurrió en realidad para romper estos sórdidos patrones de comportamiento? La respuesta es sencilla: el bautismo en agua y el bautismo en el Espíritu (si bien la palabra "bautismo" no se usa, veremos que está claramente implicada). Hemos sido "salvados" mediante un evento doble.

1. Hemos sido salvados "mediante el baño de la regeneración". La palabra "regeneración" (griego: *palingenesia*) está formada por el término usado para nacimiento o "comienzo" (griego: *genesia*, que da nombre al primer libro de la Biblia) y el prefijo "nuevamente" (griego: *palin*). Así que la primera parte de este suceso "salvador" consiste en "darse un baño" que permite a una persona "comenzar de nuevo" o "nacer de nuevo".

Hay quienes negarían que la frase tenga algo que ver con el bautismo en agua. El "baño" se referiría entonces de manera exclusiva a una purificación "espiritual" que tiene lugar dentro de una persona en el momento que "nace de nuevo" (ver capítulo 6 para una refutación del punto de vista de que el nuevo nacimiento es instantáneo). Este enfoque se toma generalmente por razones doctrinales; a saber, una renuencia a atribuir eficacia sacramental al rito del bautismo. Las siguientes razones hacen que este punto de vista sea improbable.

La forma verbal del sustantivo "baño" (literalmente, el "lavado") se usa en otras partes para el acto físico del bautismo (ver Hch 22:16; Ef 5:26; Heb 10:22; cf. también 1Co 6:11; 1P 3:21). El sustantivo mismo puede referirse a un receptáculo que contiene agua (una tina o bañadera) o al acto de estar en el agua (darse un baño). El segundo significado tiene más sentido aquí. La mayoría de los comentaristas de la Biblia consideran que es una referencia al bautismo en agua.

¿En qué sentido, entonces, puede ser éste un "baño de la regeneración"? ¿Cómo puede el acto físico del hombre ser un acto salvador de Dios? ¿Cuál es el vínculo entre ambos? El asunto ya ha sido tratado (en el capítulo 4), pero podemos agregar algunos comentarios aquí.

El principal efecto del bautismo es retroactivo. Representa y logra a la vez el rompimiento final con la vieja vida de pecado. Es un funeral, el sepelio de una vida que ahora está muerta. Lo que fue el cruce del Mar Rojo para el judío con relación al faraón, es el bautismo para el cristiano con relación a Satanás. Marca el final de la vieja vida de esclavitud y el comienzo de la nueva vida de libertad. Es un entierro que lleva a la resurrección, una muerte que conduce a la vida.

Sin embargo, la nueva vida necesita más que romper con el pasado. No solo necesitamos un nuevo comienzo en la vida, ¡necesitamos una nueva vida con la cual comenzar! ¡El rompimiento negativo con el pasado necesita ser complementado por un impulso positivo hacia el futuro! Ese es el segundo aspecto involucrado en ser "salvado".

2. Hemos sido salvados a través de "la renovación por el Espíritu Santo, el cual fue derramado abundantemente (o copiosamente) sobre nosotros" (vv. 5-6). Esto no se refiere a un proceso continuo, porque el verbo está otra vez en el tiempo aoristo, apuntando a esa experiencia del Espíritu Santo que se describe en otra parte como "recibir", ser "lleno de" o "bautizado en". En realidad, esta frase exacta, "derramado . . . sobre" se usa para el día de Pentecostés (Hch 2:17, 33) y para la casa de Cornelio (Hch 10:45). Esta es una confirmación más de que una recepción "pentecostal" del Espíritu Santo era la experiencia normal de *todos* los creyentes del Nuevo Testamento. El adverbio "abundantemente" indica un empapamiento más que un rociamiento, y no está demasiado lejos de la palabra "bautizado" o "remojado".

Tampoco la palabra "renovación" (griego: *anakainosis*, de *ana* = otra vez y *kainos* = nuevo) difiere tanto de "regeneración". Ambas hablan de ser restaurado a una condición original (cf. Mt 19:28).

Ambas son la obra de Dios. Sin embargo, una pone énfasis en el comienzo y la otra en la continuación del proceso de restauración. Pero aun la "renovación" continua (cf. Ro 12:2; 2Co 4:16; Col 3:10) tenía un punto de partida definido en el "derramamiento" del Espíritu. El bautismo en agua pone fin a la vida vieja y comienza la nueva; el bautismo en el Espíritu asegura de que continúe hasta que la imagen original de Dios haya sido restaurada perfectamente.

La mayoría de los comentaristas ha notado el notable paralelo entre Tito 3:5 y Juan 3:5. Ambos pasajes tratan el tema de "nacer de nuevo" (aunque, para sorpresa de muchos, es comparativamente raro en los escritos del Nuevo Testamento) y ambos mencionan el "agua" y el "Espíritu". Es difícil no relacionar las palabras de Pablo con las de Jesús. La principal diferencia entre ellos sería la preposición: mientras Jesús dice que un hombre nace de nuevo "fuera de" (griego: *ek*) los dos bautismos, Pablo dice que un hombre es salvado "a través de" (griego: *dia*) ellos. Ningunos usa "mediante", porque son ambos el medio y no la causa. Una persona solo puede ser regenerada y salvada por "Dios nuestro Salvador".

27. LAS ENSEÑANZAS ELEMENTALES
(Hebreos 6:1-6)

Por eso, dejando a un lado las enseñanzas elementales acerca de Cristo, avancemos hacia la madurez. No volvamos a poner los fundamentos, tales como el arrepentimiento de las obras que conducen a la muerte, la fe en Dios, la instrucción sobre bautismos, la imposición de manos, la resurrección de los muertos y el juicio eterno. Así procederemos, si Dios lo permite.

Es imposible que renueven su arrepentimiento aquellos que han sido una vez iluminados, que han saboreado el don celestial, que han tenido parte en el Espíritu Santo y que han experimentado la buena palabra de Dios y los poderes del mundo venidero, y después de todo esto se han apartado. Es imposible, porque así vuelven a crucificar, para su propio mal, al Hijo de Dios, y lo exponen a la vergüenza pública.

Probablemente sea imposible averiguar quién fue el que escribió "brevemente" (13:22) esta carta, pero no es demasiado difícil dilucidar por qué fue escrita. Leyendo entre líneas, estos creyentes judíos (probablemente en Roma, 13:24) corrían grave peligro como resultado de una primera ola de hostilidad pública hacia los "cristianos". Ya habían sufrido ataques contra sus propiedades y personas, habían sido arrojados en prisión y habían sufrido humillaciones públicas (10:33-34). Aún no habían tenido que morir por su fe (13:4), pero la presión aumentaba sin cesar, y el martirio estaba en el horizonte.

La clave para entender la epístola es darse cuenta de que la persecución estaba dirigida contra los cristianos, pero no contra los judíos. El judaísmo era una religión "registrada" (una *religio licita*), pero "el Camino", como fue denominado al principio el cristianismo, era una religión "clandestina" proscrita (una *religio ilicita*). Es la misma distinción que existe bajo regímenes totalitarios hoy.

Así que estos "hebreos" no habían tenido más que las dificultades sociales habituales mientras eran judíos practicantes. Pero, tan pronto creyeron en Jesús como su Mesías, comenzaron los verdaderos problemas. Al comienzo, se habían mantenido firmes en la confianza en su nueva "iluminación" (10:32). Al pasar la novedad y al aumentar los problemas, obviamente se habían empezado a preguntar si valía la pena (¡no fueron los últimos en enfrentar esta clase de duda!). La indicación final de su aprieto es que contaban con una ruta de escape. Si dejaban la iglesia y volvían a la sinagoga, podrían evitar sufrir más persecuciones. Sin embargo, para ser aceptados de nuevo por sus compatriotas judíos, debían negar su fe en Jesús como el Hijo de Dios. ¡Sin duda podrían autojustificarse con el argumento de que de todos modos seguirían adorando al mismo Dios y podrían continuar siendo creyentes "secretos" en Jesús!

Con este trasfondo en mente, cada frase de la epístola a los Hebreos encaja perfectamente en un propósito general. El autor usa todos los argumentos concebibles para persuadir a estos creyentes judíos a no dar este paso atrás, sino a seguir adelante en "el Camino". No les hace creer que tal vez las cosas se pongan más fáciles sino que los alienta a imitar la perseverancia de sus propios héroes judíos, de sus nuevos líderes cristianos y, sobre todo, de Jesús mismo.

La idea central de la carta es una cuidadosa exposición de la superioridad ("mejor" es una palabra clave) del cristianismo por sobre el judaísmo, aun cuando el uno derivó del otro. ¡Volver atrás sería como cambiar el último modelo de un Rolls-Royce por un Ford modelo T! Sin embargo, la elección tiene implicaciones más serias que esto: eludir el sufrimiento físico y temporal los expone a consecuencias espirituales y eternas.

Así que la exposición general se ve interrumpida vez tras vez por exhortaciones específicas, dirigidas directamente a los lectores en un lenguaje personal y enérgico (2:1-4; 3:1, 6, 12-14, 19; 4:14; 5:11-6:12; 10:19-39; 12:1-13:25). Se vuelven más largas y fuertes hacia el final de la epístola, pasando del aliento comprensivo a la reprimenda dura y finalizando con una advertencia severa.

AS ENSEÑANZAS ELEMENTALES

Los versículos que estamos estudiando (6:1-6) son la porción central de una larga exhortación (5:11-6:12). La sección comienza expresando la frustración del autor, ¡ya que se da cuenta de que las complejas comparaciones de su exposición tal vez excedan las posibilidades de sus lectores! Ha sido carne para los maduros, más que leche para bebés. Pero a esta altura no solo deberían estar en condiciones de recibir esta clase de enseñanza, sino que también deberían poder dársela a otros.

Él apela a estos creyentes judíos a "dejar a un lado" aquellas "enseñanzas elementales" que escucharon cuando se convirtieron en "cristianos" y a "avanzar" (una expresión favorita del escritor) "hacia la madurez", que él define como discernimiento moral antes que comprensión intelectual. Pero luego procede a listar esas mismas "enseñanzas elementales" que quiere que dejen atrás. Mientras recuerda sus "inicios", usará el recuerdo de sus lectores como fundamento para su advertencia más terrible.

Al hacerlo, nos ha dado una perspectiva invalorable de su visión de la *iniciación* cristiana. Este es el único lugar en el Nuevo Testamento donde se presentan los *cuatro* elementos de manera sistemática. Aparecen aquí como las cuatro piedras angulares, por así decirlo, de un fundamento bien establecido para la vida cristiana. No obstante, hay algunas formas de expresión inusuales que requieren un comentario.

Primero, "arrepentimiento de las obras que conducen a la muerte". La preposición "de" (griego: *apo*) es importante. Muchos se arrepientan "acerca de" o "por" sus actos pecaminosos, ¡pero no "de" ellos! Los hechos de pecado necesitan ser seguidos por hechos de arrepentimiento: renuncia, reforma, restitución y reconciliación (esto fue desarrollado en el capítulo 2 y será aplicado en el capítulo 32).

Segundo, "fe en Dios". La sorpresa aquí es que dirige su fe hacia el Padre antes que el Hijo. Como judíos, ya habrían tenido "fe en Dios". Pero esto es probable que no sea demasiado significativo, ya que se trata de una lista resumida de recordatorios, y no un manual de instrucción.

Sin duda, en el momento de su conversión sería ampliado para significar "fe en todo lo que Dios ha logrado a través de su Hijo, Jesucristo".

Tercero, "la instrucción sobre bautismos". Hay dos aspectos de esta frase que ha desconcertado a los comentaristas. El uso de una forma comparativamente rara de la palabra para "bautismo" (griego: *baptismos*, usado en otras partes solo para el "lavamiento" habitual, Mr 7:4; Heb 9:10) en vez de la palabra usual para el rito iniciático (griego: *baptisma*) es una anomalía. Tal vez necesitamos recordar que ninguna palabra se había convertido aún en un título tan técnico para el sacramento como se ha convertido hoy "bautismo", al punto que ahora ha perdido todo su significado griego de "inmersión". Las palabras usadas entonces eran descriptivas más que definidoras. Había otras palabras para "lavamiento" que se usaban también para el bautismo (*apolouo* y *loutron*, por ejemplo). Así que no debemos fijarnos demasiado en el vocabulario usado aquí. Pero más perturbador es la forma *plural* de la palabra; ¿a qué "bautismos" se refiere? Hay por lo menos cinco explicaciones posibles (que indico en un orden de probabilidad creciente):

1. Significa simplemente que por lo general se bautizaban varias personas en cada ocasión.
2. El bautismo en el nombre trinitario involucraba una triple inmersión (como en las iglesias ortodoxas griegas hoy).
3. El bautismo es un lavamiento "doble", del cuerpo y del alma a la vez.
4. Las personas interesadas deben saber tanto del bautismo en agua como del bautismo en el Espíritu, ya que ambos son necesarios.
5. Los "hebreos" necesitaban conocer la diferencia entre el bautismo cristiano y las abluciones levíticas, el bautismo de prosélitos y, tal vez, el bautismo de Juan; si bien eran exteriormente similares en la forma, son diferentes internamente en el significado.

Las palabras "la instrucción sobre" favorecen la última solución. Necesitaban ser "enseñados" acerca de los muchos bautismos diferentes, aun cuando recibieran uno solo en su iniciación cristiana (10:22). Cuarto, "la imposición de manos". Sin duda ésta era una expresión de oración intensiva para que el Espíritu Santo pudiera ser recibido por el creyente arrepentido y bautizado. El versículo 4 habla de los resultados de esto. La práctica tiene un paralelo en el libro de Hechos (8:17; 9:17; 19:6) y en otras epístolas (ej: 2Ti 1:6-7). Lo que es inesperado es la implicación de que la imposición de manos era un elemento normal y necesario de la iniciación, usado en cada caso para "comunicar" el Espíritu Santo al converso. Tal vez necesitamos recordar que los únicos dos casos registrados donde el Espíritu Santo fue dado *sin* imposición de manos también contienen indicaciones claras de por qué no ocurrió. En el día de Pentecostés mismo (Hch 2:2-4) no había ninguna otra persona que ya hubiera "recibido" para imponer manos sobre ellos, así que Dios mismo impuso sus dedos de fuego sobre ellos. En la casa de Cornelio (Hch 10:44), Dios nuevamente tuvo que hacerlo él mismo, dado que nadie más lo hubiera hecho por esos gentiles. Dado que estas dos "excepciones" puede ser explicadas de manera racional, nos queda la "regla" de que el don del Espíritu era recibido siempre mediante la imposición de manos desde el principio mismo, en contra de la opinión de algunos eruditos de que la carta a los Hebreos refleja una etapa posterior de la historia de la iglesia, cuando se había cristalizado el rito de la "confirmación". Este acto físico no solo combinaba la intercesión con la identificación, sino que incluía también el concepto de una transferencia de poder de uno que ya lo poseía a otro que lo necesitaba (cf. Nm 27:18-20 con Dt 34:9). La misma idea de "transferencia" está detrás de la imposición de manos sobre los enfermos.

Sigue un agregado inesperado a estas cuatro verdades básicas cristianas, todas relacionadas con el presente. El autor agrega dos principios fundamentales más acerca del futuro: "la resurrección de los muertos" y el "juicio eterno", que constituyen una extraña conclusión. ¿Por qué la resurrección de los muertos, a diferencia de la de Jesús, es tan importante para los comienzos cristianos? ¿Y no era el "juicio venidero" parte de la predicación original del evangelio que habían escuchado antes de embarcarse en sus enseñanzas elementales? Los problemas surgen solo si tomamos estos seis temas como un plan de estudios exhaustivo para una clase de "principiantes" del cristianismo (como algunos maestros cristianos se han visto tentados a hacer a partir de este pasaje). ¡Pero el escritor les acaba de decir que *no* los llevará por esta clase de curso de nuevo! Sin embargo, les recordará aquellas cosas que habían aprendido en el pasado y que sustentarán su argumento y apelación ahora. En otras palabras, ésta es una lista selectiva de los puntos específicos de su instrucción inicial que más necesitan recordar en su situación actual. Los seis temas seleccionados pueden dividirse de manera conveniente bajo dos encabezamientos. Por un lado, necesitan recordar los cuatro pasos decisivos tomados de arrepentirse, creer, ser bautizados y recibir el Espíritu, todos ellos voluntarios y, como veremos, irrevocables. Por otro lado, necesitan recordar dos hechos acerca del futuro: que un día resucitarán y que luego serán juzgados sobre cómo han continuado después de este comienzo (como en 2Co 5:10). Su situación presente debe ser contrastada con su iniciación pasada y su examen futuro para que puedan ser vistos en su propia luz. La percepción del sufrimiento cambia bastante cuando se lo ve desde una perspectiva escatológica y no existencial (cf. Ro 8:18).

Esta instrucción objetiva se había convertido en una experiencia subjetiva para ellos; conocían su realidad en sus propias vidas. Fueron iluminados, saborearon el don celestial, tuvieron parte en el Espíritu Santo y experimentaron la buena palabra de Dios y los poderes del mundo venidero. Decir que podrían experimentar todo esto sin haberse convertido siquiera en cristianos sería quitar todo sentido al lenguaje aquí. Esto suele hacerse en aras de una teología "calvinista", que tiene un interés creado en que no hubieran "renacido", en vista de la advertencia que sigue. Pero tenemos que preguntarnos: "¿Por qué querría el autor llevarlos adelante a la "madurez" si ni siquiera habían llegado a ser bebés todavía?

Uno hubiera esperado que un recordatorio de este tipo fuera seguido por una tierna apelación a seguir adelante, tal vez del tipo: "Habiendo saboreado la buena vida, ¿están listos para tirarlo por la borda?". En cambio, tenemos la advertencia más dura de toda la carta: "Si tiran todo esto por la borda, ¡nunca podrán recuperarlo!". Es una tragedia que este pasaje sea discutido generalmente en el contexto del tema "una vez salvo, siempre salvo", que tiene el efecto de distraer la atención del verdadero tema. El escritor no está discutiendo si es posible que un cristiano pierda su salvación; ¡da por sentado que puede ocurrir! Va mucho más allá al decir que, si y cuando ocurra, entonces es imposible para un "ex cristiano" recuperar su salvación, ¡dado que es imposible arrepentirse! Algunos pecados no permiten el arrepentimiento, incluyendo el repudio público de Cristo en tiempos de persecución. Hacer esto es compartir la culpa de quienes humillaron y crucificaron a Jesús, porque negaron su afirmación de que era el Hijo de Dios. Que Pedro haya ofrecido el perdón a quienes fueron cómplices en el hecho original no altera este principio: ellos estaban actuando "por ignorancia" (Hch 3:17), algo que un cristiano no puede hacer. Otras escrituras confirman la seriedad de esta negación (Mt 10:33 y 2Ti 2:12, por ejemplo).

Habiendo hecho una advertencia tan severa de un peligro muy real —porque decir que es puramente hipotético le quita eficacia—, el escritor asegura a sus lectores que es más optimista que pesimista en el caso de ellos (6:9-12). Si bien este destino terrible *podría* ser de ellos, no espera que lo sea. Tiene una auténtica fe en el fortalecimiento del Espíritu Santo. Dios mismo está de su lado y quiere que tengan éxito en la lucha. Pero un resultado victorioso no es inevitable. Es vital que ellos permanezcan diligentes, pacientes y fieles "hasta el fin" (LBLA, NBLH), si la esperanza de heredar todo lo prometido para el futuro ha de concretarse.

Habían tenido una buena partida, pero eso no ganará la carrera. Un buen final es igual de importante. Luego de listar muchos héroes de la fe del Antiguo Testamento,

EL NACIMIENTO CRISTIANO NORMAL

el escritor dice de ellos: "Todos éstos murieron en fe, sin haber recibido las promesas" (11:13). Exhorta a sus lectores a correr con la misma perseverancia, mirando a Jesús, el pionero y perfeccionador de nuestra fe, el que nos permite comenzar y terminar. ¡El cristianismo es la forma de morir así como la forma de vivir!

28. LA FE QUE OBRA
(Santiago 2:14-26)

Hermanos míos, ¿de qué le sirve a uno alegar que tiene fe, si no tiene obras? ¿Acaso podrá salvarlo esa fe? Supongamos que un hermano o una hermana no tienen con qué vestirse y carecen del alimento diario, y uno de ustedes les dice: "Que les vaya bien; abríguense y coman hasta saciarse", pero no les da lo necesario para el cuerpo. ¿De qué servirá eso? Así también la fe por sí sola, si no tiene obras, está muerta. Sin embargo, alguien dirá: "Tú tienes fe, y yo tengo obras". Pues bien, muéstrame tu fe sin las obras, y yo te mostraré la fe por mis obras. ¿Tú crees que hay un solo Dios? ¡Magnífico! También los demonios lo creen, y tiemblan. ¡Qué tonto eres! ¿Quieres convencerte de que la fe sin obras es estéril?¿No fue declarado justo nuestro padre Abraham por lo que hizo cuando ofreció sobre el altar a su hijo Isaac? Ya lo ves: Su fe y sus obras actuaban conjuntamente, y su fe llegó a la perfección por las obras que hizo. Así se cumplió la Escritura que dice: "Le creyó Abraham a Dios, y esto se le tomó en cuenta como justicia", y fue llamado amigo de Dios. Como pueden ver, a una persona se le declara justa por las obras, y no sólo por la fe. De igual manera, ¿no fue declarada justa por las obras aun la prostituta Rajab, cuando hospedó a los espías y les ayudó a huir por otro camino? Pues como el cuerpo sin el espíritu está muerto, así también la fe sin obras está muerta.

La mayoría de los evangelistas ignoran este pasaje cuando predican el evangelio. Si bien reconocen que puede contener una necesaria corrección para creyentes autocomplacientes, no ven su pertinencia para un incrédulo interesado. En concreto, no tiene ninguna relación con la iniciación cristiana. Sin embargo, Santiago se está refiriendo claramente a la fe que puede "salvarlo" (v. 14), que está sin duda en el corazón del evangelio.

¡Hay quienes van más lejos y cuestionan si esta breve carta debería ser considerada siquiera como parte del canon de la escritura! El muy conocido rechazo de Lutero de esta "epístola de paja" no es una actitud aislada. Al parecer, ¡es posible tener una pobre opinión de su valor teológico junto con la creencia en su inspiración divina!

El "problema" de Santiago es percibido es su mayor parte por quienes toman el punto de vista de Pablo de la salvación como un sistema de doctrina completo, a través del cual deben ser juzgados los demás aportes apostólicos al Nuevo Testamento. Este prejuicio arbitrario hace muy poca justicia a otras perspectivas vitales.

Desde esta opinión prejuiciada, Santiago puede ser acusado —y ocurre frecuentemente— de estar en conflicto directo con Pablo. Por lo tanto, su afirmación de que "a una persona se le declara justa por las obras, y no solo por la fe" (v. 24) es considerada como una contradicción directa de afirmaciones paulinas como "nadie es justificado por las obras que demanda la ley sino por la fe en Jesucristo" (Gá 2:16). No es de extrañar que en la lucha de la Reforma por el principio de la justificación solo por la fe, solo en la autoridad de la Biblia, ¡la epístola de Santiago era un documento algo embarazoso!

Claramente esta tensión debe ser resuelta si queremos beneficiarnos del aporte vital de Santiago a nuestro entendimiento de la "fe salvadora". El Espíritu Santo sabía lo que estaba haciendo cuando guió a la iglesia primitiva a reconocer a esta carta del hermano de nuestro Señor como una escritura inspirada que transmite autoridad apostólica para toda la iglesia a lo largo de las edades.

La aparente discrepancia sobre este artículo de fe fundamental puede ser resuelta a través de un cuidadoso análisis del argumento de Santiago.

La clave yace en su uso de la palabra "obras". Santiago no quiere decir "obras de la ley". Sin embargo, Pablo la usa constantemente en este sentido, de guardar los mandamientos a fin de "ganar" o "merecer" la salvación de Dios. La idea de que el hombre puede hacer algo para contribuir a su salvación es por completo ajena al evangelio de la gracia divina. Es así que Pablo, al arrepentirse de sus buenas obras, llega a considerarlas mero "estiércol" (Fil 3:8-9, una palabra vulgar que se refiere al excremento humano). No hay lugar en el mismo corazón para la justicia propia y la justicia de Dios.

Santiago estaría cien por ciento de acuerdo con todo esto; pero cuestionaría enfáticamente la deducción de que el hombre es un mero receptor pasivo en la salvación. Santiago hace énfasis en que la fe es una apropiación activa de la justicia divina. ¡Y Pablo estaría cien por ciento de acuerdo con Santiago en esto!

Ni Pablo ni Santiago enseñan que la "fe" consiste en alcanzar estándares morales en su propia fuerza. La carencia básica de la naturaleza humana es, precisamente, su incapacidad para guardar los mandamientos de Dios (aun el celoso Saulo de Tarso solo logró nueve de diez; Fil 3:6 debe ser balanceado con Ro 7:8). ¡Para definir esta distinción total entre la "fe" y las "obras de la ley" solo debe señalarse que los dos ejemplos o "modelos" de fe mencionados por Santiago estaban quebrantando, en ambos casos, la ley de Dios! ¡Una prostituta es elogiada por dar falso testimonio y un padre, por intentar matar a su propio hijo!

Tampoco se está refiriendo Santiago a "obras de amor". Este punto es más sutil. A primera vista, parece que esto es lo que quiere decir (vv. 15-17), y esta interpretación ha sido acogida como una base posible para reconciliar su enseñanza con la de Pablo, que también habló de una fe que "actúa mediante el amor" (Gá 5:6). Pero la implicación de que la fe necesita ser complementada por actos de asistencia social hacia los necesitados equivale en realidad a decir que necesita ser suplida por actos de moralidad. En ambos casos queda diluida la doctrina de la gracia.

Debemos entender que la pequeña historia sobre urbanidad en los versículos 15-17 no pretende ser un ejemplo específico de las "obras de la fe", sino una ilustración general del principio de que la profesión sin acción es inútil en cualquier esfera de la vida; en este caso, el trato con un hermano necesitado. La compasión por los que sufren, como la fe en Dios, no se demuestra por lo que decimos, sino por lo que hacemos. Note que Santiago compartía la misma capacidad de su hermano Jesús para explicar una verdad profunda mediante una situación cotidiana.

Así que Santiago no está diciendo: "La fe sin obras de amor es inútil", si bien la teología liberal lo aceptaría de buen grado, sino: "La fe sin obras es tan inútil como el amor sin obras". En otras palabras, para Santiago la palabra "obras" significa simplemente *"acciones"*, ¡en vez de todo lo que evoca la mente evangélica embebida de la teología paulina! Muchas traducciones modernas han reconocido esta necesidad de usar otro equivalente sin connotaciones tan ofensivas: algunas usan "hechos", pero la tendencia más general y útil es hacia "acciones".

Entonces, ¿qué quiere decir Santiago cuando habla de las "acciones de la fe"? Dado que alimentar a un hermano hambriento no es lo que quiere decir, recurre a dos acciones concretas del Antiguo Testamento (en contraste con el caso hipotético que imagina en v. 15). Quiere mostrar la "fe obrando" o la "fe en acción". Como para subrayar que no está hablando de moralidad, escoge una mala mujer y un buen hombre. Como para subrayar que no está hablando de asistencia social, escoge una buena acción que salvó vidas y otra que casi destruyó una vida. ¿Qué tienen, entonces, en común las acciones de Rajab y Abraham? Ambos actuaron de una forma que puso en peligro su seguridad presente, porque ambos confiaron en Dios para salvaguardar su futuro. Asumir esta clase de riesgos forma parte de la esencia de la fe. Es tener la confianza suficiente como para actuar de acuerdo con las propias convicciones, en especial cuando están arraigadas en la revelación de Dios de sí mismo.

Esta clase de fe está en marcado contraste con muchas cosas que suelen pasar por ella. Hoy se les dice a menudo a las personas que han llegado a ser cristianas, y que son elegibles para ser bautizadas y ser miembros de una iglesia, teniendo como único fundamento una "profesión de fe"; lo que *dicen* con sus palabras. Santiago no lo aceptaría de ninguna forma: solo la "posesión de la fe" lo conformaría.

La evidencia de esto sería visible más que audible, discernible mediante la observación de lo que la persona hacía más que por escuchar lo que decía (v. 18).

Con una sátira profunda, Santiago señala que la recitación de un credo de teología impecable no supera lo que pueden hacer los demonios, ¡todos buenos monoteístas! Y la "confesión" de éstos por lo menos contiene algún contenido emocional: tiemblan de temor, aunque no tienen fe. Santiago tal vez esté insinuando que hace mucho tiempo que sus lectores no han demostrado siquiera ese nivel de respuesta al hecho sobrecogedor del monopolio de poder de Dios.

Cuando leemos la primera parte de Santiago 2 nos queda la impresión de que el cristianismo apostólico ya estaba degenerando en un "iglesismo" respetable cuando la carta fue escrita. En un entorno así, la fe tiende a fosilizarse en una repetición verbal; los adoradores pueden pasar semanas, meses y aun años sin ejercer jamás la fe que profesan con tanta regularidad en la iglesia. Podrá ser precisa en cuanto a la doctrina, pero ha perdido el dinamismo de la aventura. El esquema se repite con demasiada frecuencia.

Santiago quiere asegurarse de que nos demos cuenta de que la "fe" no es la expresión de una sana teología. No se trata tanto de *aceptar* la verdad de la palabra de Dios como de *actuar* de acuerdo con ella. La profesión sin práctica es inútil para nosotros, así como la compasión sin socorro es inútil para los demás. Esta clase de fe no puede "salvar". ¡Está tan "muerta" como un cadáver en una morgue!

29. EL DILUVIO SALVADOR
(1 Pedro 3:18-22)

Porque Cristo murió por los pecados una vez por todas, el justo por los injustos, a fin de llevarlos a ustedes a Dios. Él sufrió la muerte en su cuerpo, pero el Espíritu hizo que volviera a la vida. Por medio del Espíritu fue y predicó a los espíritus encarcelados, que en los tiempos antiguos, en los días de Noé, desobedecieron, cuando Dios esperaba con paciencia mientras se construía el arca. En ella sólo pocas personas, ocho en total, se salvaron mediante el agua, la cual simboliza el bautismo que ahora los salva también a ustedes. El bautismo no consiste en la limpieza del cuerpo, sino en el compromiso de tener una buena conciencia delante de Dios. Esta salvación es posible por la resurrección de Jesucristo, quien subió al cielo y tomó su lugar a la derecha de Dios, y a quien están sometidos los ángeles, las autoridades y los poderes.

Algunos estudiosos han sugerido que toda esta epístola es un "tratado bautismal", una especie de "catecismo para candidatos". Por cierto, es un excelente estudio bíblico para principiantes, ya que cubre muchas cosas que un nuevo cristiano necesita saber y hacer.

Pero hay mucho aquí para creyentes maduros también. De hecho, Pedro parece haber sido uno de esos raros cristianos que son tan buenos evangelizando como pastoreando. Después de todo, Jesús lo llamó a ser un pescador y un pastor (Mr 1:17; Jn 21:15-17).

Tanto la persona interesada como el creyente necesitan que se les diga que la vida cristiana involucrará sufrimiento. Pablo era tan sincero como Pedro en dejar esto en claro (cf. Hch 14:22), y ambos seguían el ejemplo de Jesús (Jn 16:33).

El hilo escarlata del sufrimiento recorre toda esta carta. Probablemente escrita contra el trasfondo de la primera oleada de persecución bajo Nerón, una de las principales preocupaciones del autor es ayudar a su rebaño disperso en Asia Menor (ahora Turquía) a mantener su integridad moral frente a la oposición, no solo del público general sino ahora también de las autoridades del estado (anticipa que esto se extenderá desde Roma a todo el imperio; ver 1:1; 4:12; 5:13).

Las tensiones de vivir bajo un régimen hostil surgen vez tras vez en la carta. El seguidor de Jesús debe vivir una vida intachable, pero se encontrará acusado de crímenes. Debe ser un ciudadano leal, pero será tratado como un traidor. Debe ser abierto y sincero, pero será objeto de calumnias.

Sufrir por hacer lo malo es aceptable para la naturaleza humana (cf. Lc 23:41), pero para la víctima inocente de una injusticia es una prueba severa. Ésta sería la experiencia general de los cristianos durante los dos siglos siguientes. Pedro mismo integraría la larga lista de mártires.

Bajo esta clase de presión, es fácil imaginar que "la rectitud solo trae más problemas" (Sal 73:1-22 es un ejemplo clásico), tentándonos a revertir a los "caminos del mundo". El antídoto es mantener una perspectiva eterna (Sal 73:23-28 logra esto). Lo que ocurre al cuerpo es considerado como de poca importancia relativa; mantener la vida del espíritu es el objetivo fundamental.

Éste es, por lo tanto, el telón de fondo de nuestro pasaje, que contiene una asociación poco habitual de ideas, junto con una revelación única. El estilo es "disperso" más que lógico; el hilo que lo mantiene unido es una preocupación general más que un argumento lineal. Es una pintura más que una fotografía.

Luego de hacer la observación válida de que es moralmente preferible sufrir por hacer lo bueno que por lo malo, es natural para Pedro ilustrarlo a partir del propio comportamiento de Cristo en la cruz frente a la mayor de todas las injusticias. Ya ha establecido este concepto de manera eficaz (en 2:21-23), pero esta vez su línea de pensamiento lo lleva en una dirección inesperada. Dice que la destrucción del cuerpo de Jesús fue la liberación de su espíritu ("e" minúscula; Pedro se refiere a su espíritu humano, no al Espíritu divino). ¡Lejos de restringir el ministerio de Jesús, la muerte lo extendió!

Desde un punto de vista, Jesús fue muerto en la carne pero, desde otro, fue vivificado en espíritu. Esto no es una referencia a su resurrección tres días después, que fue la nueva vivificación de su cuerpo. Es un comentario sobre su estado durante los tres días entre su disolución física y su resucitación. Ningún otro lugar en el Nuevo Testamento afirma que estuvo plenamente consciente y activo durante este período, si bien las palabras de Jesús al ladrón moribundo lo dan a entender de manera clara (Lc 23:43).

Esta notable perspectiva es seguida de inmediato por una pieza de información extraordinaria. Durante este tiempo, Jesús visitó la morada de los difuntos (en hebreo, *sheol*; en griego, *hades*). (Este es el verdadero significado de la afirmación "descendió a los infiernos" en el Credo Apostólico; *no* era el lugar del castigo eterno, al que se ingresa solamente luego del juicio final). Aquí Jesús predicó a "los espíritus encarcelados", una frase que señala a los que son mantenidos en "custodia" hasta su juzgamiento en el día del juicio (cf. 2P 2:4 y Jud 6). El grupo específico al que Jesús se dirigió es la generación ahogada por el diluvio en el tiempo de Noé. Todo esto ocurrió entre la muerte y la resurrección de Cristo.

Pedro es el único escritor del Nuevo Testamento que nos habla de esto (si bien un Evangelio menciona otro efecto de la muerte de Jesús sobre el mundo de los difuntos: muchos "santos" fueron liberados del Sheol y fueron reconocidos al volver a caminar por las calles de Jerusalén, Mt 27:52-53). Pero, ¿dónde obtuvo Pedro esta información? Sin duda, de su encuentro con el Jesús resucitado el primer domingo de Pascua, del cual no tenemos detalles (1Co 15:5).

Preguntar por qué Jesús hizo una cosa semejante es ingresar en el mundo de la especulación, ya que las escrituras no ofrecen ninguna razón. ¿Fue para anunciar que el acto más severo del juicio de Dios había sido igualado ahora por una intervención decisiva de su misericordia? Pero proclamar esto sin ofrecer una oportunidad de salvación a los oyentes sería un tormento terrible, que no condice para nada con el Señor. Solo podemos suponer que tenía en mente su arrepentimiento.

Pero, ¿por qué habría de tener este grupo específico el privilegio único de una "segunda oportunidad" después de la muerte? Tal vez porque fue la única generación en sufrir un juicio divino tan pleno y final antes del día en que el resto de la raza humana tenga que comparecer en juicio. En consecuencia, podría aducir un tratamiento injusto, porque Dios prometió nunca volver a hacer lo mismo a ninguna otra generación. Dios no dará a nadie la oportunidad de acusarlo de ser injusto (cf. Gn 18:25).

La reticencia a tomar el relato de Pedro al pie de la letra se debe por lo general a reservas teológicas. Se considera que el incidente contradice la enseñanza bíblica general de que el momento de la muerte fija nuestro destino eterno (Lc 16:26). Se estaría abriendo la puerta a quienes desean creer que tendrán una "segunda oportunidad" más allá de la tumba, con la suposición ingenua de que quienes han gustado el infierno realmente querrán ir al cielo. Los temores de que esto quitará la motivación moral y espiritual para arrepentirse en este mundo son válidos, pero pueden ahuyentarse señalando que las palabras de Pedro solo son aplicables a la generación de Noé, y a ninguna otra. En consecuencia, esta única excepción no compromete la regla general.

La mención del diluvio recuerda a Pedro qué ejemplo apropiado podemos encontrar en la familia de Noé de personas que mantuvieron su integridad moral en una sociedad sumamente inmoral y sobrevivieron el juicio que cayó sobre ella. El arca los llevó de manera segura a través del diluvio; fueron "salvadas mediante el agua" (preposición griega: *dia* = por medio de). El sentido preciso de la frase está sujeto a debate. Hay quienes piensan que significa que la misma agua que ahogó a otros "sostuvo" el arca y fue, en sentido muy literal, su medio de supervivencia. La sugerencia más probable es que el diluvio, en realidad, los "transfirió" de un mundo sucio de pecado a un mundo limpio de justicia.

Este efecto purificador y liberador del diluvio lleva a Pedro naturalmente a pensamientos acerca del bautismo cristiano. Ambos sucesos, uno universal y el otro individual, pueden ser considerados como "tipo" y "antitipo", donde uno simboliza y "prefigura" al otro. Así como el agua del diluvio "salvó" a Noé y a su familia (¡todos adultos, ningún bebé!), el agua del bautismo "salva" al creyente. Esta afirmación acerca del bautismo aparece dos veces (en el v. 21) y es posible que sea la terminología *instrumental* más fuerte usada acerca del bautismo en el Nuevo Testamento (si bien Mr 16:16 y Tit 3:5 también usan la palabra "salvado" con relación al bautismo; ver capítulos 8 y 26). Los que sienten fobia por la "regeneración bautismal" tienen grandes dificultades con esta afirmación y tienden a ignorarla (como hacen con la palabra "agua" en Jn 3:5). Pedro, tal vez anticipando esta interpretación errónea posterior, se apresura a explicar el significado de la palabra "salva". El bautismo tiene un efecto purificador en el mundo moral más que material, quitando la contaminación de la conciencia antes que la suciedad del cuerpo.

¡Es una pena que en este punto crucial, el griego de Pedro es ambiguo! La frase traducida dice, literalmente: "una aceptación (o respuesta) a Dios de una buena conciencia". Pero, ¿quién realiza la aceptación/respuesta: el hombre o Dios? Ambas posibilidades han sido incorporadas a las traducciones modernas:

1. "el compromiso de tener una buena conciencia delante de Dios" (NVI);
2. "una petición a Dios de una buena conciencia" (LBLA).

Estas traducciones conducen a perspectivas bastante diferentes acerca del bautismo, si bien el énfasis general del pasaje no se ve afectado mucho.

La versión del "compromiso" es simplemente una promesa de vivir una buena vida en el futuro, una aceptación de que la vida ahora debe ser vivida en obediencia al Señor (un *sacramentum* era originalmente el juramento de lealtad hecho por un soldado recién reclutado en el que prometía obediencia al César). Pero, ¿por qué debería hacerse en agua tal resolución, y qué paralelo posible podría haber entre esto y el diluvio de Noé? Sobre todo, esta interpretación vacía a la palabra "salva" de todo contenido redentor.

La versión de la "petición" encaja mejor en el contexto inmediato. El bautismo no es para una limpieza exterior del cuerpo sino para una limpieza interior de la conciencia. Tan seguramente como todo el mal del mundo antiguo fue lavado por el diluvio, el creyente arrepentido verá cómo su culpa y vergüenza son "enjuagados". Así como Noé emergió del arca a un mundo libre de pecado, ¡el creyente puede disfrutar de una vida "blanqueada"! Una visión tan eficaz del bautismo es en todo consistente con otros escritos apostólicos (Hch 22:16; Ef 5:26; Heb 10:22; note que el último también vincula la "conciencia" con el "agua".

Antes de decidirnos por alguna de estas alternativas, debemos mencionar una tercera posibilidad, en algún punto intermedio de las otras dos y algo más sutil. Noé había vivido de manera recta antes del diluvio (Gn 6:19), y cuando ingresó en el arca estaba confiando en que el Señor reivindicaría su buena conciencia llevándolo a salvo a través de las aguas. De una forma similar, podría suponerse, ¡el creyente arrepentido está pidiendo a Dios que confirme que es "justo" (en este caso, justificado) ante él al no dañarlo en las aguas del bautismo! Ésta no es una sugerencia tan descabellada como parece, cuando consideramos que la Cena del Señor, tomada de manera indigna, puede causar enfermedad y aun muerte (1Co 11:30). Sin embargo, esto limitaría la actividad divina en el sacramento a la función negativa de juicio, en tanto que el lenguaje da a entender el propósito positivo de la salvación. Y existe también la objeción práctica de que, si bien esta clase de destino debe haber sido merecido en muchas ocasiones, hasta donde yo sé, ¡Dios no ha usado el rito para este propósito!

Sea cual fuere la traducción/interpretación preferida —y yo favorezco la segunda—, hay una cosa clara en todas ellas: el bautismo es para personas con una conciencia, ya sea una buena que busca reivindicación o una mala que busca purificación. Por lo tanto, es un acto consciente y responsable, llevado a cabo de manera voluntaria. Aplicarlo a bebés, que ni siquiera saben que tienen una conciencia, buena o mala, parecería algo completamente inadecuado. Michael Green, al discutir este pasaje en su libro *I Believe in the Holy Spirit*[15] (London: Hodder & Stoughton, 1975), p. 128, dice lo siguiente:

> La palabra traducida "aspiración" se interpreta de diferentes formas. . . . Pero en todos los casos habla de un compromiso genuino de parte del hombre. Y la alusión a la ascensión de Cristo a la diestra de Dios sugiere el poder liberado en la vida del bautizado cuando el candidato no pasa por un mero lavamiento ceremonial sino que se vuelve en arrepentimiento y fe obedientes a Jesucristo. Esa clase de bautismo nos salva.

Así que el bautismo es una combinación de actividad humana y divina. La persona que es bautizada hace una súplica a Dios al ser sumergida (Hch 22:16 describe esto con la frase "invocar su nombre"). Dios usa la ocasión para producir una limpieza interior, que libera a la persona de la culpa del pasado (Hch 22:16 lo describe como lavarse de sus pecados). Es el punto de encuentro entre la gracia activa y la fe activa. Ambas son esenciales para el bautismo "eficaz".

Finalmente, la "liberación" que logra el bautismo solo es posible porque Cristo mismo ha resucitado y ha ascendido al cielo, lo que le ha otorgado el pleno control sobre todos los poderes sobrenaturales, tanto buenos como malos. Así como el diluvio de Noé limpió al mundo del sexo pervertido y la violencia introducidos por la corrupción demoníaca (Gn 6: 1-11), el agua del bautismo nos libera del "dominio" de esas mismas fuerzas (Ro 6:3-14). El bautismo es sacramental precisamente porque es sobrenatural.

---

15 En español, *Creo en el Espíritu Santo*.

30. LA PUERTA CERRADA
(Apocalipsis 3:20)

Mira que estoy a la puerta y llamo. Si alguno oye mi voz y abre la puerta, entraré, y cenaré con él, y él conmigo.

"Un texto fuera de contexto se convierte en un pretexto". Si alguna vez fue cierta esta frase, ¡es con el uso de este versículo en la predicación y consejería evangelísticas!

El cuadro de Holman Hunt, "La luz del mundo", es a la vez un efecto y una causa de la generalizada interpretación errónea y consecuente aplicación incorrecta de este texto. Olvidándonos por completo de la representación afeminada de Cristo (se usaron niñas para la figura y la cabeza), con sus vestimentas eclesiásticas, el error principal es la puerta a la que está golpeando Jesús, que debería haber sido la puerta de una iglesia (en realidad, era la puerta de una granja en un huerto de Ewell, Surrey, Inglaterra).

La afirmación en Apocalipsis 3:2 no está dirigida a incrédulos, sino a creyentes, y no está destinada a creyentes individuales, sino a una comunidad de creyentes en la ciudad de Laodicea.

¡Jesús está golpeando a la puerta de una de sus propias iglesias! Él está afuera de la comunión, aunque las personas imaginan que aún está adentro. Es algo que da que pensar que una iglesia pueda continuar su vida sin Cristo, aun considerándose próspera y exitosa, mientras permanece ciega a su pobreza espiritual.

¡Ser tibio es más ofensivo para la cabeza de la iglesia que ser indiferente! El Espíritu de Jesús les dice: "Las iglesias tibias me hacen vomitar", una referencia que entenderían demasiado bien, ya que los cálidos manantiales en las afueras de Laodicea se convertían en una corriente tibia cuando el agua llegaba a la ciudad, y beberla a esta temperatura, llena de las sales que contenía, la convertía en un poderoso vomitivo.

El verdadero problema de la iglesia era el autoengaño. Alguien que era tan completamente "real" como Jesús, el

"Amén" (= verdaderamente, ciertamente, sinceramente), el "testigo fiel y verdadero" ("real" y "verdadero" son la misma palabra en griego), no puede sentirse "en casa" en medio de tanta irrealidad y autodecepción. Ser frío hacia la verdad es un auténtico rechazo, y sentir calor hacia la verdad, una auténtica aceptación; pero ser tibio acerca de la verdad es profundamente ofensivo. La artificialidad en la religión es hipocresía, y nada indignaba a Jesús más.

¡La buena noticia es que solo hace falta que un miembro se levante a abrir la puerta para que Cristo vuelva a entrar en la iglesia! "Oír su voz" significa aceptar el diagnóstico de Jesús de la verdadera condición de la iglesia. "Abrir la puerta" significa reconocer ser parte de la enfermedad y buscar su sanidad. La iglesia como un todo no puede ser enmendada a menos que los miembros individuales estén dispuestos a ser restaurados a una verdadera relación con Jesús. Toda persona en la iglesia que esté dispuesta a hacer esto redescubrirá el gozo de una comunión renovada con el Señor, como la que disfrutan unos amigos alrededor de la mesa de la cena. Los comentaristas tal vez no estén del todo errados al percibir aquí una referencia a la mesa de la comunión, o por lo menos a la primitiva práctica de la fiesta de amor o comida *agape*. Significa que al menos un miembro volvería a experimentar la verdadera presencia de Jesús en tales encuentros, aun cuando, para el resto, seguiría siendo una ceremonia formal, ¡por más ornamentada que sea!

Todo este mensaje es muy pertinente y a menudo terriblemente necesario en muchas iglesias, ¡en las exitosas aún más que las que están luchando por sobrevivir, y en las cálidas aún más que las frías! Pero no tiene nada que ver con la conversión o con hacerse cristiano.

Su uso en la evangelización simplifica de manera inevitable la iniciación, que se vuelve una simple cuestión de pedir a Jesús que entre en su vida, o recibir a Jesús en su corazón, o abrir la puerta para dejarlo entrar. Esta clase de eufemismos son ajenos al Nuevo Testamento. La imagen de Jesús buscando entrar no aparece en ninguna otra parte. ¡La realidad es todo lo opuesto! Es el pecador quien está afuera, golpeando, buscando entrar en el reino (Lc 11:9). La pregunta no es: "¿Lo dejaré entrar a *él*?" sino "¿Me dejará entrar a *mí*?" (Mt 25:10-12). De hecho, Jesús mismo es la puerta de la salvación; solo podemos entrar a través de él (Jn 10:7-9).

Solo en ocasiones el Nuevo Testamento habla de "Cristo en" nosotros (Col 1:27 es uno de los pocos versículos que contienen esta expresión). Con mucha mayor frecuencia, el Nuevo Testamento habla de que nosotros estamos "en Cristo". La "conversión" no es tanto Cristo viniendo a estar en nosotros como nosotros yendo a estar "en Cristo". Somos bautizados en agua a Cristo (Hch 19:5; Gá 3:27); somos bautizados en Espíritu a su cuerpo (1Co 12:13; ver capítulo 23).

Como incrédulos, ya estamos "en Dios" (Hch 17:28). Como creyentes arrepentidos y bautizados, estamos "en Cristo". Pero se produce un verdadero cambio cuando llegamos a considerar nuestra relación con el Espíritu Santo. Después de Pentecostés, es él quien es recibido, no Jesús (ver capítulo 5), y es él quien mora en nosotros. Estamos "en Espíritu" y el Espíritu está "en nosotros", pero es este último aspecto el que se menciona más a menudo (por ejemplo, Ro 8:9-11 contiene tres referencias al Espíritu que "vive/está en ustedes"). Esta podría ser una razón por la que la oración por lo general es dirigida al Padre y al Hijo en los cielos, afuera de nosotros, antes que al Espíritu, en el corazón, "dentro" de nosotros. Psicológicamente, es más fácil orar en voz alta (como Jesús esperaba que hiciésemos, aun estando solos; Lc 11:2; cf. Mt 6:6-13) a alguien que podemos imaginar "afuera" de nosotros; hablar a alguien en nuestro interior parecería extraño, y más afín a las técnicas de meditación orientales. La postura bíblica de oración parece haber involucrado "levantar" la voz, las manos y los ojos (cf. Jn 17:1; Hch 7:55-59; 1Ti 2:8, etc.).

Sería mejor, a la luz de la confusión que genera, dejar de usar este texto por completo en el contexto de la iniciación. Se podría objetar que Dios ha "bendecido" su uso erróneo para la salvación de muchos. Pero la misericordia de Dios está por completo a disposición de su propia decisión (Mt

20:15; Ro 9:15), y si él esperara que nuestra exposición fuera perfecta antes de salvar a alguno, ¿quién se salvaría jamás? Su libertad, sin embargo, no es la nuestra. Nosotros estamos bajo la obligación solemne de estudiar su palabra con tanto cuidado que seamos obreros no avergonzados por un trabajo chapucero o indolente, sino que "interpretamos rectamente la palabra de verdad" (2Ti 2:15). ¡Una *eiségesis* impresionante no es ningún sustituto de una exégesis precisa! En términos menos técnicos, una vez que sabemos lo que realmente está en el texto, ya no podemos predicar lo que pensábamos que decía, no importa cuánto Dios haya bendecido nuestra ingenuidad o ignorancia previas. El predicador del evangelio debe compartir la propia pasión de nuestro Señor por la verdad: "si no fuera así, ya se lo habría dicho a ustedes" (Jn 14:2).

El peligro de usar este versículo para "llevar a alguien a Cristo" es que se pasarán por alto elementos vitales de la iniciación. No menciona el arrepentimiento del pecado, el bautismo en agua o la recepción del Espíritu. Sería mucho más apropiado citar un texto que trate de manera concreta lo que la persona interesada necesita hacer (como Hch 2:8, por ejemplo). Lo que puede ocurrir lamentablemente es que la "sencillez" de Apocalipsis 3:20 sea en realidad preferida por algunos porque ahorra al consejero mucho tiempo y trabajo recorriendo los demás pasos involucrados. De hecho, en cruzadas unidas que dependen del apoyo de una amplia variedad de iglesias, ¡puede ser usado para evitar temas tan "polémicos" como el bautismo en agua o en el Espíritu! Sin embargo, esta evasión del desafío pleno del Nuevo Testamento hace más daño que bien; en el corto plazo, a la experiencia del "converso" y, en el largo plazo, a la calidad de la iglesia. Todo este asunto es considerado en el próximo capítulo.

¡Tengo plena conciencia de que este capítulo podrá privar a algunos predicadores de su sermón evangelístico favorito! Reciban ellos consuelo del hecho de que la evangelización apostólica era bastante eficaz sin la apelación a este versículo. ¡Ni siquiera había sido escrito hasta que la mayoría de los Doce habían muerto! La respuesta a nuestra predicación será de mayor cantidad y mejor calidad si nos proponemos continuar firmemente en la doctrina de iniciación de los apóstoles y apelamos a una respuesta completa al evangelio. Y si explicamos este versículo en su verdadero contexto, podremos encontrarnos con un sermón aún más poderoso que el que teníamos antes; en esta ocasión, un mensaje profético para la iglesia en vez de un mensaje evangelístico para el mundo.

Tercera Parte

LA TÍPICA DECISIÓN DE HOY
La dimensión pastoral

31. UNA DECISIÓN ESTÁNDAR

De un tratamiento de los pasajes que contienen el patrón de iniciación "normal de ayer" nos volvemos al "promedio de hoy". Cuando hablo de "normal", me refiero a lo que debería ocurrir; "promedio" se refiere lo que realmente ocurre. En el período del Nuevo Testamento estas dos cosas eran exactamente lo mismo: ¡lo que debería ocurrir, ocurría! Tomando la evangelización apostólica como nuestra norma, podemos invertir la frase: lo que ocurrió entonces debería ocurrir ahora. Lamentablemente, a menudo no es así.

Vimos en el primer capítulo que diferentes corrientes del pensamiento cristiano han acentuado distintos aspectos de la iniciación: los liberales enfatizan el arrepentimiento; los evangélicos, la fe; los sacramentales, el bautismo; y los pentecostales, el Espíritu. Un hincapié excesivo en un elemento puede degradar y aun distorsionar a los demás. Con las diferencias de énfasis han llegado desacuerdos sobre la importancia de cada parte, en especial cuando se la ve aislada del resto. Esto ocurre en particular con el bautismo en agua y en el Espíritu.

Los trágicos efectos de la confusión generada afloran cuando las diversas corrientes intentan una evangelización unida. El factor del "menor denominador común" asume el control. El evangelio completo en el Nuevo Testamento y, específicamente, la respuesta completa a ese evangelio, sufre una reducción al ser limitado a aquellos elementos que tienen el amplio consenso de las iglesias participantes. Ambos son definidos en términos mínimos y generales. La mayoría de los evangelistas están dispuestos a aceptar esta concesión en aras de un patrocinio más amplio y una mayor oportunidad. ¡Los viejos cristianos entonces darán su apoyo al objetivo de hacer nuevos!

Sin embargo, son estos nuevos cristianos los que terminan sufriendo. Con frecuencia tienen un "mal parto" y un retraso en el crecimiento, o (en algunos casos) ni siquiera sobreviven. En los últimos años la importancia crucial de un seguimiento adecuado se ha reconocido cada vez más y las pérdidas se están reduciendo. Pero aún no existe una plena conciencia de que el

UNA DECISIÓN ESTÁNDAR

parto mismo es tan exigente como el cuidado posnatal. Un buen comienzo es clave, tanto para la vida como para una carrera (1Co 9:24; Heb 12:1).

Una de las razones de una partería espiritual chapucera es la presión del tiempo. Como ocurre con el nacimiento natural, algunos partos son notablemente rápidos: el carcelero de Filipos es un buen ejemplo, aunque fue necesario un terremoto para provocar los dolores de parto. Otros requieren más tiempo: para Pablo mismo, fueron tres días. Es bastante irrazonable esperar completar el proceso en unos pocos instantes al final de una reunión, en especial si hay familiares y amigos esperando.

Para cubrir esta contingencia, todo el proceso ha sido condensado severamente en un resumen que podría ser el "mínimo indispensable" requerido para una persona a punto de morir (ver capítulo 9 sobre el ladrón moribundo), ¡pero que está muy lejos de las necesidades de alguien que esperamos que siga viviendo! El resultado es una "fórmula" bastante estandarizada, conocida popularmente como "la oración del pecador", muy usada en la predicación y en materiales impresos. Pero no es solo la presión del tiempo que ha formulado esta "oración". Se apoya también en una concepción teológica que considera que este elemento cubre todo lo necesario para "nacer de nuevo". La repetición sincera es considerada suficiente para la salvación eterna.

LA "ORACIÓN DEL PECADOR"

Es hora de considerar esta "oración del pecador" con mayor detalle (este ejemplo, una versión usada por la Asociación Evangelística Billy Graham, es uno de los más ampliamente utilizados y difiere poco de la mayoría de los demás):

> Señor Jesús, sé que soy un pecador. Creo que moriste por mis pecados. Ahora mismo, me vuelvo de mis pecados y abro la puerta de mi corazón y de mi vida. Te recibo como mi Señor y Salvador personal. Gracias ahora por salvarme. Amén".

La evaluaremos a la luz de las "cuatro puertas espirituales" ya descritas en este libro. Al hacerlo, no estamos diciendo tanto que esta oración sea mala, sino que podría ser mucho mejor. Se reconoce plenamente que en su forma actual ha servido como un paso concreto en la dirección correcta para muchos, si bien no tenemos forma de saber cuántos la han usado sin ningún efecto inmediato o duradero. Lo que se cuestiona es la sugerencia de que es el viaje completo hacia la vida en el reino.

Arrepentimiento

En el Nuevo Testamento siempre es algo ordenado por Dios y dirigido hacia él mismo más que hacia Jesús. Jesús murió para llevarnos a Dios, para reconciliarnos con Dios. Es contra Dios que hemos pecado (ver capítulo 2). Es ante Dios que tenemos que disculparnos, y no ante Jesús.

No incluye ninguna mención concreta de pecados específicos (plural). Esta es la principal debilidad de una "confesión general". No hay una confrontación con algo explícito. Es improbable que un reconocimiento tan vago aunque amplio sea seguido por algún "hecho" de arrepentimiento —renuncia, reforma, restitución, reconciliación—, dado que todos estos surgen de identificar fallas concretas.

Fe

Ya hemos cuestionado todo el concepto de "recibir" a Jesús (ver capítulo 5) y de "abrirle la puerta" (ver capítulo 30 sobre Ap 3:20). Ninguno de estos conceptos es una definición del Nuevo Testamento de lo que significa "creer en" Jesús. ¡El pecador debería pedir al Salvador que abra la puerta y lo "reciba" a él!

Es, también, bastante dudoso si la repetición de las palabras de otra persona sea lo que el Nuevo Testamento llame "invocar el nombre del Señor". Como veremos (en el capítulo 33), es mucho más útil alentar a las personas interesadas a hablar al Señor directamente con sus propias palabras, en cuyo caso es más probable que surjan del "corazón" que de la cabeza.

Pero la principal debilidad de esta petición es el énfasis en las palabras de fe antes que en la obras de fe (ver capítulos 3 y 28). No hay ninguna "acción" involucrada en esta oración, pero la fe sin acciones "está muerta" y no puede salvar (Stg 2:14, 26). Tampoco hay mención alguna de la necesidad de "seguir" creyendo. Es dudoso, también, que la palabra "gracias" sea apropiada en esta etapa. Si el bautismo en agua es "para perdón de sus pecados" (Hch 2:38) y el bautismo en el Espíritu es la primera "evidencia" de que Dios ha aceptado al creyente arrepentido, parecería que "por favor" sería más apropiado en la etapa del primer pedido de salvación.

Bautismo
Esta es la primera "acción" de fe, junto con el arrepentimiento. Es fundamental para convertirse en discípulo (Mt 28:19), para ser salvado (Mr 16:16), para nacer de nuevo (Jn. 3:5), para tener los pecados perdonados (Hch 2:38) y para tener una buena conciencia (1P 3:21).

¡Pero no aparece ninguna mención del bautismo en la "oración del pecador" o, por lo general, en la consejería verbal o impresa que la acompaña! Esto es porque ya no se lo entiende como una respuesta evangelística sino como un rito eclesiástico que puede quedar en manos de la denominación al que el "converso" escoja unirse.

Recepción del Espíritu Santo
El Espíritu Santo es introducido raramente en esta etapa. Así como la primera persona de la Trinidad es omitida a menudo de la "oración", también la tercera persona es ignorada de manera sistemática. La petición es virtualmente "unitaria", produciendo una relación y experiencia truncadas que distan mucho de la evangelización plenamente trinitaria de los apóstoles ("arrepentirse hacia Dios, creer en el Señor Jesús y recibir el Espíritu Santo").

Aun cuando se mencione el Espíritu, se da por sentado que será dado de manera automática. No habrá necesidad alguna de decir nada más, y mucho menos "seguir pidiendo" (como en Lc 11:13), o de hacer nada más, como imponer las manos (como en Hch 9:17; 19:6; 2Ti 1:6; Heb 6:2).

Y, como por lo general nada "ocurre" cuando se repite la

oración del pecador, se supone que la recepción normal del Espíritu es inconsciente. Por cierto, muchos libritos sobre "Cómo llegar a ser un cristiano" se cubren haciendo énfasis en que los conversos tal vez no "se sientan diferentes"; ¡algunos hasta les dicen que no "esperen sentirlo"! Es difícil imaginar un contraste mayor con el enfoque del Nuevo Testamento de la consejería. Si "nada ocurría" en esos días, la suposición universal era que el Espíritu no había sido recibido de ninguna manera (ver capítulo 16), y cuando "algo ocurría" era imposible negar que el Espíritu había sido recibido (ver capítulo 18).

Así que la oración del pecador es buena hasta donde llega, pero no llega lo suficientemente lejos. Contiene omisiones y distorsiones. Dicha de manera lenta y sincera, ¡lleva menos de un minuto! Expresada con mayor cuidado, podría servir como el comienzo de una respuesta al evangelio; pero induce al engaño de una manera peligrosa si pretende ser una respuesta completa que cubre todo lo que se necesita para "llegar a ser un cristiano". Debe ser usada solo después de que una persona se haya arrepentido realmente en pensamiento, palabra y acción (ver capítulo 2) y antes de conducirla hacia el bautismo en agua y en el Espíritu. Nada en la oración debería sugerir que todo ha sido hecho en ese momento. En el ejemplo mencionado antes, se supone que la persona que ora es "salvada" al final de la oración, algo que no se ajusta a la Biblia (ver Mr 16:16; Hch 2:34; 22:16; Tit 3:5 y el capítulo 36 de este libro).

El resultado de poner el énfasis en la profesión más que en la posesión de la fe, junto con la excesiva simplificación de la iniciación, es abrir la puerta a una terminología antibíblica. En vez de decir que una persona se ha "arrepentido", que ha "creído", que ha "sido bautizada" o ha "recibido el Espíritu", hemos adoptado una plétora de eufemismos que actúan como sustitutos de estos términos neotestamentarios. Se pide a las personas interesadas que "hagan un compromiso", "entreguen su vida", "se dediquen", "tomen una decisión", "abran su corazón", "se entreguen", "lo dejen entrar", etc. Todas éstas son frases

UNA DECISIÓN ESTÁNDAR

"generales" que reducen la iniciación a un único paso, lo cual tal vez explique la motivación detrás de su invención. Pero tienen poco que ver con la evangelización apostólica, que carece significativamente de toda esta terminología.

El resultado de este enfoque es dejar a muchos "cristianos" iniciados de manera inadecuada o, más sencillamente, "mal nacidos". El fundamento ha sido mal colocado; una o más de las piedras angulares falta. Cambiando la metáfora, sus "motores" no funcionan con los cuatro cilindros, algo que puede pasar desapercibido hasta que enfrenten su primera pendiente empinada, que John Bunyan llamó "Dificultad". Por supuesto, estos comentarios se aplican por igual a los millones que han tenido el bautismo sin fe (como los bebés) y a los que han tenido fe sin bautismo. Algunos podrán objetar que el último caso es muchísimo más "seguro" que el primero, pensando en la eternidad. Pero esa clase de "evaluación" o antítesis es ajena al pensamiento del Nuevo Testamento, que nunca considera tal alternativa. Para los apóstoles, la fe y el bautismo eran el anverso y el reverso de la misma cosa. Era tan impensable que alguien profesara fe sin obedecer el primero de los mandamientos del Señor, de ser bautizado, como hubiera sido bautizar a alguien antes que hubiera creído. Para ellos, "El que crea y sea bautizado será salvo, pero el que no crea será condenado" (Mr 16:16; ya hemos notado que una persona será "condenada" por la falta de fe, no del bautismo). Pero podría argumentarse que la falta de una relación consciente con el Espíritu Santo es una desventaja aún mayor para el nuevo cristiano que no haber experimentado el bautismo en agua. Tal vez la mayoría de los cristianos de hoy han intentado comenzar a vivir la vida cristiana sin haber "recibido" al Espíritu Santo, en el sentido neotestamentario de experimentar su derramamiento de manera consciente.

CÓMO TRATAR CON CRISTIANOS INICIADOS DE MANERA INADECUADA

Este libro está dirigido principalmente a las personas que

ministran a estos nuevos cristianos, y es un pedido urgente para que les den *todo* el paquete que les corresponde en Cristo, y en el momento que más lo necesitan. Pero es obvio que esta perspectiva ampliada de la iniciación tiene implicaciones pastorales, además de evangelísticas. De hecho, cuando un pastor escuchó esta enseñanza aceptó que era fiel a la Biblia, ¡pero dijo que nunca la predicaría desde el púlpito porque ya tenía suficientes problemas con sus miembros! Todo esto plantea la cuestión delicada de aplicar estos conceptos a cristianos de mucho tiempo —y a menudo de "mucha posición"— que han logrado vivir de manera fiel y fructífera durante muchos años sin uno o más elementos de la iniciación del Nuevo Testamento. Si las cuatro puertas espirituales se enseñan adecuadamente a los nuevos conversos que ingresan en la iglesia, no pasará mucho tiempo antes que muchos de los que ya están adentro comiencen a sentirse incómodos en comparación, y aun vulnerables y amenazados.

Existen dos posibles enfoques para estos creyentes incómodos y defensivos: consolarlos o "completarlos".

Consolarlos
Esta es, sin duda, la solución más fácil: asegurarles que la bendición de Dios sobre ellos demuestra que está satisfecho con ellos, que están perfectamente donde se encuentran y que tienen todo lo que necesitan. Por cierto, a menudo se considera ofensivo y desconsiderado sugerir que estos "santos" carecen de algo, porque podría hacer más daño que bien para su paz y progreso espirituales.

Se menciona a menudo el ladrón moribundo como un precedente en este contexto; fue salvado sin el bautismo en agua o el bautismo en el Espíritu (ver capítulo 9 para una crítica de este argumento). ¡Este criminal ejecutado ha dado más consuelo que jamás se hubiera imaginado! Ha inspirado a muchos a tener la esperanza de entrar "raspando" en el cielo con las mínimas calificaciones. Con mayor frecuencia, se usan "grandes" cristianos para "consolar" de una manera parecida: los generales del Ejército de Salvación que nunca fueron bautizados en agua, grandes predicadores que nunca hablaron en lenguas, etc. "Bautistas" y "pentecostales" inmaduros son comparados de manera desfavorable con "santos" tan destacados, sacando conclusiones erróneas en cuanto a lo que es "necesario" para la plena salvación.

Hay una grave falla en estas comparaciones tan odiosas. La respuesta adecuada sería señalar cuánto mejores habrían sido estos "grandes" cristianos si hubieran recibido todo lo que Dios quería que tuvieran. Cuánto más efectivos hubieran sido los que tenían el fruto del Espíritu si hubieran tenido los dones también; y cuánto más atractivos hubieran sido esos dones del Espíritu si también hubieran tenido el fruto.

A largo plazo, es más un impedimento que una ayuda para la madurez espiritual que a uno le digan que no necesita nada más. Sugerir que algo que ha sido ordenado para cada creyente en el Nuevo Testamento es, en realidad, opcional no tiene ninguna justificación. Podría ser la solución más sencilla, pero no es la mejor y ni siquiera la correcta. Hay una alternativa apostólica.

Completarlos

Esta es la forma correcta: averiguar qué dimensiones faltan y tomar las medidas necesarias para suplir la deficiencia. Podemos encontrar a los apóstoles Pedro, Juan y Pablo haciéndolo en el libro de Hechos (ver capítulos 16, 18 y 20). No perdieron tiempo *discutiendo* la condición espiritual o eterna de quienes carecían de uno u otro elemento de la iniciación; ¡era una situación que requería *hacer* algo al respecto! Todo lo que fuera necesario debía ser suplido cuanto antes.

Este es el enfoque más amable y amoroso, ya que busca lo mejor posible para otro creyente; no puede conformarse con menos. Constituye la esencia de una preocupación auténticamente pastoral (y evangelística) "suplir lo que falta" (1Ts 3:10).

Hay muchos problemas posteriores cuyo origen puede ser rastreado a una iniciación inadecuada: tal vez nunca se puso punto final de manera adecuada al pasado, o nunca se explicó la necesidad de ejercer la confianza asumiendo riesgos, o el "viejo hombre" nunca tuvo un funeral adecuado, o nunca se experimentó personalmente el poder sobrenatural. Cuando estas omisiones son rectificadas, los problemas posteriores a menudo se reducen en tamaño o aun desaparecen por completo (es un enfoque sano para muchos problemas pastorales indagar primero acerca de la conversión de la persona, para ver si fue "completa"). Como mínimo, un cristiano estará mucho mejor equipado para encarar los problemas de vivir la vida cristiana si cuenta con un fundamento seguro debajo de él.

Esta digresión ha sido necesaria porque algunos lectores pueden haberse vuelto más preocupados por la condición de los cristianos "viejos" que la conversión de los "nuevos". Los comentarios anteriores no tienen la intención de desalentar o marginar a estas personas, sino alentarlas y enriquecerlas. Sin embargo, no se debe permitir que el temor de alterar a los "santos" prive a los pecadores de un comienzo de vida adecuado. Demasiado a menudo, hemos adaptado nuestra consejería evangelística para evitar ofender a las noventa y nueve ovejas que ya están en el rebaño (o, más probablemente, ¡sus pastores!). Son las ovejas perdidas las que siempre salen perdiendo. Aun cuando un entendimiento más completo de la iniciación del Nuevo Testamento nos cree problemas, no nos da el derecho de retener nada de otras personas. ¿Por qué deberían tener ellos un comienzo deficiente solo porque tantos de nosotros lo tuvimos?

Es hora de considerar la ayuda práctica que puede darse para permitir a los "discípulos" atravesar las "cuatro puertas espirituales" hacia el reino del cielo en la tierra, sea que recién estén comenzando la vida cristiana o hayan estado en "el Camino" durante algún tiempo. Una forma fácil para que el consejero y la persona interesada las recuerden es usando la palabra ACaBaR como recurso mnemotécnico: Aceptar, Creer, Bautizarse y Recibir. Veremos ahora cada uno por turno, considerándolos esta vez desde la perspectiva práctica antes que teológica.

32. CÓMO AYUDAR A LOS DISCÍPULOS A ARREPENTIRSE

El tiempo tomado para asegurarse de que el arrepentimiento es real es un tiempo bien usado. Un "perdón" general sirve de poco, y a menudo deja intacto el cordón umbilical con el pasado. El arrepentimiento es el primer paso hacia el reino, y no debe ser apresurado. La persona interesada necesita ayuda en tres áreas básicas: debe ser seria, específica y sensata. El consejero necesita los dones del Espíritu, en especial palabras de conocimiento o sabiduría y, sobre todo, discernimiento.

SIENDO SERIOS

Una persona puede ser muy inteligente, rica, atractiva, talentosa, poderosa, ¡y aun ser muy necia! La verdadera sabiduría no es ante todo un almacén de experiencia acumulada; comienza simplemente por *hacer* lo correcto. Volverse del pecado hacia Dios es la cosa más sensata que alguien pueda hacer jamás. Pero pocos lo hacen si no están altamente motivados.

"El temor del Señor es el principio del conocimiento" (Pr 1:7). Es dudoso que alguien haga un auténtico cambio moral a menos que este temor esté presente. Es el resultado de darse cuenta de las consecuencias últimas de continuar en hábitos de pensamiento, de palabra y de conducta erróneos.

El otro lado de las buenas nuevas de que el reino de cielo está siendo restablecido en la tierra es que la culminación inevitable del proceso será una situación de juicio. Una mitad de las parábolas de Jesús habla del actual proceso de infiltración y la otra, de la futura crisis de separación (las ovejas de las cabras, el trigo de la cizaña, los pescados buenos de los malos).

El juicio será individual, y cada persona será responsable ante el Señor por toda su vida. Cada pensamiento, palabra o acción ha sido registrado fielmente. Los libros serán abiertos y, a diferencia del programa de televisión *Esta es tu vida*, los detalles desagradables no habrán sido editados. El juicio no será largo, ya que todos los hechos serán conocidos en detalle por el juez, que será estrictamente imparcial y absolutamente justo. No habrá ninguna apelación de la sentencia, porque no existe ningún tribunal superior. Tampoco ningún ser humano podrá alegar su inocencia cuando sea confrontado con su historial concreto.

En caso que alguien piense que Dios no entiende las presiones de vivir en este mundo, él ha delegado las responsabilidades del juicio a un hombre, Jesús (Hch 17:31). El mismo que hizo todo lo que pudo para alertarnos y persuadirnos será quien finalmente rechace a los que han oído de él pero lo ignoraron, lo cual significa que Pilato, Herodes y Judas se presentarán todos ante el tribunal de Jesús.

El castigo es "perecer". La palabra significa casi lo mismo en griego que en inglés-español: no dejar de existir, sino descomponerse al punto que el propósito original para el cual fue hecho ya no es posible (un hombre "perecido" es tan inútil para Dios como un neumático "perecido" para el hombre). El infierno es el incinerador de Dios para los "bienes" perecidos (cf. "muy bueno" de Gn 1:31 con "siendo malos" en Lc 11:13). Cada desastre es un recordatorio de este destino terrible (Lc 13:5). Nuestro mayor temor debería ser, no de un cáncer, un despido o un holocausto nuclear, sino de quien puede destruir el cuerpo y el alma en el infierno (Lc 12:5).

Todo nuestro conocimiento acerca del infierno proviene de los labios de Jesús mismo, como si Dios no confiara en nadie más para transmitir una revelación tan espantosa. Se han hecho muchos intentos por encontrar una alternativa a esta terrible posibilidad: segunda oportunidad, sufrimiento temporal (purgatorio), inmortalidad condicional (extinción total). Todos éstos serían preferibles a un tormento sin final, pero ninguno cuadra con la descripción de Jesús del horror último. Tal vez la característica que Jesús destacaba más a menudo era la agonía mental de la frustración desesperada (Mt 25:30; Lc 16:24). Vivir sin Dios para siempre jamás y estar entre personas totalmente corruptas y con "animales" por completo pervertidos que alguna vez fueron humanos (Dn 4:16), dándose cuenta todo el tiempo de que no hay esperanza alguna de escapar de la compañía o las condiciones (Lc 16:25), eso es el infierno, y justifica hacer todo sacrificio posible en esta vida para evitar entrar en él.

Estas son algunas de las verdades que necesitan ser comunicadas con claridad a alguien que desea convertirse en cristiano. Los párrafos anteriores son casi una paráfrasis del llamado de Juan el Bautista a "escapar del castigo que se acerca" (Lc 3:7). Él sabía que el mismo Rey que "bautizaría en Espíritu Santo" también bautizaría un día "en fuego", quemando la paja (Mt 3:11-12), aunque ambos no serían simultáneos, como tal vez esperaba (Lc 7:19). Cuando Pablo predicaba el evangelio, siempre comenzaba con noticias acerca de la ira de Dios, hirviendo a fuego lento en el presente (Ro 1:18-22) pero que un día estallaría (Ro 2:5-11). En ese día toda clase y tipo de personas, desde las más altas hasta las más bajas, preferirían ser aplastadas por un alud antes que contemplar los rostros furiosos del Padre y el Hijo divinos (Ap 6:16-17).

Forma parte de la esencia de un juicio que una persona sea responsable y tenga que dar cuentas de sus propias acciones y carácter. La psicología conductista ha socavado este concepto, tratando a los seres humanos como sobrecrecidos perros de Pávlov (que no podían evitar babearse cuando sonaba la campana para la comida, hubiera o no alimento). Hemos sido enseñados a considerarnos víctimas indefensas, determinados por la herencia y el medio ambiente e incapaces de ayudarnos. Aun el pensamiento cristiano ha sido influido por esta perspectiva, con un mayor deseo de la "sanidad interior de las emociones" que del "perdón de los pecados". Pero lo que nos ha convertido en lo que somos no es lo que hemos sufrido, sino lo que hemos hecho con lo que hemos sufrido. Nadie puede evitar ser herido injustamente en este mundo, pero somos nosotros quienes escogemos responder con amargura y resentimiento. Solo Dios sabe lo que no pudimos evitar pero, por la misma razón, sabe lo que sí pudimos evitar, y nos juzga por estas elecciones hechas de manera voluntaria.

Considerar a una persona responsable por sí misma es asignarle plena dignidad humana. Asumir que ha hecho elecciones erróneas es aceptar la verdad bíblica de la depravación humana. Hablar del juicio venidero es recordarle el destino humano. Así de serio es el pecado. Hay pecados que podrían descalificarnos para siempre de la herencia en el reino venidero (1Co 6:9-10; Gá 5:19-21; da que pensar que estas advertencias fueron hechas a creyentes, y no a incrédulos).

Esta clase de enseñanza acerca del "juicio eterno" es inherente a la iniciación cristiana (forma parte de la lista de las "enseñanzas elementales" de Heb 6:1-2; ver capítulo 27). Esto, entonces, es la base de ese "arrepentimiento de las obras que conducen a la muerte".

SIENDO ESPECÍFICOS

Ya hemos visto el peligro de una "confesión general". El verdadero arrepentimiento no es del pecado general, sino de pecados específicos. Como mínimo, los pecados repudiados necesitan ser nombrados.

¿Cómo puede un consejero ayudar a una persona a ser concreta? Hay por lo menos tres métodos posibles.

Primero, mediante *una conversación guiada*. Aquí, el consejero avanza con firmeza a través de las afirmaciones vagas hacia los detalles personales. Deben hacerse preguntas específicas: "¿Por qué quiere convertirse en cristiano?", "¿De qué pecados necesita ser salvado?", "¿Qué secretos está ocultando de los demás?", "¿Alguna vez ha estado involucrado en prácticas ocultistas?". Esto no debe hacerse con ningún espíritu de curiosidad morbosa, y la persona aconsejada debe sentir que se mantendrán las confidencias. Pero es una acción de amor, ya que traer esta clase de cosas a la luz es a menudo el primer paso de liberación del reino de las tinieblas. Exponer pecados ocultos puede comenzar a debilitar su poder además de reducir el tormento de la culpa secreta.

Segundo, mediante *una lista detallada*. Algunos consejeros usan hoy un "compendio" preparado de cosas prohibidas, para que sean tildadas por el candidato a discípulo. (El excelente libro de Basilea Schlink, *The Christian's Victory*[16] (Marshall, 1985) trata cuarenta y cinco de los pecados más habituales, en especial aquellos que afligen el espíritu más que la carne). El uso de esta clase de listas puede ser eficiente y efectivo, especialmente para aguijonear la memoria. Lamentablemente, cada vez es más necesario ocuparse de ejemplos específicos de participaciones en el ocultismo y de perversión sexual, dado que ambos conducen a la esclavitud y requieren, por lo tanto, liberación además de perdón.

La tentación de esta clase de "catálogos" es concentrarse en los pecados más groseros y sencillos (robo, fornicación) en vez de los más complejos y sutiles (orgullo, avaricia); pero estos últimos pueden incluirse fácilmente dando ejemplos específicos (coleccionar antigüedades, especular en la bolsa de comercio, etc.). Juan el Bautista hacía esta clase de sugerencias prácticas (Lc 3:10-14; ¡note en especial: "confórmense con lo que les pagan!".).

El Nuevo Testamento contiene esta clase de listas (Mt 15:18-20; Mr 7:21-23; Ro 1:29-32; 13:13-14; 1Co 5:9-11; 6:9-10; 2Co 12:20-21; Gá 5:19-21; Ef 4:17-19; 4:25-31; 5:3-4; Col 3:5-6, 8-9; 1Ti 1:9-10; 2Ti 3:1-5; Tit 3:3-5; 1P 2:1; 4:2-4; Ap 21:8; 22:14). Estas veinte listas contienen apenas por arriba de cien pecados diferentes. Un consejero sabio los habrá estudiado y podría llevar un "bosquejo" en su cabeza como referencia. La clasificación puede hacerse de diversas formas: pecados de pensamiento, palabra y acción; pecados contra Dios, los demás y uno mismo o pecados de omisión y comisión.

En el Nuevo Testamento, los pecados no son "graduados" en categorías, por ejemplo en "veniales" y "mortales" (si bien existe el "pecado imperdonable" y el "pecado que lleva a la muerte", ambos al parecer casos perdidos; ver Mt 12:34; 1Jn 5:16), ni debe considerarse ningún pecado como

---

16 En español, *La victoria del cristiano*.

más serio que otro, dado que todo pecado rompe la relación con Dios.

El estudio de las listas del Nuevo Testamento convencerá rápidamente al lector de que la mayoría de los "Diez Mandamientos" en la ley de Moisés aparecen considerados, con un significado más profundo y una aplicación más amplia, hacia la "ley de Cristo". La excepción es el cuarto, relacionado con el día de reposo, que nunca se aplica a los creyentes gentiles, ya que fue "cumplido" de una manera bastante diferente (ver Ro 14:5-6; Col 2:16-17; Heb 4:9-11; ver también D. A. Carson (ed.), *From Sabbath to Lord's Day*[17] (Zondervan, 1982).) La ley mosaica aún puede ser usada como un "guía" para llevarnos a Cristo (Gá 3:24); "por cierto, es el borde recto de la Ley que nos muestra lo torcidos que somos" (Ro 3:20, paráfrasis de J. B. Phillips).

Un contraste con las virtudes puede ser tan eficaz como una comparación con los vicios. En particular, una confrontación con la equilibrada perfección del carácter, la conversación y la conducta del Señor Jesucristo mismo puede traer una profunda convicción de pecado (Lc 5:8). Bien en el fondo, todos los que han oído de él saben que esa es la forma en que la vida debe ser vivida y cómo no la hemos vivido nosotros. Contemplarlo es ser convencidos de que "todos han pecado, y están privados de la gloria de Dios" (Ro 3:23).

Tercero, mediante *una revelación inmediata*. Es en este nivel que la ayuda del Espíritu Santo en la consejería es tan invalorable, si bien las dos "técnicas" anteriores también necesitan ser usadas bajo su control.

Por un lado, él puede traer los pecados "raíz" de la memoria subconsciente al pensamiento consciente de la persona que está siendo aconsejada. En realidad, nunca olvidamos nada que hemos pensado, sentido, dicho o hecho jamás (note cuán a menudo una imagen, un sonido o aun un olor pueden desencadenar un recuerdo), pero nos cuesta recordar cuando tenemos que hacerlo. El Espíritu Santo puede ayudarnos precisamente en este punto (Jn 14:26). La consejería puede comenzar con una oración pidiéndole

---

17 En español, *Del día de reposo al día del Señor*.

ayuda para recordar.

Por otro lado, el Espíritu puede dar una "palabra de conocimiento", que guíe al consejero a una importante "raíz central" de pecado, que la persona aconsejada podrá estar ocultando consciente o inconscientemente. Así como Jesús "conocía el interior del ser humano" (Jn 1:48; 2:25; 4:18) y podía precisar el verdadero problema (por ejemplo, la codicia del joven rico, Mr 10:17-22), su Espíritu puede dar perspectivas similares hoy. Recuerdo haber intentado ayudar a una joven que había respondido a cada apelación evangelística durante dieciocho meses, esperando un cambio en su vida, pero sin encontrar ninguna diferencia; el Espíritu Santo me impulsó a preguntar: "¿Con quién estás viviendo?", que dejó al descubierto todo el problema, pero con el mismo resultado que el joven rico: se fue triste, renuente a soltar a un hombre que no quería casarse con ella. Llena de remordimiento, no quería arrepentirse.

SIENDO RAZONABLES

Hay dos aspectos de esta necesidad: las emociones que acompañan el arrepentimiento y las acciones que deberían seguirlo.

Existe una necesidad cada vez mayor de distinguir entre la culpa psicológica (lo que sentimos respecto de nosotros mismos) y la culpa moral (lo que Dios siente respecto de nosotros). La primera está frecuentemente condicionada (por la crianza, el temperamento, etc.) y es artificial (el autodesprecio y la autocompasión son muy destructivos, y a menudo son un obstáculo para el arrepentimiento). La culpa moral es objetiva más que subjetiva, una capacidad de salir del propio estado y ver el pecado tal como es. La parábola del "hijo pródigo" es un ejemplo perfecto. Los sentimientos del hijo pasaron de la pena, al remordimiento y a un verdadero arrepentimiento cuando se encontró con el amor de su padre y se dio cuenta de su enorme irresponsabilidad. Con cuánta facilidad nuestras emociones distorsionan nuestro juicio:

EL NACIMIENTO CRISTIANO NORMAL

Una vez con santa pasión
Clamé con urgente dolor:
"Oh, Señor, negro de engaño mi corazón está;
¡De los pecadores soy el principal!
Inclinóse entonces mi ángel guardián
Susurrando desde atrás:
"Vanidad, mi hombrecillo,
¡no eres nada parecido!"
(fuente desconocida)

Este breve poema resalta el peligro de la emoción distorsionada, que se presta bastante al autoengaño, aislando a una persona de la realidad: por ejemplo, un hombre puede sentirse más culpable por la masturbación que por un asesinato. A veces los pecados que más preocupan al pecador no son la verdadera barrera entre esa persona y Dios. La pena por un pecado puede disimular la culpa por otro. El corazón es experto en autoengañarse. Ser sensato es tener un sentido de proporción, una escala de valores correcta. Esto surge de la aplicación de la escritura al pecador por el Espíritu.

Es importante también ser realista acerca de las acciones así como las emociones del arrepentimiento. Con algunos pecados, es imposible volver y arreglar las cosas. Con otros, sería poco prudente siquiera intentarlo; escarbar el pasado puede hacer un verdadero daño. Es aquí donde el don del Espíritu llamado "la palabra de sabiduría" puede ser tan útil. Un hombre me confesó su adulterio, pero se preguntaba si debía confesárselo a su esposa, una paciente permanente en un psiquiátrico; el Señor me dio esta palabra para él: "Ella es ahora una niña para mí, dice el Señor, y no se le dice a una niña esta clase de cosas" (el esposo en ese momento se sintió completamente aliviado de culpa y ahora está viviendo de manera correcta y amando a su esposa como corresponde).

Las situaciones más difíciles de enderezar son aquellas que involucran el divorcio y el nuevo matrimonio. ¿Qué dijo Jesús a la mujer en el pozo de Samaria que hiciera acerca de su aprieto? ¿Que se casara con su último "hombre"? ¿Que volviera a su quinto esposo? ¿O el cuarto, tercero, segundo o primero? ¿Que permaneciera soltera el resto de su vida? ¡Si tan solo supiéramos! Este no es el lugar para tratar este tema complejo (exige un libro aparte). Sin embargo, siempre encontré que era sabio asegurarme antes de considerar sus circunstancias individuales que los dos siguientes puntos sean claramente entendidos y aceptados por las partes involucradas. Primero, que el perdón no cancela todos los contratos anteriores, desde una hipoteca a un matrimonio (¡imagine decirle a un compañía de tarjetas de crédito que todas sus deudas han sido pagadas en el Calvario!); ¡la regeneración no vuelve a "convertir" a una persona casada o divorciada en soltera! Segundo, la *regla* del Señor es bastante clara: el nuevo matrimonio es adulterio a los ojos de Dios. La persona a la que se le perdona el pecado de adulterio no está libre para continuar en él (Jn 8:11). Para muchos, el "fruto que demuestre arrepentimiento" será permanecer soltero o ser reconciliado con su pareja anterior (1Co 7:11). Una vez que estos dos principios se aceptan sin reservas, es posible entonces buscar sabiduría del Señor para el mejor camino a seguir, especialmente cuando hay hijos involucrados, por quienes el Señor tiene una preocupación especial (Mt 18:10; Lc 17:2).

Sin embargo, la mayoría de los "actos de arrepentimiento" son mucho más fáciles de definir, aunque igual de difíciles de realizar. Es esencial ser concreto y arreglar lo que puede arreglarse. Las deudas pueden ser pagadas, las disculpas pueden darse, los crímenes pueden ser confesados a la policía. Un converso que yo conocía hizo esto, obtuvo la sentencia más leve, fue apodado "el obispo" por sus compañeros de prisión por su entusiasmo por hablarles de Jesús, ¡y se ufanaba de ser el único evangelista en Gran Bretaña financiado completamente por Su Majestad la Reina! Hacer bien a los que han hecho daño es muy eficaz para expulsar la amargura y el resentimiento.

Cuando alentamos esta clase de renuncia, reforma, restitución y reconciliación, debe quedar perfectamente claro que esto no se trata de ninguna forma de hacer penitencia o expiar los pecados del pasado, aun cuando tales acciones alivien la conciencia y mitiguen los sentimientos de culpa. Las acciones de arrepentimiento de ninguna forma "merecen" la gracia divina. Deben ser consideradas más como expresiones de un auténtico deseo de ser salvados de los pecados y de una profunda gratitud por la maravilla del perdón. No es a través del arrepentimiento que somos salvados, sino mediante la fe, aunque ambos son tanto el don de Dios como el acto del hombre (Hch 5:31; Ef 2:8).

El arrepentimiento comienza en la iniciación, pero no termina ahí. Puede ser descrito como una "forma de vida". Por cierto, habrá por lo general mucho más arrepentimiento después de la "conversión", si bien debe comenzar antes. Es una de las marcas de un "santo" que toma cada vez más conciencia de ser un "pecador". El arrepentimiento continuo es esencial para el proceso de la santificación. A medida que la madurez espiritual produce un discernimiento cada vez mayor entre lo bueno y lo malo (Heb 5:14), habrá más, y no menos necesidad de arrepentimiento. Los más penitentes son generalmente los más santos. Por lo tanto, el arrepentimiento se extenderá hacia el resto de la vida.

Se extenderá también hacia toda la vida. A medida que madura, el cristiano toma conciencia de que el mal es corporativo y colectivo, además de personal e individual. Aprende a identificar los pecados de la iglesia, la nación y el mundo, a sentir su culpa y expresar penitencia por ellos. Desarrolla una "conciencia social" que conducirá a acciones de arrepentimiento en la "acción social". Sobre todo, esto se verá reflejado en su oración de intercesión, que será un eco del pedido de Jesús mismo: "Padre, perdónalos porque no saben lo que hacen" (Lc 23:34).

Sin embargo, esta doble "ampliación" del arrepentimiento, hacia el resto de la vida y hacia la totalidad de la vida, pertenece a la vida en el reino. Es a la vez poco realista e inadecuado introducir estos aspectos en la iniciación. Si bien es perfectamente legítimo, y necesario, exigir evidencia de un verdadero arrepentimiento, es imposible esperar un arrepentimiento total (es decir de cada pecado cometido jamás); eso sería buscar la santificación

CÓMO AYUDAR A LOS DISCÍPULOS A ARREPENTIRSE

antes de la justificación (que es el error básico de todas las demás religiones, incluyendo el judaísmo). De forma similar, al momento de ingresar en el reino, un pecador solo necesita enfrentar sus propios pecados; su única preocupación con los vicios y crímenes colectivos es su parte personal en ellos, si la hubiera. En un sentido, está escogiendo tener su juzgamiento antes del día del juicio, confesándose "culpable" y obteniendo la absolución en el nombre de Jesús.

Para obtener este veredicto, el arrepentimiento debe ser seguido por la fe. Cuando el arrepentimiento se convierte en el único o el principal elemento de la iniciación, que es la tendencia del pensamiento "liberal", el resultado se aproxima peligrosamente a la salvación por obras, que resulta atrayente para una era de "hágalo usted mismo". El énfasis, entonces, es en lo que el hombre hace para Dios más que lo que Dios hace por el hombre. No somos justificados por las obras de la ley, ¡ni por las obras de arrepentimiento! Debemos ayudar a las personas a arrepentirse; debemos ayudarlas también a creer.

33. CÓMO AYUDAR A LOS DISCÍPULOS A CREER

El mundo dice que "ver es creer". La Biblia dice "la fe viene como resultado de oír el mensaje" (Ro 10:17). Por lo tanto, se supone generalmente hoy que solo la fe "ciega" es verdadera fe, que el evangelio debe llegar al alma humana a través de la puerta del oído, pero no por la puerta del ojo. Sin duda la fe penetra más allá de lo visible (Heb 11:1, 27), y hay una bendición especial para las personas que, sin verlo, creyeron que Jesús estaba vivo (Jn 20:29; note que Tomás no era más "escéptico" que los otros diez apóstoles o aun las mujeres de la tumba; ver Mr 16:9-14). Pero, ¿es ésta toda la verdad? ¿Acaso un mundo que quiere ver alguna evidencia de la verdad del evangelio está pidiendo algo que no se le debería dar y, algunos agregarían, no se le puede dar? ¿Estaba tan equivocado Nietzsche cuando dijo que él querría ser salvo si los cristianos parecieran más salvos?

PALABRAS, ACCIONES Y SEÑALES

Podemos comenzar a desentrañar estas preguntas notando cómo, en los cuatros Evangelios, la vista a menudo llevaba a la fe. Los judíos que "recibieron" a Jesús, "creyeron en su nombre" y fueron "nacidos de Dios" a menudo lo hicieron porque habían visto sus milagros. La suprema culminación de este efecto fue la resurrección de Lázaro (Jn 11:45). Por esta razón el Evangelio de Juan habla de los milagros como señales, sucesos físicos tan poco naturales que apuntan más allá de ellos hacia realidades sobrenaturales. Jesús nunca desalentó a los que acudían a la fe en él a través de este camino. Pero era muy crítico de aquellos que solo querían los beneficios físicos de su ministerio por encima de las bendiciones espirituales detrás de sus milagros (Jn 6:26), una actitud demasiado frecuente en nuestra propia era materialista. Y se rehusó a realizar milagros para satisfacer la curiosidad de los escépticos hostiles (Mt 16:1-4), si bien les prometió la "señal de Jonás". Tenemos que recordar que si nadie hubiera *visto* al Jesús resucitado, no existiría una religión como el cristianismo (cf. Lc 24:24). Jesús hubiera sido considerado como un mero profeta (como lo hacen tanto el judaísmo como el islamismo). Pedro no titubeó en usar como evidencia de la resurrección y la ascensión de Jesús (y que estos sucesos demostraban que él era ahora el "*Señor* Jesucristo") el hecho de que había "derramado esto que ustedes ahora *ven* y *oyen*" (Hch 2:33). Más adelante, Pedro y Juan aprovecharon la oportunidad del espectáculo del hombre que "pedía limosna" para llevar a la multitud a la fe; ellos vieron el milagro y escucharon el mensaje (Hch 3:9-10; 4:4). Las "señales y prodigios" fueron obviamente uno de los principales factores detrás del espectacular crecimiento de la iglesia primitiva (Hch 5:12-16).

Pablo también entendía la comunicación del evangelio en estos términos. De hecho, él habla de tres dimensiones: palabra, acción y señal. Al informar a la iglesia romana acerca de sus métodos evangelísticos entre los gentiles, antes de su visita a la metrópolis, escribe: "No me atreveré a hablar de nada sino de lo que Cristo ha hecho por medio de mí para que los gentiles lleguen a obedecer a Dios. Lo ha hecho con palabras y obras, mediante poderosas señales y milagros, por el poder del Espíritu de Dios. Así que, habiendo comenzado en Jerusalén, he completado la proclamación del evangelio de Cristo por todas partes, hasta la región de Iliria" (Ro 15: 18-19; cf. 1Ts 1:5).

Lo que llama la atención en esta descripción del método de Pablo es que hay dos dimensiones para el ojo y solo una para el oído. La verdad de lo que se dice es confirmado por lo que se ve, en acciones humanas y señales divinas. Las "acciones" humanas no son principalmente actos de provisión social o presión política, por más que puedan ser consecuencias necesarias del evangelio. La definición de Jesús era en términos de un "estándar de vida" mucho más elevado, moral más que material; lo describió en el Sermón del Monte: sin ira, sin lujuria, sin divorcio, sin maldición, sin venganza, sin piedad pública, sin preocupación, etc. (ver Mt 5:16 y todo Mt 5-7). Las "señales" divinas son sobre todo la sanidad de enfermedades y la liberación de demonios (Mt 9:1), si bien no están limitadas a éstas (cf. Pablo, cuando "ciega" al brujo chipriota, repitiendo su propia experiencia camino a Damasco y que condujo a la conversión del gobernador, Hch 9:9; 19:11). Todo esto encaja con el evangelio del *reino*. La buena noticia es que el reino de Dios (su "gobierno" más que su "esfera") ha sido restablecido en la tierra por la llegada del Rey. Él ha ascendido ahora al trono del universo, mientras sus súbditos en la tierra, que ya disfrutan de los beneficios de su gobierno, están preparando a todos los que creen para su establecimiento pleno y final, luego del retorno del Rey a su planeta. Es un programa realmente "increíble", mucho más allá de la experiencia o la imaginación humanas (Is 64:4, citado en 1Co 2:9). El reino "allí y entonces" es, también, "aquí y ahora" (la mitad de las parábolas de Jesús apuntan a una crisis futura para el establecimiento del reino en la tierra; la otra mitad, al proceso actual). ¿Es irrazonable que las personas esperen alguna indicación visible de que el reino ya esté aquí? Los primeros discípulos pudieron decir que Jesús ya era soberano mediante las señales divinas que podían exhibir; y que ya eran sus súbditos señalando las acciones humanas. El reino podía y debía ser demostrado además de declarado (Lc 10:9). Esto es precisamente lo que Pablo quería decir cuando dijo que su predicación en Corinto había sido "con demostración del poder del Espíritu" (1Co 2:4; cf. Hch 14:3).

¿SON OBSOLETAS LAS "SEÑALES" SOBRENATURALES?

Por lo general, se reconoce que la predicación apostólica era atestiguada de esta forma (2Co 12:12), pero se arguye a menudo que éste no debía ser el modelo evangelístico a lo largo de la historia de la iglesia. El argumento es que una vez que la doctrina apostólica se completó y se puso por escrito, esta clase de autenticación milagrosa se volvió obsoleta. ¡La fe, entonces, tendría que creer en milagros del pasado (es decir, no vistos) como evidencia de la verdad del mensaje! ¡La palabra impresa visible es considerada entonces como un sustituto adecuado para el poder manifiesto! Ni la Biblia ni la historia de la iglesia apoyan la idea de que Dios retiró la confirmación milagrosa de su palabra cuando fue transferida de la forma oral a la forma escrita. (Por ejemplo, la carta de John Wesley del 4 de enero de 1749 al escéptico Dr. Conyers Middleton acerca de la profecía, las lenguas y la sanidad es una clásica defensa de la continuidad de los dones sobrenaturales. Ver *Letters*[18] (Epworth, 1931), vol. 2, pp. 312ff.)

Hay un texto bíblico claro que contradice la idea de que Dios hizo que las "señales" sobrenaturales cesaran, aunque no forma parte del texto original (Mr 16:15-20). Aun cuando sea un agregado posterior por un editor de la iglesia primitiva, ¡es aún una mejor evidencia de la perspectiva posapostólica! Aquí tenemos el mandato misionero para la iglesia de "todo el mundo" y hasta "el fin de los tiempos". La promesa es que sucesos milagrosos acompañarán a todos los creyentes, no solo a los apóstoles, donde fuera y por quien fuera predicado el evangelio. Reinterpretar la frase "estas señales acompañarán" como "muchas conversiones" o "vidas cambiadas" es abusar de la terminología bíblica y encubrir la falta de las señales predichas.

La carga de la prueba recae sobre quienes afirman el retiro de las "señales y prodigios". Una cosa que no pueden negar es que el Espíritu Santo mismo no ha sido retirado. Hasta que puedan darse claros fundamentos bíblicos e históricos para un cambio radical en su modo de operación, la demostración de su poder y la distribución de sus dones continúan siendo características integrales y convincentes de la plena comunicación del evangelio (Heb 2:4). Dicho sea de paso, la palabra impresa y aun predicada podría ser diseminada sin el Espíritu Santo (por ejemplo, ¡se le podría pagar a un incrédulo para distribuir tratados y algunas personas podrían ser salvas como resultado!), pero las acciones humanas y las señales divinas son imposibles de reproducir sin su presencia (que debe ser la razón por la que Jesús ordenó a los discípulos

---

18 En español, *Cartas*.

esperar en Jerusalén hasta que "recibieran poder"). Aun un conocimiento "bíblico" acerca de su muerte, resurrección y ascensión al parecer no es suficiente para ser su "testigo" (cf. Lc 24:27 con Hch 1:8).

EL VALOR DE UNA DEFENSA RAZONADA

Al ayudar a otros a creer, necesitamos considerar otra clase de "evidencia" de la verdad del evangelio. Nos referimos al papel de la "apologética", la necesidad y la capacidad de dar una "defensa razonada" de la fe. Es una verdad a medias decir que nadie entró jamás en el reino mediante argumentos (la reacción de Agripa al poder de persuasión de Pablo suele citarse en apoyo de este punto de vista; Hch 26:28). Hay obstáculos a la verdad que pueden quitarse cuando se demuestra la razonabilidad del cristianismo. (Por ejemplo, los escritos de C. S. Lewis, Francis Schaeffer, Bernard Ramm y Josh McDowell han ayudado a muchos de esta forma, ¡y ofrecen una excelente provisión de "municiones"!). Creer no es cometer un suicidio intelectual. La fe y la razón viajan por el mismo camino hacia la verdad, aunque la fe llega más lejos. ¿No fue Abraham Lincoln quien dijo: "Acepta todo lo que puedas de la Biblia basado en la razón, toma el resto por fe, y vivirás y morirás siendo un hombre más feliz?".

Por un lado, hay un cuerpo de evidencia cada vez mayor a favor de la precisión histórica de la Biblia, especialmente en el campo arqueológico. Luego tenemos la inherente autenticidad de las escrituras mismas; los detalles circunstanciales de los relatos de la resurrección alcanzarían para convencer a cualquier jurado de que el suceso había ocurrido. Puede demostrarse que muchas de las supuestas "contradicciones" son superficiales o meramente aparentes. La historia del texto mismo alienta una confianza cada vez mayor. El hecho de que casi seiscientas predicciones distintas se han cumplido (el quinto restante son casi todas acerca del fin del mundo) es más impactante que la astrología supersticiosa y la futurología científica. El incrédulo promedio desconoce por lo general cuánta evidencia acumulada puede ser amasada en favor de la verdad de la palabra de Dios.

Por otro lado, una apologética eficaz debe encarar la perspectiva filosófica general de la Biblia junto con los detalles históricos específicos. Las escrituras ciertamente no enseñan el *ateísmo* (la creencia de que "no existe Dios", ¡que requiere mucha fe para aceptar!), el *agnosticismo* ("no sé si existe Dios"), el *panteísmo* ("todo es Dios"), el *humanismo* ("el hombre es Dios, ya que alcanzó la mayoría de edad") o el *deísmo* ("Dios creó el mundo pero no puede controlarlo"). La verdadera filosofía bíblica es el *teísmo* ("Dios creó y controla el universo"), la idea que explica mejor la naturaleza y la historia.

Al presentar evidencia particular o encontrar una explicación general, estamos obedeciendo el mandato bíblico: "Estén siempre preparados para responder a todo el que les pida razón de la esperanza que hay en ustedes" (1P 3:15). Pero la "razón" es subjetiva además de objetiva, y debe incluir la experiencia junto con la evidencia. Podemos concluir esta sección con dos palabras de advertencia. Primero, es necesario discernir si un inquisidor tiene auténticas dificultades que quiere resolver o simplemente está levantando una crítica defensiva alrededor de su firme escepticismo (en el último caso, no importa cuántos más problemas solucionemos de manera satisfactoria, ¡la persona siempre encontrará más!). Segundo, si bien deben enfrentarse las auténticas barreras mentales, cabe señalar que los principales problemas que nos alejan de la fe en Dios son morales (nuestra mayor necesidad es el perdón, no la iluminación).

CÓMO AYUDAR A LAS PERSONAS A ACTUAR EN FE

Habiendo presentado el evangelio en palabra, acción y señal a través del oído y el ojo para el corazón y la mente, y estando satisfechos de que su verdad ha sido plenamente aceptada, el paso siguiente es ayudar a una persona a actuar en fe, porque creer pertenece ante todo a la voluntad; es algo para hacer (ver capítulo 3). Hay dos pasos prácticos que deben darse.

Primero, la fe necesita ser expresada en palabras. Desde lo negativo, no ayuda brindar las palabras, sea en un credo de ejemplo o como una "oración del pecador". La persona interesada podría estar más consciente de la persona cuyas palabras está repitiendo que de Aquel a quien están dirigidas. Sobre todo, el grado de sinceridad variará en proporción a cuánto se adecua la "liturgia" a las emociones y los pensamientos de la persona. Desde lo positivo, es mucho mejor que la persona se dirija al Señor de manera directa, encontrando sus propias palabras, por más simples o titubeantes que puedan ser. Un consejero con discernimiento, que escucha con atención lo que no se dice junto con lo que se dice, se dará cuenta de qué tipo de ayuda adicional podría necesitar la persona, y si ha "invocado el nombre del Señor" de manera genuina. Se la debe alentar en esta etapa a usar el nombre humano "Jesús" y, cuando entienda su significado, a llamarlo "Señor". En particular, los pronombres personales, o su ausencia, deben ser notados; no solo "Creo que moriste y resucitaste" sino "creo que moriste para que *yo* deje de pecar y resucitaste para ayudarme a *mí* a encontrar vida verdadera". Podría ser necesario alentar varias oraciones breves, entremezcladas con consejería, expresando cada aspecto de la fe a medida que es comprendido.

Segundo, la fe necesita ser expresada en acciones. Es importante ayudar a alguien a comenzar a vivir por fe, y a seguir haciéndolo durante el resto de su vida. La mejor forma de hacer esto es identificar alguna necesidad o situación específica que requiere la ayuda inmediata del Señor. Esto podría luego ser conversado, explicando claramente que la fe no es creer que Dios *puede* ayudar, sino que lo *hará*. Es vital descubrir el nivel de fe de la persona antes de orar con ella. Lo mejor es sugerir varias maneras en las que el Señor podría actuar en la situación (desde un cambio pequeño a un cambio completo de la situación) y preguntar cuál de éstas el discípulo cree que va a ocurrir.

A veces ayuda sugerir un plazo específico para cuando se espera la respuesta concreta. Mi propia "técnica" para discernir el nivel de fe es hacer un desafío directo ("¿Así que realmente crees que el Señor te enviará veinte libras para fin de mes?"), pero en vez de escuchar la respuesta, ¡la miro directamente a los ojos! El ojo es la "luz del cuerpo" y la duda siempre se manifiesta en una mirada "furtiva"; solo si las pupilas permanecen completamente firmes y la persona devuelve la mirada abiertamente me siento con la libertad para orar con confianza para que la promesa de Jesús a "dos que se ponen de acuerdo en la tierra" se cumpla (Mt 18:19). A menudo se hace necesario "reducir" el tamaño de la petición al nivel de la fe de un nuevo creyente; ¡pero será mucho más útil orar por algo pequeño que ocurre que por algo grande que no se concreta! Esto no solo le impartirá un don de fe; también la estimulará a hacer que su fe continúe y crezca.

Por supuesto, se supone que un buen consejero le habrá dicho al discípulo que la primera de todas las expresiones del ejercicio de la fe es sepultar su vieja vida "muerta" y lavar su "suciedad" en las aguas del bautismo. Si realmente confía en Jesús para el perdón, lo obedecerá de buen grado sometiéndose a este rito de purificación (Hch 2:38).

34. CÓMO AYUDAR A LOS DISCÍPULOS A SER BAUTIZADOS

¡Este podría haber sido el capítulo más breve y sencillo del libro! Hay solo dos cosas que hace falta hacer. Primero, es absolutamente esencial asegurarse de que el candidato se ha arrepentido de manera genuina y ha creído de verdad (ver capítulos 2, 3, 32, 33), recordando que la profesión en palabra no es garantía alguna de la posesión en acción. Una vez establecidas estas dos cualificaciones, no hay necesidad alguna de demorar un solo instante. Segundo, es necesario encontrar un lugar donde haya suficiente agua (Jn 3.23). La inmersión parece haber sido el modo de bautismo del Nuevo Testamento (la palabra misma lo indica, además de su uso) y sin duda transmite el significado neotestamentario (un "baño" y "sepultura" combinados). En Inglaterra esto es comparativamente fácil: cada vez más edificios de iglesia (incluyendo anglicanos) han instalado piscinas, muchas comunidades tienen lugares para la natación en centros de recreación y el país ha sido bendecido con muchos ríos y lagos, sin hablar de estar rodeado por el mar. En Rusia, el hielo de un lago congelado es roto, ¡y el candidato es descongelado después! A veces, en aquellos lugares donde las sequías son frecuentes, se cava una tumba recubierta por una mortaja de algodón en la que el candidato es "sepultado", y el agua preciosa es rociada sobre la sábana hasta saturarla. ¡Querer es poder!

LA PRÁCTICA BAUTISMAL

La eficacia de la acción no depende de la cantidad exacta de agua usada, ya que el lavado del cuerpo no es el hecho esencial (1P 3:21). Pero cuanto más cerca podamos llegar a representar tanto el baño como la sepultura, más significativo será para el candidato. Quienes han sido "rociados" como creyentes a menudo se sienten "defraudados"; no parece haber ninguna razón por la que su bautismo no podría ser "completado" con una inmersión, agregando así el aspecto de "sepultura" al "baño" (con un ajuste correspondiente de las palabras usadas en el momento). Tampoco depende la eficacia del estado o condición espiritual de la persona que realiza el bautismo. Juan el Bautista ni siquiera había sido bautizado él mismo, pero Jesús aceptó el bautismo de sus manos (Mt 3:14). Hoy uno podría no sentirse del todo cómodo si es bautizado por una persona que no está dispuesta a ser bautizada ella misma. Tampoco hay nada en el Nuevo Testamento que sugiera que el bautismo solo puede ser administrado por algún "ministerio" en particular (y la Biblia no contiene ninguna sugerencia de un ministerio "ordenado", con un monopolio de los sacramentos). De hecho, los apóstoles, siguiendo el ejemplo de Jesús, dejaban la práctica del bautismo en manos de sus ayudantes (cf. Jn 4:2 con Hch 10:48 y 1Co 1:13-17). Pablo mismo fue bautizado por un hermano "común" llamado Ananías (Hch 9:17-18). El elemento vital es la sumisión a otro, de lo cual el Señor mismo es un ejemplo perfecto. El baño y la sepultura es hecho *para* nosotros, no *por* nosotros; ¡un "cadáver" no asiste a su funeral!

Sin embargo, "todo debe hacerse de una manera apropiada y con orden" (1Co 14:40). Si hay líderes cristianos maduros disponibles, es bueno pedirles que lo realicen. Y por el bien de los demás, además del candidato, es preferible tener una ceremonia pública antes que privada. Este "testimonio" público puede ser a lo que se está refiriendo Pablo cuando le recuerda a Timoteo su "admirable declaración de fe delante de muchos testigos" (1Ti 6:12). Pero debe enfatizarse que este "testimonio húmedo" no es el verdadero propósito del bautismo, por profunda que sea su influencia en los espectadores.

Hay, por cierto, una buena justificación bíblica para esperar que el candidato asuma un papel vocal pleno en el proceso, pero esto estará dirigido principalmente al Señor mismo, confesando pecados concretos (Mt 3:6) e invocando el "nombre" de Jesús (Hch 22:16) para el perdón de esos pecados (Hch 2:38). Dirigirse a él de esta forma es más importante como una expresión de arrepentimiento y fe que dar una historia resumida de la conversión a los espectadores; esto último puede ser un agregado útil, pero es un pobre sustituto de lo primero.

Inmediatamente después que el candidato ha sido "sumergido" y ha "emergido", se le deberán imponer manos, con una oración ferviente por la recepción del Espíritu Santo, si aún no lo ha recibido (cf. Hch 10:47 con 19:5-6; ver también el próximo capítulo). En este momento, es útil si las demás personas en el lugar vuelven su atención desde el bautismo hacia el Señor, participando en una alabanza y adoración de todo corazón; en tal atmósfera será mucho más fácil para el candidato "desbordar" al ser "derramado" el Espíritu.

El recuerdo de este suceso/experiencia continuará siendo una fuente de inspiración y aliento durante el resto de la vida de la persona. Sea que haya llegado al arrepentimiento y la fe de manera lenta o rápida (¡el Nuevo Testamento no demuestra demasiado interés en la velocidad!), podrá fechar el fin de su vida antigua y el comienzo de la nueva (como dijo un pastor a sus candidatos: "Es su funeral; ¡disfrútenlo!"). El bautismo es para el discipulado lo que es la boda para un matrimonio.

Tanto en los bautismos como en las bodas, el pleno significado de lo que se dice y hace puede no ser comprendido en el momento (¿alguna pareja enamorada entendió realmente las implicaciones de la frase "para bien o para mal, en riqueza y en pobreza, en enfermedad y en salud, para amarte y cuidarte, hasta que la muerte nos separe . . .?"). Pero no importa. Los años venideros sacarán a luz el significado pleno y una apreciación más profunda. La mayor parte de la enseñanza del Nuevo Testamento sobre el bautismo se da después (cf. Ro 6:3-4). La ceremonia necesita ser recordada frecuentemente, pero nunca repetida. Una pareja solo debe casarse una vez, y un cristiano solo debe bautizarse una vez.

¡Esto nos lleva al espinoso problema del *"rebautismo"*!

EL REBAUSTISMO: ¿ES APROPIADO?

En Europa, especialmente en las Islas Británicas, la

CÓMO AYUDAR A LOS DISCÍPULOS A SER BAUTIZADOS

mayoría de las personas, si no todas, ya han pasado por una ceremonia de "bautismo" de bebés, que es considerado por las iglesias que lo practican como un pleno bautismo cristiano. Aunque una persona no tenga ningún recuerdo consciente del hecho, no saque ninguna inspiración regular de él y no pueda ver ninguna conexión entre el hecho y su "conversión" posterior, sin embargo se le prohíbe considerar "ser bautizada de nuevo". Habiendo muerto a su vida pecaminosa, ¡se le niega un funeral adecuado! Cada vez que lee acerca de la forma, significado y momento del bautismo del Nuevo Testamento, siente con frecuencia que, entre sus padres y la iglesia, la han privado de un nacimiento cristiano "normal".

Los ministros cristianos que están convencidos de la validez del bautismo de bebés intentarán ayudar al nuevo cristiano a "releer" en su bautismo el pleno significado del bautismo cristiano, si bien existen serias dificultades para hacer esto sin convertir al suceso original en algo puramente simbólico o prácticamente mágico. Muchos reconocen que su significado para un bebé tiene que ser distinto de su significado para un creyente.

Otros intentan poner el énfasis en otra parte, centrándose en la "confirmación", por ejemplo, como la "consumación" del bautismo de bebé, insistiendo en que el arrepentimiento y la fe pueden ocurrir tanto después como antes del bautismo (aunque separe el efecto del hecho, ¡generalmente por más de una década!). Más recientemente, se ha hecho la sugerencia inusual de una "confirmación por inmersión"; quienes administran un rito tan híbrido se persuaden de que no es un bautismo, ¡pero los que lo reciben cada vez más lo consideran como tal!

Quienes consideran a la iglesia como la voz autoritativa del Señor es probable que adopten estos recursos, si bien a menudo con remordimiento. Los que consideran a la Biblia como la voz autoritativa del Señor encontrarán que la cosa es mucho menos fácil. Dado que es más probable que este libro sea leído por estos últimos, debemos tomar el toro por los cuernos.

Alguien que se encuentre en este dilema deberá estar

dispuesto a dedicar tiempo y pensamiento a buscar una respuesta convincente a la pregunta: *"¿Estoy bautizado a los ojos del Señor?"*. La respuesta vendrá de la Biblia y mediante el Espíritu, si bien parte de la búsqueda consistirá en escuchar lo que otros tienen para decir. He recomendado el siguiente enfoque. Primero, estudiar todos los pasajes del Nuevo Testamento sobre el tema (hay más de treinta, pero han sido ordenados de manera conveniente como lecturas diarias bíblicas a lo largo de un mes en el libro de Stephen Winward, *The New Testament Teaching on Baptism*[19], publicado por Baptist Union). A lo largo del estudio, pregúntese: "¿Se aplica esto a mí? ¿Puedo tomarlo para mí?". Segundo, hable con cristianos de diferentes puntos de vista, siguiendo el principio de que si alguien nos ha convencido de algo, otro podrá convencernos en el sentido contrario; pero si Dios nos está convenciendo de algo, ¡todo lo que alguien nos diga solo nos hará más seguros! Tercero, averigüe por qué y cómo la iglesia introdujo y continuó la práctica de bautizar bebés (el Apéndice 1 se incluye justo para este propósito, si bien los paidobautistas sin duda considerarán que mi relato es prejuiciado; ellos pueden recomendar su propio resumen, para ser estudiado junto al mío). Cuarto, pase tiempo a solas con el Señor, muéstrele las opciones y pídale que le dé paz acerca de la opción que él quiere que usted siga e inquietud acerca de cualquier otra. Quinto, aplique la prueba del tiempo: los impulsos humanos se desvanecen, pero la guía del Señor se vuelve más fuerte, hasta que no queda más opción que obedecer o desobedecer.

Si este proceso llevara a una decisión de solicitar el bautismo como creyente, la persona debería hablar primero con los líderes de su comunidad, para buscar su bendición como mínimo, aun cuando ellos sientan que no pueden dar su cooperación o aprobación. Es importante aclarar en esta etapa si ellos están dispuestos a continuar su responsabilidad pastoral en otros asuntos en caso que la persona recurriera a otro lugar para el bautismo; si la respuesta es negativa,

---

[19] En español, *La enseñanza del Nuevo Testamento sobre el bautismo*.

CÓMO AYUDAR A LOS DISCÍPULOS A SER BAUTIZADOS

entonces deberá considerar qué parte del cuerpo de Cristo puede continuar siendo su hogar espiritual, para que los "nuevos" pastores puedan ser contactados entonces con la idea de realizar el bautismo. Finalmente, haría un pedido sincero al clero paidobautista para que respete la conciencia de las personas a su cuidado. Un buen pastor no está preocupado en primer lugar por la sumisión a él o a su sección del cuerpo siquiera, sino por la sumisión a la Cabeza de la iglesia y a su Padre, que es todo en todo. Cuando una oveja está convencida de la obediencia al Pastor Principal en una cuestión específica, esto debería ser alentado, salvo que el curso de acción esté claramente prohibido en la Biblia. Se le debería permitir al creyente que siga su conciencia y convicción.

El rebautismo no debe ser tratado como si fuera el pecado imperdonable. Por cierto, no debería ser convertido en una cuestión de disciplina, y mucho menos de excomunión. Después de todo, el "pecado" está motivado por una determinación de ser obediente al Señor en todas las cosas, para cumplir con lo que es justo (Mt 3:15). ¡Difícilmente esté bien ser penalizado por esto! Y hay algún precedente para el rebautismo en el Nuevo Testamento. Pablo no dudó en hacerlo cuando el bautismo anterior, si bien expresaba arrepentimiento, carecía de la fe salvadora en el Señor Jesús (Hch 19:1-6; ver capítulo 20). Pedro tal vez hizo lo propio el día de Pentecostés, ya que es muy improbable que ninguna de las tres mil personas hubiera sido bautizada por Juan en el Jordán. La verdadera pregunta es: ¿Qué hace que un bautismo sea "cristiano": la fórmula correcta o la fe convencida, el bautizador correcto o el bautizado correcto?

Por supuesto, el rebautismo podría ser visto como un "pecado" contra la iglesia. Ser bautizado "de nuevo" como creyente es un repudio al bautismo que uno tuvo de bebé. Es decir que la iglesia (y el clero) se ha equivocado al administrarlo. Significa cuestionar siglos de tradición, aunque nunca haya sido la única tradición. Pero, ¿desde cuándo la creencia en una iglesia infalible ha formado parte de la fe cristiana? La autoridad de la iglesia depende en que sea una, santa, católica y, sobre todo, apostólica (en el sentido de "mantenerse firmes en la doctrina de los apóstoles"). Cuando la iglesia se aparta de la enseñanza del Nuevo Testamento, no puede esperar ser obedecida, ni debe sentirse ofendida cuando es desobedecida.

Es triste que cristianos muy nuevos deban ser sumergidos en tanta controversia tan pronto. Es aún más triste que a tantos se les niegue aquel sacramento que tanto necesitan en el momento de su "conversión". El bautismo necesita ser restaurado a su contexto adecuado; es más una respuesta evangelística que un rito eclesiástico. Es una expresión mucho más apropiada de haber recibido la palabra del evangelio que "pasar al frente", "firmar una tarjeta de decisión" o "ser confirmado". Es la única respuesta instituida, aun ordenada, por el Señor Jesucristo mismo (ver capítulo 7 sobre la Gran Comisión). Su función vital es dar al discípulo una "salida clara" en la nueva vida, haciendo un "corte claro" con la vieja. ¿Por cuánto más tiempo la iglesia privará a sus conversos de esta importante experiencia?

Sin embargo, el bautismo en sí mismo no es suficiente. El bautismo en agua podrá poner fin de manera adecuada al pasado, pero debería normalmente ser un preludio del bautismo en Espíritu, que es una introducción adecuada al futuro. ¡Quienes nacieron dos veces necesitan ser bautizados dos veces!

35. CÓMO AYUDAR A LOS DISCÍPULOS A RECIBIR

Al igual que el bautismo en agua, éste podría haber sido un capítulo breve y sencillo, pero nuestra confusión contemporánea ha hecho que todo sea mucho más complicado.

CONFUSIÓN POR LA RECEPCIÓN DEL ESPÍRITU

En los días apostólicos, se hacía una oración con imposición de manos, por lo general inmediatamente después del bautismo; el Espíritu era dado entonces por el Señor y recibido por el creyente arrepentido y bautizado, con evidencia externa confirmatoria. Como hemos visto, hubo dos ocasiones registradas en las que el Espíritu fue dado y recibido sin este "ministerio", y hay claras razones para tratarlas como "excepcionales" (ver capítulos 14 y 18). El procedimiento habitual consistía en que los que ya habían "recibido" el Espíritu "ministraran" el don a los que lo buscaban. Tampoco hay ningún registro de que esto no produjera el resultado deseado. La vida parece haber sido mucho más sencilla en esos días, ¡tanto espiritual como materialmente (Hch 3:6)!

Considere las variaciones en la iglesia hoy. La corriente "liberal" parece ignorar la necesidad de "recibir" el Espíritu, ya que se considera que ya está con las personas, en el mundo así como en la iglesia, y algunos hasta dirían que está más en el mundo que en la iglesia. La corriente "evangélica" raramente menciona "recibir" el Espíritu, creyendo que ocurre de manera automática, y por lo general inconsciente, cuando una persona "recibe a Jesús en su vida". La corriente "sacramental" cree que el Espíritu es recibido en el bautismo de bebé o en la confirmación adolescente, pero la opinión parece dividida en cuanto a cuál realmente lo logra. La corriente "pentecostal" tiende a enseñar dos recepciones del Espíritu. La primera es subconsciente y es para la salvación, así que ocurre en la conversión. La segunda es consciente, y es para el servicio; ocurre después de la conversión (a menudo mucho tiempo después) y es denominada a veces la "segunda bendición". La primera recepción es de la persona del Espíritu Santo; la segunda, del poder del Espíritu Santo (una distinción que es difícil de establecer a partir del Nuevo Testamento, ver capítulo 13 y Apéndice 2).

Ninguno de estos puntos de vista es fiel a la enseñanza total del Nuevo Testamento, como hemos intentado demostrar previamente en el libro. Contra los "liberales", el Nuevo Testamento afirma claramente que el mundo no puede recibir el Espíritu (Jn 14:7); solo es dado a los discípulos de Jesús. Contra los "evangélicos", el Nuevo Testamento distingue de manera clara entre "creer" y "recibir", de modo que es posible que ocurra una cosa y no la otra (ver capítulos 16 y 20); además, "recibir" es plenamente consciente, con clara evidencia. Contra los "sacramentales", el Nuevo Testamento distingue claramente entre el bautismo en agua y el bautismo en el Espíritu, si bien ambos están estrechamente asociados; tampoco consideraría un "rito de confirmación" como evidencia adecuada de que el Espíritu había sido, de hecho, recibido, ¡por más exaltado que fuera el personaje que imponga las manos! Contra los "pentecostales", el Nuevo Testamento habla de una única "recepción" del Espíritu, para la salvación y el servicio, la persona y el poder, como un elemento integral en la "primera" iniciación.

Esta confusión ha generado una llamativa reticencia a usar la terminología del Nuevo Testamento en su significado original. "Recibido" es transferido de la tercera persona de la Trinidad a la segunda. "Sellado" es interpretado como un acontecimiento interior y espiritual que ignoran por completo los demás. "Ungido" no se usa para nada, excepto para el aceite físico. "Llenado" es omitido en favor de una posterior "llenura". "Bautizado" es usado solo en discusiones teológicas y nunca en la predicación o la enseñanza general (y su significado de "empapado, impregnado, sumergido" es pasado por alto). "Verter" (súbitamente, como en un "aguacero") nunca se usa. "Clamar" es permutado por un "testimonio interior" silencioso. "Caer sobre" es reservado para tiempos excepcionales de "avivamiento". ¡El simple hecho es que esta terminología del Nuevo Testamento sencillamente no "encaja" en la práctica o la experiencia de la iglesia contemporánea! Por lo tanto, parece haber surgido un mutuo acuerdo para mantener una conspiración de silencio acerca del don del Espíritu, especialmente en la evangelización ecuménica. Se deja a los "conversos" que descubran por su cuenta la tercera persona de la bendita Trinidad en alguna etapa posterior de su discipulado (algunos lo hacen, mucho más tarde, pero algunos nunca llegan a hacerlo). La demora invariablemente hace que la introducción sea más difícil. El mejor momento de todos para orar con una persona para que el Espíritu "caiga sobre" ella es justo después de que se haya arrepentido, haya creído y haya sido bautizada. Por lo general, ¡cuanto más tiempo se deja pasar, más difícil se vuelve!

Sin embargo, ¡hay algo bueno en la escena contemporánea! La "renovación carismática" ha estado afectando todas las corrientes dentro de la iglesia. La experiencia de muchos se aproxima más a la de la iglesia primitiva. Ha reaparecido una mayor libertad en la adoración, profundidad en la comunión, confianza en las escrituras y gozo en el Señor, ¡para deleite de algunos y consternación de otros! Pero la teología ha quedado a la zaga de la experiencia, especialmente en lo que se refiere a la iniciación. Por lo general, las principales denominaciones han acogido a regañadientes la experiencia, pero han mantenido con obstinación su antigua teología y práctica, intentando introducir el nuevo vino en odres viejos. Una de las señales de esta anomalía es el desarrollo de eufemismos para la experiencia que reemplazan la terminología del Nuevo Testamento. Frases tales como "liberación del Espíritu Santo" (favorecida por los católicos romanos y algunos anglicanos) y "actualización de dones ya recibidos en potencialidad" han intentado crear nuevas categorías para una vieja experiencia; y el término "renovación" mismo se presta a muchos significados. Quienes han estado dispuestos a reconsiderar su doctrina de iniciación han terminado por lo general en nuevas comunidades o "iglesias caseras", la mayoría de las cuales practican el bautismo de los creyentes también.

Todo esto puede parecer una digresión algo académica en un capítulo práctico sobre "cómo ayudar a los discípulos a recibir". Su pertinencia es simplemente ésta: ¡el primer requisito para "ayudar" tiene que ver con los "ayudadores"! Deben estar claramente convencidos, a partir de la Biblia y su propia experiencia, de la necesidad de "recibir" el Espíritu además del arrepentimiento, la fe y el bautismo. Deben mostrarse sinceros al orar con imposición de manos y con una fe fuerte y expectante de que el Señor "empapará" a sus discípulos en el Espíritu Santo. La incertidumbre y el titubeo tienen tanta probabilidad de tener un efecto negativo sobre el ministerio (en palabra y acción) como la claridad y la confianza de afectarlo de manera positiva. Una fe fuerte se apoya en una clara comprensión de *la* fe; Pentecostés mismo se apoyó en la fe en la "promesa" (Lc 24:49; Hch 2:33; Gá 3:14). Los ayudadores deben estar completamente seguros de la promesa y de su cumplimiento individual.

CÓMO ENCARAR LA FALTA DE RECEPCIÓN DEL ESPÍRITU

Podemos considerar ahora las posibles inhibiciones en la persona que está siendo ayudada. En otras palabras, si se ora por una persona y "nada ocurre", ¿qué debería decirse o hacerse a continuación?

El enfoque menos útil es asegurar al discípulo que ha recibido, ¡aun cuando nada haya pasado! Es preocupante ver con cuánta frecuencia el material de consejería incluye consejos como "No se preocupe si no se siente diferente" o aun "No espere sentirse diferente" (¡una expectativa que probablemente se cumpla!). A veces se apela a textos que dan a entender que la fe debe estar segura de algo antes que sea recibido; por ejemplo las palabras de Jesús mismo: "Por eso les digo: Crean que ya han recibido todo lo que estén pidiendo en oración, y lo obtendrán" (Mr 11:24; cf. Heb 11:1). Hay una especie de enseñanza de fe, basada en este versículo, que alienta erróneamente el testimonio sin evidencia que lo respalde ("Sé que estoy sanado, aun cuando sigo rengueando"); esta clase de afirmaciones pueden ser engañosas y producen desilusión y desaliento. Los tiempos verbales que usó Jesús son significativos: "... crean que ya han recibido [aoristo = una vez por todas] y lo obtendrán [futuro, que no debe entenderse como "ya es de ustedes"]. En otras palabras, la oración hecha en la confianza de que el pedido fue aceptado en principio será contestada en la práctica. He orado por varias personas para que reciban el Espíritu sin ningún resultado inmediato; pero me he sentido capaz en el Espíritu de asegurarles de que la oración ha sido oída y les he pedido que me avisaran tan pronto como el don hubiera sido realmente recibido, que ha llevado a algunas llamadas telefónicas bastante emocionantes, por lo general en cuestión de horas. Hay una enorme diferencia entre creer que ha ocurrido sin ninguna evidencia y creer que ocurrirá con evidencia. Esta última es la fe que se necesita para "recibir el Espíritu Santo".

Pero, suponga que nada ocurre luego de orar con esta clase de fe; ¿qué hacer, entonces? ¡Hay aliento bíblico para continuar orando hasta que ocurra! El tiempo verbal "presente continuo" del griego no siempre se traduce en un equivalente inglés-español completo ("seguir" haciendo algo). Así que perdemos el sabor de "*sigan* pidiendo y se les dará; *sigan* buscando, y encontrarán; *sigan* llamando, y se les abrirá la puerta" (Lc 11:9), que precede inmediatamente la "seguridad" de Jesús: "... ¿cuánto más el Padre celestial dará (el) Espíritu Santo a quienes se lo *siguen* pidiendo?" (Lc 11:13). Esto no puede referirse a incrédulos, que no pueden "recibir", así que es un aliento para que los creyentes persistan en oración por el don del Espíritu. Después de todo, una persona que pidió una vez y luego se dio por vencida cuando nada ocurrió de inmediato no puede haber tenido tanto interés en primer lugar; ¡difícilmente se hubiera desalentado con tanta facilidad por cualquier otra necesidad, ambición o prioridad en la vida! Cuando alguien desea algo con la suficiente desesperación, por lo general persevera hasta conseguirlo.

La persistente imposibilidad de recibir el Espíritu sugiere que podría haber otros factores que necesitan ser identificados y corregidos. Estos pueden ser bastante básicos (Pablo verificó el bautismo en agua, por ejemplo, Hch 19:3). Uno de los bloqueos más habituales es la falta de arrepentimiento, especialmente con relación a la participación en el ocultismo (desde la masonería a la astrología) y la atadura resultante. Aun la fe podría necesitar ser aclarada y probada. Es prudente seguir el precedente apostólico y verificar estos elementos esenciales antes de buscar otros "problemas". Pero, ¿qué otra cosa podría ser?

Algunos simplemente no saben qué esperar o cómo "recibir". Necesitan un ejemplo y una explicación. Si alguien nunca ha escuchado o visto lo que ocurre cuando el Espíritu "cae sobre" un persona, está en desventaja. Los ciento veinte en Pentecostés eran judíos, y su propia historia les ofrecía ejemplos (Nm 11:25; 1S 10:6); los tres mil vieron y escucharon lo que ocurrió a los ciento veinte (Hch 2:33). Recibir el Espíritu no *depende* de ser testigo de la experiencia de otros (como demuestra el caso de la casa de Cornelio, Hch 10:44), pero puede ser de mucha ayuda. Ver y creer no son necesariamente contradictorios, como ya hemos visto (en el capítulo 33). La iglesia promedio de hoy, que exhibe tan poca evidencia audible o visible de la presencia o el poder del Espíritu, ¡difícilmente estimule la envidia o la expectativa del nuevo creyente! Es mucho más fácil para alguien recibir el Espíritu en el contexto de un grupo lleno del Espíritu. Siendo completamente prácticos, es mucho más útil que un grupo de "ayudadores" esté "orando en el Espíritu" (1Co 14:15; Ef 6:18) que "viendo lo que ocurre". La persona recién bautizada en el Espíritu Santo se convertirá entonces simplemente en parte de la "comunión del Espíritu" (griego: *koinonia* = común, compartido). Esto la ayudará a darse cuenta de inmediato del aspecto colectivo de lo que acaba de ocurrir (la verdad de "un solo cuerpo"; ver capítulo 23 sobre 1Co 12:13).

El elemento activo de "recibir" tal vez necesite ser

explicado con cuidado. Muchos intentan ser completamente pasivos, suponiendo que ésta es la postura correcta. ¡Hace falta decirles que no nos convertimos en robots! El Espíritu no fuerza su poder sobre nadie, pero la cooperación de las personas les permite decir y hacer cosas sobrenaturales. Debe enfatizarse que en el primer Pentecostés "(ellos) *comenzaron* (no "él", el Espíritu Santo) a hablar en otras lenguas" (Hch 2:4). El Espíritu Santo les dijo qué decir, pero ellos articularon las palabras. Así ocurre con todos sus dones; él los "energiza" (la palabra literal en 1Co 12:6) pero nosotros debemos ejercerlos. Si el Espíritu nos "abrumara" tanto que no pudiésemos "evitar" hacer algo, estaría en abierta contradicción con su propio "fruto" de "dominio propio" (Gá 5:23). Su poder es liberado cuando nuestra voluntad es combinada con la suya, y nosotros respondemos a su llenado desbordando de manera voluntaria.

Lamentablemente hay muchas personas que quieren ser llenadas (interior y privadamente) pero no quieren desbordar (exterior y públicamente). Cuando un temperamento introvertido individual se junta con una reticencia cultural nacional, ¡la barrera emocional es enorme! Tal vez ésta sea una razón por la que el "pentecostalismo" ha crecido mucho más rápidamente en el "Nuevo Mundo" que en Europa, en Sudamérica más que en Norteamérica. La religión británica ha sido tan introvertida que la adoración "aeróbica" es anatema. La demostración de sentimientos y la dignidad de la adoración son consideradas como del todo incompatibles. ¡Uno puede decir o cantar "Aleluya" litúrgicamente pero no puede pronunciarlo espontáneamente! Una persona es admirada por "mantenerlo adentro" y despreciada por "dejarlo salir". Sin embargo, esta actitud represiva puede ser bastante dañina; por ejemplo, para los que están de luto.

Aun la opinión "evangélica" ha hecho equivaler lo "interior" con lo "espiritual", lo contrario de los "pentecostales", ¡que a menudo suponen que el ruido significa poder! Muchos nunca oran en voz alta, aun cuando estén completamente solos, a pesar de la instrucción de Jesús: "Cuando oren, *digan*..." (Lc 11:2). El resultado es que muchos solo se expresan espiritualmente usando palabras que son inducidas desde afuera de ellos (como cuando se anuncia un himno) y nunca han aprendido a ser inducidos a hablar desde adentro. Otros se han acostumbrado a hablar solo desde su mente, considerando cuidadosamente qué decir antes de decirlo; nunca han aprendido a hablar desde su espíritu, ni han contemplado siquiera la posibilidad de hacerlo (ver 1Co 14:14-15 para la distinción). Cuando Pablo habla de exclamar espontáneamente (el significado de la palabra griega *krazein* en Ro. 8:16; cf. Mt 14:26, 30) la palabra "Abba", ¡se lo considera como "el testimonio interior" y se supone que se trata de "sentir" más que de "gritar"!

Esta presión social es fuertemente represora cuando se trata de ser lleno hasta desbordar con el Espíritu. El temor a hacer el ridículo frente a los demás es muy real. En el Pentecostés original se difundió rápidamente el rumor de que estaban ebrios, debido a su conducta desinhibida en público, que ofreció a Pedro un maravilloso pie para su sermón: "¿Cómo? ¿A las nueve de la mañana? ¡Los bares aún están cerrados!". Pablo comparó la intoxicación alcohólica con el llenado del Espíritu, como una forma de tener una buena salida nocturna, ¡pero contrastando los resultados a la mañana siguiente (Ef 5:18)! Pentecostés ilustra también el hecho de que es mucho más fácil desestimar las restricciones sociales cuando los demás a su alrededor están haciendo lo mismo, una razón más para rodear a las personas interesadas con un grupo que ora y alaba en el Espíritu.

Algunos consejeros han alentado a las personas a "balbucear" como primer paso. Esto difícilmente haga algún daño espiritual, pero en algunos casos ha ayudado a superar el hábito psicológico de pensar con cuidado acerca de todo lo que se dice, y ha familiarizado a otros con la experiencia inusual de escucharse pronunciando cosas que no entienden (que será lo que harán cuando hablen fluidamente en un idioma desconocido). Pero este "balbuceo" nunca debe ser identificado con el don de lenguas (que tiene una gramática y una sintaxis claras, sea que se reconozcan o no). He preferido alentar a las personas a superar sus reservas psicológicas buscando estar a solas y aprendiendo a "gritar y cantar" (ordenado tan a menudo en los Salmos) al Señor a voz en cuello, bailando y saltando de alegría ante el pensamiento de toda la gracia y la misericordia que han recibido, ¡hasta que lleguen al punto que no les importe quién los vea o los oiga! Muchos que han intentado esto han encontrado que pasaron de manera casi imperceptible a un desborde del Espíritu, sin darse cuenta de que estaban usando un idioma nuevo hasta que se detuvieron a pensar en lo que estaba pasando.

Lamentablemente, algunos temores han sido fomentados por una mala enseñanza. Si una persona ya ha estado en una iglesia un tiempo, puede haber tenido serias dudas sembradas en su mente por la enseñanza que ha recibido, que impide una búsqueda en fe de todo corazón. Este "doble ánimo" es paralizante (Stg 1:8, RVR60). Dos ejemplos de esta clase de enseñanza están relacionados con afirmaciones "dispensacionales" y demoníacas".

Primero, algunos habrán escuchado que las experiencias sobrenaturales del "bautismo en" y los "dones de" el Espíritu pertenecen exclusivamente a la era apostólica y se volvieron obsoletas con la finalización del Nuevo Testamento. Esta clase de cosas solo fueron dadas para atestiguar las palabras de los apóstoles antes que fueran completadas en forma escrita, lo cual permitió que su autenticidad y autoridad fueran reconocidas por la iglesia primitiva. Es una teoría elegante, pero que no tiene fundamento alguno en las escrituras mismas. Una persona que se crió con esta enseñanza tendrá un impedimento en la fe y necesitará que se le muestre pacientemente que tales manifestaciones eran para "los últimos días" (Hch 2:17, citando a Jl 2:28), que cubre la totalidad del período de la historia de la iglesia, desde la primera venida de Cristo a su segunda; solo "cesarán" cuando "llegue lo perfecto" y veamos al Señor "cara a cara" (1Co 13:8-12).

Segundo, ¡algunos habrán sido advertidos tan frecuentemente de cuidarse de "falsificaciones satánicas" que un temor saludable se habrá convertido en una fobia paralizante! Esto a menudo está relacionado con la enseñanza que acabamos de mencionar: los que creen que los "dones" del Espíritu no son para hoy sospecharán de las manifestaciones como de inspiración maligna. No logran distinguir entre lenguas divinas, carnales y satánicas (existen los mismos tres tipos de "sanidades por fe"). Por cada don divino que es auténtico, hay un sustituto carnal y una falsificación satánica. A menos que esto sea aclarado muy bien, ¡existirá un auténtico temor de pedir lo correcto para evitar recibir lo malo! Por fortuna, Jesús mismo anticipó este mismo problema. Justamente en el mismo contexto de pedir por el Espíritu, enseñó que un niño que pide algo sano a su padre puede confiar en que no recibirá algo inútil, dañino o peligroso (Lc 11:11-13). La única circunstancia en que una falsificación satánica podría ser recibida es cuando no ha habido una plena renuncia al ocultismo. Por lo demás, podemos confiar plenamente en que el Padre celestial dará lo solicitado.

UN PROBLEMA ESPECÍFICO: CREYENTES MAYORES QUE NO HAN RECIBIDO

Debemos considerar una situación final. ¿Qué ocurre con el discípulo que, habiéndose arrepentido, habiendo creído y habiendo sido bautizado y continuado en la vida cristiana durante muchos años, creciendo en gracia y santidad, madurando en confianza y obediencia, siendo fiel y fructífero en el servicio, y siendo dedicado y confiable en carácter, nunca ha tenido una experiencia que podría denominarse "bautismo en el Espíritu"? ¿Necesita "comenzar de nuevo", por así decirlo? ¿Le falta algo? ¿Es incompleta su salvación? ¿Es ineficaz su servicio? Deben mencionarse dos puntos.

Por un lado, sería bastante erróneo menospreciar cualquier cosa del pasado o el presente. Todo ha sido obra del Espíritu Santo. Él ha estado "con" ellos en todo el camino, sea que se dieran cuenta o no (ver capítulo 12). Aun antes que se arrepintieran o creyeran, los estaba convenciendo de pecado, de justicia y de juicio (Jn 16:8-

11). Todo lo que han aprendido de valor espiritual ha sido producto de su enseñanza, ya sea directamente o a través de otros. Ha sido tan un "extraño" para ellos como lo fue para los discípulos antes de Pentecostés. Como ellos, pueden haber podido realizar alguno que otro milagro, aun cuando nada de esto es lo que el Nuevo Testamento quiere decir con "recibir el Espíritu".

Por otro lado, también sería bastante erróneo dar a entender que nada más está disponible o es deseable. ¡Es bastante ilógico comparar un creyente "no carismático" maduro con uno "lleno del Espíritu" inmaduro! La verdadera comparación es con lo que cada uno de éstos serían si tuvieran más: ¡más dones en el primer caso y más fruto en el segundo! El creyente fue hecho para tener una relación consciente y continua con la tercera persona de la Trinidad además de la primera y la segunda, y para tener plena conciencia de los recursos sobrenaturales disponibles a través de esta relación (note la pura "osadía" de los primeros cristianos, que tenía poca relación con ventajas educativas, Hch 4:13, 31). Es triste cuando un verdadero "santo" parece conocer la Santa Escritura bastante mejor que el Espíritu Santo. Cuando el Nuevo Testamento habla del Espíritu "que vive en nosotros", se refiere a una condición dinámica más que estática (ver capítulo 21 sobre Ro 8:9). Después de "recibir" el Espíritu, Dios continúa dando y obrando milagros (Gá 3:2, 5).

Hay muchos testimonios de las nuevas dimensiones, aun más adelante en la vida cristiana, que son disfrutadas luego de que el Espíritu es "recibido" como en el Nuevo Testamento. Hay nuevos ministerios que se abren hacia el Señor (especialmente en adoración y oración), hacia otros (es posible dar sanidad a los enfermos además de compasión y ayuda, profecía además de predicación, orientación específica además de general) y, tal vez lo más sorprendente, hacia uno mismo (el principal propósito de las lenguas es "edificarse" uno mismo; tienen poco provecho en público sin el don acompañante de la interpretación).

La única tristeza que sienten estos creyentes "mayores" es no haber descubierto estas dimensiones apasionantes del ministerio años atrás. Ahora se dan cuenta de que la "plenitud" del Espíritu no es una recompensa por un servicio fiel al final sino el equipamiento para un servicio fructífero al principio. Recuerdo vívidamente a un evangelista galés que señaló esto a su público destacando que Pentecostés se encuentra en el segundo capítulo de Hechos, ¡no en el vigésimo octavo! Todos estarán de acuerdo con el antiguo refrán: "más vale tarde que nunca"... ¡pero mejor nunca tarde!

Hablando temporalmente, cuanto más cerca esté el bautismo en el Espíritu del bautismo en agua, mejor; y cuanto más se aproxime el bautismo en agua al arrepentimiento y fe, mejor. Porque los cuatro elementos de la iniciación van juntos y toman su significado el uno del otro. Lo que Dios unió, ¡no lo separe el hombre!

36. POR FIN SALVOS

A esta altura, muchos lectores estarán impacientes por preguntar: ¿En qué punto del "proceso" de nacer de nuevo puede considerarse que una persona es "salva"? A veces la pregunta se vincula directamente con alguno de los cuatro elementos de la iniciación ¿Es necesario ser bautizado en agua para ser "salvo"? ¿Debe uno hablar en lenguas para ser "salvo"? ¡Pocos protestantes preguntan jamás si la fe es necesaria para la salvación!

Este aspecto del tema fue postergado adrede hasta el final, más que nada porque ideas preconcebidas acerca del significado del término "salvo" podrían haber nublado la tesis general del cuádruple compuesto de iniciación. ¡Es hora de enfrentar el tema de lleno!

Sería bueno comenzar por una lista de referencias bíblicas de la palabra "salvo". Nunca se la vincula de manera directa con el elemento de arrepentimiento, si bien "perecer" y "perdón" ciertamente sí (Lc 13:3; 24:47). Se usa conjuntamente con la fe (Hch 16:30-31; Ro 10:10), con el bautismo en agua (Mr 16:16; 1P 3:21) y con el bautismo en el Espíritu (Tit 3:5). Por lo tanto, es comparativamente fácil demostrar, a partir del Nuevo Testamento, que el término "salvo" involucra a los cuatro elementos. ¡Pero esto es más probable que agrave más que alivie la ansiedad del inquisidor! ¿Significa esto que si uno o más de los cuatro elementos faltan, la persona sigue estando "perdida"? Y, en un nivel teológico, ¿cómo encaja esto con la doctrina de la "justificación solo por la fe"?

EL SIGNIFICADO DE "SALVO"

Sin duda, lo primero que debemos establecer es precisamente *de qué* uno es "salvo". La mayoría diría que somos salvos del castigo eterno (es decir, el infierno).

Una predicación evangelística simplista ha creado la impresión generalizada de que el evangelio es en esencia una póliza de seguro para el otro mundo. El predicador enfrenta a su público con el desafío: "Si mueren esta noche, ¿se encontrarán en el cielo o en el infierno?". Esto podrá producir temor del infierno, pero no necesariamente ese temor del Señor que es el "principio de la sabiduría" (note en Ap 6:16-17 que el temor de enfrentar a Dios es mayor que el temor de ser destruido por un alud; y Jesús mismo advirtió a sus oyentes que debían temer más a quien puede destruir que a ser destruidos, Mt 10:28; el foco en todo momento está puesto en la ira personal más que en la ruina impersonal, Lc 3:7; Ro 2:5).

La predicación apostólica estaba tan preocupada por este mundo como por el próximo. El reino de los cielos ha sido restablecido ahora en la tierra; es posible ingresar en él en vida, no solo al morir (note la afirmación extraordinaria de Jesús de que el Hijo del Hombre que descendió del cielo aún está en el cielo, Jn 3:13, NVI, nota al pie; algunos copistas no pudieron con esta paradoja, así que esta última frase falta en algunos manuscritos). La vida eterna comienza aquí y ahora (Jn 3:36). Es más probable que los apóstoles hayan desafiado a sus oyentes con la pregunta: "Si aún están vivos mañana, ¿seguirán viviendo en el reino de Satanás o en el reino de Dios y del Hijo que él ama?" (Col 1:13). Les preocupaba más poner a sus oyentes en "el Camino" (Hch 18:25f.; 19:9, 23; 24:14, 22) que hacerlos "cruzar la línea"; hablaban menos de nacer de nuevo que de estar plenamente vivos.

Dicho de otra forma, "salvos" significaba "rescatados de los pecados" más que "a salvo del infierno". Lo último era el resultado de lo primero. Jesús no recibió su nombre porque salvaría a los suyos del infierno, sino porque los salvaría de sus pecados (Mt 1:21). Muchos quieren ser salvos del infierno; pocos de sus pecados. La mayoría quiere disfrutar del placer del pecado y escapar de la penalidad. La plena iniciación cuádruple es para quienes quieren escapar de sus pecados, que realmente han entendido el evangelio (que ofrece la libertad para vivir de manera correcta) y de verdad quieren ser "salvos" para la rectitud. Si bien el bautismo en agua y el bautismo en el Espíritu tienen alguna pertinencia para el futuro (note "herederos" y "esperanza" en Tit 3:5-

7), su principal referencia es la vida limpiada aquí y ahora, purificada del pasado y empoderada para el presente.

"Salvación", por lo tanto, es un concepto continuo en el Nuevo Testamento; no es tanto un punto más allá del cual uno es "salvo" como un *proceso* mediante el cual uno está siendo "rescatado" ("rescate" está mucho más cerca de la palabra "salvación" que "seguridad"). Hay una historia clásica de una niña del Ejército de Salvación que le pregunta al obispo Westcott si él era "salvo"; ¡el erudito griego contestó: "¿Te refieres a *sotheis, sesosmenos* o *sozomenos*?" (en inglés-español: "Te refieres a 'he sido salvado', 'estoy siendo salvado' o 'seré salvado'?")! Estaba reprendiendo de manera amable la ignorancia de la niña de los tiempos pasado, presente y futuro del verbo "salvar" en el Nuevo Testamento (Ro 8:24; 1Co 15:2; Ro 5:9). Para ningún creyente el proceso de salvación está completo aún; si será completado con certeza es una cuestión totalmente distinta, que abordaremos más adelante.

LA RELACIÓN ENTRE JUSTIFICACIÓN, SANTIFICACIÓN Y GLORIFICACIÓN

Los tiempos pasado, presente y futuro del verbo "salvar" tienen cierta analogía con los tres sustantivos "justificación", "santificación" y "glorificación". Juntos, constituyen la plena salvación, la plena redención. A través de ellas, una persona es librada de la penalidad, el poder y la presencia del pecado. Las dos preguntas que debemos encarar son: primero, ¿cuándo ocurre la justificación? y, segundo, ¿garantiza la justificación la glorificación sin santificación? En palabras de la conocida expresión, "una vez salvo, siempre salvo": ¿cuándo ocurre "una vez salvo"? y ¿es "siempre salvo" la consecuencia automática?

La justificación y los cuatro elementos de la iniciación
"Justificación" es una palabra horrible para una experiencia maravillosa. La palabra latinizada necesita ser "castellanizada" antes que pueda viajar de la cabeza

al corazón. La traducción "Pidgin English" (una versión simplificada del inglés) lo logra muy bien: "¡Dios dice que estoy bien!". Era originalmente un término jurídico tomado de los tribunales, y era la declaración de absolución del juez basada en la inocencia (*no* era un perdón para el culpable). Cuando Dios justifica a un pecador, sería una ficción legal total a menos que el pecado ya hubiera sido expiado a los ojos de la ley; éste es el caso, precisamente, porque su Hijo ya ha "pagado la pena" (Ro 3:21-26 es el pasaje clave). ¡"Justificación" significa que un Dios santo puede "aceptar" a un malvado, "adoptarlo" en su familia y llamarlo "santo"!

La *única* condición exigida al pecador es "fe" en la muerte, sepultura y resurrección del Hijo de Dios. Sin embargo, una visión demasiado simplificada de la "fe" ha llevado a una comprensión atenuada de la "iniciación" a la fe.

Por ejemplo, un énfasis excesivo en la justificación "solo por la fe" podría llevar a algunos a la conclusión de que el arrepentimiento del pecado no es esencial, o por lo menos no esencial al principio. Puede ser cierto que generalmente se produce más arrepentimiento luego de creer, ¡pero sin duda no es cierto que no hace falta arrepentimiento alguno antes de creer! La forma correcta de ver el arrepentimiento es como una expresión de fe; ¿quién querría volverse de sus pecados hacia Dios si no tuviera ya alguna creencia en su existencia, carácter y poder? Tal vez por esta razón Pedro reconoció que Dios había "visto con agrado" a Cornelio (Hch 10:34-35), y fue el motivo por el cual Jesús dijo que el recaudador de impuestos volvió a su casa "justificado" (Lc 18:14). A la inversa, Simón había creído y había sido bautizado, pero no era "íntegro delante de Dios" porque no se había arrepentido (Hch 8:21).

El bautismo es, también, una (por cierto, *la*) expresión de "fe", la primera "acción de fe" (ver capítulo 28 sobre Stg 2:14-26), el primer paso en la intención de un creyente de "obedecer el evangelio" (2Ts 1:8). Podría ser significativo que Pablo pone "lavados" antes de "justificados" en su lista (1Co 6:11, ¡aunque aun "santificados" aparece antes de "justificados" en ese contexto!). Lo más llamativo es que Pablo, después de una descripción de cómo ser "salvo" mediante el bautismo de agua y el bautismo del Espíritu, concluye con la frase sumaria "justificados por su gracia . . ." (Tit 3:4-7).

Por lo tanto, es muy probable que los apóstoles consideraran el arrepentimiento y el bautismo como integrales a esa "fe" a través de la cual los pecadores son justificados (note cómo para Pedro el arrepentimiento y el bautismo eran esenciales para la remisión de pecados, Hch 2:38). Ninguno de ellos era visto como una "obra" humana que hacía que la persona fuera "digna" de la aprobación de Dios.

¡El bautismo en el Espíritu no es tanto un fundamento necesario para la justificación como la prueba esencial de ella! ¿Cómo puede alguien tener la total seguridad de que su arrepentimiento, fe y bautismo han sido adecuados? Hoy, esta pregunta suele contestarse mediante una exégesis de la Biblia ("Dios lo dice en su palabra, yo lo creo en mi corazón, tema resuelto en mi mente"). Esta clase de "seguridad" no estaba disponible para los conversos del Nuevo Testamento, ¡ya que aún no había sido escrito! La "garantía" original no se encontraba en la lógica sino en la vida, no en la exposición deductiva sino en la experiencia dinámica: a saber, mediante un derramamiento del Espíritu. El don del Espíritu era la base de la seguridad (Ro 8:15-16; 1Jn 3:24; 4:13). Cuando este don había sido "recibido" (una experiencia interior con evidencia exterior; ver capítulo 5), era seguro que la persona había sido aceptada por Dios (Hch 15:8) y, por lo tanto, justificada. El don era la confirmación de Dios, su sello sobre la transacción, su depósito que anticipaba todo lo que seguiría.

Así que la fe, expresada en arrepentimiento y bautismo, es la condición necesaria para la justificación, y el don del Espíritu, su corroboración necesaria. Es en este punto que alguien siempre pregunta: "¿Y el ladrón moribundo?". ¡Supuestamente, su caso cancela todo el resto de la enseñanza del Nuevo Testamento sobre la iniciación! La respuesta (descrita en detalle en el capítulo 9) es que él no tuvo todo lo que pudo bajo sus circunstancias excepcionales; el bautismo en agua y el bautismo en el Espíritu estaban fuera de su alcance, y su arrepentimiento solo podía ser expresado en palabras y no en acciones. No brinda antecedente alguno para quienes pueden tener una plena iniciación cristiana. Cuando mucho, su situación puede ser citada para los moribundos, pero es bastante inapropiada para los vivientes. Sin embargo, si una persona no pudo completar el proceso normal de iniciación, por motivos ajenos a su voluntad, el ejemplo del ladrón moribundo por si solo alentaría la esperanza de entrar en el cielo.

Para quienes pueden tener el paquete de iniciación completo, no hay excusas. Es sumamente difícil argumentar que "Soy un caso especial" a la luz de la propia sumisión de Jesús al bautismo en agua y su recepción del Espíritu inmediatamente después. Hay algo que está mal con una actitud que pregunta cuáles son los requisitos mínimos para la salvación; el arrepentimiento genuino busca los máximos recursos disponibles de Dios para vivir una vida recta.

Santificación y perseverancia
Si los cuatro elementos son necesarios para la justificación o no (he dado a entender que sí, o al menos los tres primeros sí), todos son vitales para la santificación. Pero, ¿hasta dónde es necesaria la santificación para la glorificación? Es asombroso cuántas personas tienen la impresión de que la justificación es absolutamente indispensable, ¡mientras que la santificación es solo relativamente deseable! Se considera que el comienzo de la vida cristiana garantiza su finalización, pase lo que pase entremedio.

Pero los escritores del Nuevo Testamento insisten en que sus lectores "Busquen . . . la santidad, sin la cual nadie verá al Señor" (Heb 12:14). Jesús mismo contó una parábola acerca del hombre que aceptó la invitación del rey al banquete de una boda, pero no se presentó con la ropa adecuada (Mt 22:1-14); la enseñanza central era que ser escogido depende de algo más que responder a un llamado.

¿Cuán seguro es "salvo"? ¿Garantiza la justificación la santificación? ¿Ser salvo una vez significa ser salvo siempre? Es muy posible que la tensión generada en algunas personas por la discusión sobre la relación entre justificación y los cuatro elementos de la iniciación se deba a la ansiedad acerca de cuán pronto una persona puede estar absolutamente segura de ir al cielo si muere. ¿Están las personas más ansiosas por saber lo mínimo que necesitan para estar seguras que por lo mucho que pueden tener una vez que son rescatadas? ¿Se ha puesto demasiado énfasis en la justificación y demasiado poco énfasis en la santificación al predicar el evangelio? ¿Es más importante asegurarse un lugar en el cielo que un carácter de santidad?

Hacer esta clase de preguntas no significa necesariamente caer en la trampa de enseñar la justificación por fe y la santificación por obras, si bien el peligro es real. Tanto la justificación como la santificación son producto de la gracia y la actividad de Dios. El evangelio no es una oferta de justificación y una exigencia de santificación; ambas están en oferta en el verdadero evangelio, que está basado firmemente en la justicia de Dios (Ro 3:21; 10:3). Pero ambas tienen que ser apropiadas y aplicadas por el hombre. Suponiendo que la gracia es irresistible (Hch 7:51), ¿cuál es la posición de alguien que ha recibido la gracia de la justificación pero ha rechazado la gracia de la santificación?

¡No estoy ansioso por pisar un terreno tan polémico! Mi temor es que escuelas de teología específicas (en particular, los "calvinistas" y "reformados") podrían usar mis comentarios aquí para descartar todo el libro, si bien mi tesis básica no depende de esta cuestión. La pertinencia de este tema para toda la discusión es que quienes enseñan que la seguridad eterna depende de un único paso de fe han alentado una invitación e iniciación centradas en "solo creer". La invitación original, "*Solo* cree y sé salvo", se ha transformado en "Cree *una vez* y sé salvo". Ambos bautismos (agua y Espíritu) entonces pierden su prioridad y pasan a ocupar un lugar secundario, convirtiéndose, en el peor de los casos, en accesorios opcionales.

La pregunta acerca de si la justificación es solo por la fe o a través de la fe precedida por arrepentimiento, ambos consumados en el bautismo en agua y confirmados por el bautismo en el Espíritu, no es el tema básico aquí. La verdadera pregunta es si cualquiera de los dos caminos, el corto o el largo, conduce de manera inevitable, y sin ningún desarrollo ulterior, a la gloria.

El grueso de la enseñanza del Nuevo Testamento sobre el tema alienta la creencia en la "perseverancia *de* los santos": el Señor puede guardar lo que le ha sido confiado (2Ti 1:12), guardarnos para que no caigamos (Jud 24) y perfeccionar la obra que ha comenzado en nosotros (Fil 1:6); nadie puede arrebatar a sus ovejas de su mano (Jn 10:28-29); nada puede apartarnos del amor de Dios (Ro 8:38-39). Esta clase de afirmaciones son demasiado numerosas como para listar.

Pero hay también muchas exhortaciones que contienen otra doctrina, la perseverancia *por* los santos", con advertencias de que esto no es de ningún modo automático o inevitable. Ya hemos notado el énfasis del Nuevo Testamento en la necesidad de la continuidad de la fe (ver capítulo 2). Hay ejemplos también en el Nuevo Testamento de una falla en la fe (o en la fidelidad, ya que tanto el hebreo como el griego usan una única palabra para "fe" y "fidelidad"). Tenemos el mayordomo poco fiable, las vírgenes necias y el siervo improductivo (Mt 24:45-25:30), cuyos destinos solo pueden entenderse en términos del infierno. Hay semillas germinadas y en crecimiento que no llegan a la madurez y a la fecundidad (Mr 4:16-19). Leemos que "el que se mantenga firme hasta el fin será salvo" (Mr 13:13; cf. Lc 21:19). Las ramas que no dan fruto serán cortadas y arrojadas al fuego (Jn 15:6). Los cristianos corren el mismo peligro de ser "cortados" que corrieron los judíos, si no "se mantienen" en la bondad de Dios (Ro 11:22; esto es especialmente significativo en un contexto de predestinación divina como Ro 9-11). El fracaso de la mayoría de los hebreos liberados de Egipto por la sangre del cordero de la Pascua y bautizados en el Mar Rojo en completar su viaje a la tierra de promesa y reposo es usado como una solemne advertencia para los cristianos por tres escritores apostólicos (1Co 10:1-5; Heb 4:1-11; Jud 5). Decir que el peligro es solo "hipotético" significa neutralizar la advertencia. Toda la epístola a los Hebreos es una exhortación a "perseverar", y contiene la advertencia más solemne del Nuevo Testamento acerca de las consecuencias de la apostasía, significativamente en el contexto del único registro completo de la iniciación en todas las epístolas (Heb 6:1-6). Vemos también la sugerencia de que quienes no venzan corren peligro de tener sus nombres borrados del libro de la vida (Ap 3:5). Esta clase de escrituras deben ser tomadas en serio. Hay un hermoso equilibrio en el Nuevo Testamento entre nuestra responsabilidad de mantenernos en el amor de Dios (Jud 21) y su capacidad de evitar que caigamos (Jud 24). (A mi juicio, *Kept by the Power of God*[20] (Bethany Fellowship, 1969), de I. Howard Marshall, es el libro más equilibrado en todo este tema.)

En conclusión, siento que tal vez lo mejor sea mantener la palabra "seguro" para el fin del viaje, cuando arribemos finalmente, ¡y usar "siendo salvo" hasta que lleguemos! Después de todo, el primer nombre para la religión cristiana fue, adecuadamente, "el Camino" (Hch 18:25, 26; 19:9, 23). Es mejor imaginar a la salvación como una línea horizontal a lo largo de la cual estamos viajando desde el pasado (justificados) a través del presente (santificados) hacia el futuro (glorificados), antes que una línea vertical que hemos cruzado desde los "no salvos" a los "salvos".

Entonces, la "conversión" será vista más como una partida que una llegada. Bunyan hablaba de *El progreso del peregrino* (y entendía que al final del viaje había "un camino al infierno desde las puertas mismas del cielo").

Sea que uno crea que es posible o imposible que un cristiano pierda su salvación, la distinción hecha antes entre "salvo" y "rescatado" sigue siendo válida e importante. Se puede señalar el concepto de una forma bastante diferente preguntando si es posible aceptar a Jesús como Salvador (para la justificación) sin aceptarlo como Señor (para la santificación), si es posible confiar en él sin obedecerlo. Uno de los clamores más efectivos por un evangelio integrado que incluya a ambos puede encontrarse en el

---

20 En español, *Guardados por el poder de Dios*.

libro de John MacArthur, *The Gospel according to Jesus*[21] (Academic Books, Zondervan, 1988). Después de todo, el nacimiento es solo el preludio de la vida. Un buen comienzo es una cosa; un buen final, otra. Se necesitan pastores pacientes tanto como evangelistas entusiastas. Las decisiones por Cristo deben convertirse en discípulos de Cristo. ¡Cuando el trabajo de la partera ha finalizado, el trabajo de los padres recién ha comenzado!

---

21 En español, *El Evangelio según Jesús*.

EPÍLOGO:
UNA PALABRA PARA LA FAMILIA

El nacimiento normal es a una familia, tanto el primer nacimiento físico como el segundo nacimiento espiritual. Hay una llamativa diferencia entre todas las demás criaturas y la especie humana, sea natural (*homo sapiens,* el "viejo hombre" en Adán) o espiritual (*homo novus,* el "hombre nuevo" en Cristo). Al hombre le lleva un tiempo increíblemente largo madurar y requiere la mayor cantidad de cuidado para hacerlo. Su misma complejidad, que combina una afinidad por la tierra y el cielo, aumenta su vulnerabilidad durante el proceso de crecimiento.

LA IMPORTANCIA DE DISCIPULAR

El nacimiento es, después de todo, el comienzo de la vida. Pero no trae con él una garantía de una existencia continua, y mucho menos desarrollada. Un bebé puede ser abandonado. Siempre habrá una batalla con la mortalidad infantil. El cuidado posnatal es esencial. En términos de la evangelización moderna, el "seguimiento" es vital. Hace falta recuperar el equilibrio. Debido al énfasis en ser "salvos del infierno" antes que "rescatados del pecado", se ha puesto demasiado énfasis en la necesidad de "nacer de nuevo" por encima de estar "saludablemente vivo".

Un retorno al concepto de "hacer discípulos", en vez de "conseguir decisiones", corregirá esta anomalía. El alumbramiento (nacimiento del niño) debe ser seguido por el adiestramiento (ver capítulo 7 sobre Mt 28:19-20). Sin embargo, "enseñar" en el Nuevo Testamento es "manual" más que "mental". Se preocupa por lo práctico además de lo teórico. La palabra "discípulo" está más cerca de "aprendiz" que de "estudiante". (Ver Philip Vogel, *Go and Make Apprentices*[22] (Kingsway, 1987) para más detalles sobre este entendimiento de "discípulo"). En vez de poner al cristiano nuevo con todos los demás cristianos nuevos en

---

22 En español, *Vayan y hagan aprendices.*

una "clase" o hacerlo tomar un "curso" para principiantes, deberíamos vincularlo con cristianos mayores y más maduros (del mismo género, ¡para no darle cabida al diablo!). De nuevo, la puerta del ojo será más eficaz que la puerta del oído en el proceso de aprendizaje. Un buen discipulador imitará al Señor e invitará a los discípulos a "venir a ver" (Jn 1:39, 46). Por cierto, la imitación juega un papel vital en el discipulado (1Co 4:16; 1Ts 1:6; 2:14; Heb 6:12; 13:7). ¡Una relación personal e íntima con un verdadero santo enseñará más acerca de la santidad que todos los libros sobre santificación!

EN BUSCA DE UN HOGAR ESPIRITUAL

La vida era mucho más sencilla en los días del Nuevo Testamento, y especialmente en cuestiones eclesiásticas. La evangelización y la plantación de iglesias eran dos lados de una misma moneda. Había por lo general solo una iglesia en cada lugar, y las conversiones tenían lugar a través de esa comunidad y a esa comunidad. Por lo tanto, no hay ninguna exhortación en el Nuevo Testamento a "unirse a una iglesia", sino solo a "quedarse" (Heb 10:25). Nacer a Cristo era nacer a la iglesia; ser bautizado a la Cabeza era ser bautizado al cuerpo. No existía ninguna búsqueda de un hogar espiritual "adecuado" para el nuevo bebé. La iniciación y la incorporación era la misma cosa.

Dos acontecimientos de nuestros días han hecho que "unirse" sea necesario. Primero, el surgimiento de denominaciones (cada una con sus propias tradiciones) ha producido una multiplicidad de iglesias locales (¡en Inglaterra, la mayoría de las personas con coche tendrán una opción de por lo menos veinte fácilmente a su alcance!). Segundo, el surgimiento de cruzadas evangelísticas y otras campañas organizadas que son interdenominacionales o aun no denominacionales ha significado que las personas "llegan a Cristo" fuera del contexto de una iglesia local, haciendo que sea necesario alentar la "adopción" de bebés espirituales.

EPÍLOGO

¿Qué iglesia deberá ser escogida como un hogar potencial para el nuevo discípulo? La diplomacia denominacional puede nublar el tema. Una preocupación pura por el nuevo bebé simplifica la búsqueda: ¿dónde se encuentra el mejor cuidado posnatal? La iglesia con la mayor vida y amor probablemente sea la mejor, sea cual fuere su rótulo.

La pesca necesita ser complementada por el pastoreo, el evangelista por el pastor. Una es una persona de cantidades, ansiosa por ver la mayor cantidad comenzando; la otra, una persona de calidad, ansiosa por ver que finalicen, no importa cuán pocos. Las dos funciones raramente coinciden en la misma persona, aunque Pedro fue llamado a hacer ambas (Mr 1:17; Jn 21:15-17). Ambas deben estar representadas en una iglesia saludable, tanto en el liderazgo como en la membresía. Donde ocurre esto, no debería haber ningún problema en encontrar una familia que cuide del nuevo bebé. Lamentablemente, lo más habitual es que los evangelistas trabajen fuera de la iglesia y los pastores adentro, con escasa conexión entre ambos.

CRITERIO PARA LA MEMBRESÍA EN UNA IGLESIA

La membresía en la iglesia primitiva no era formal (una hoja en un libro) sino funcional (un papel en un cuerpo). Las únicas condiciones para la plena membresía eran las cuatro cosas que se tratan en este libro: arrepentimiento, fe, bautismo en agua y bautismo en el Espíritu. De las cuatro, la última era la más importante para la membresía en la iglesia; para poder funcionar en el cuerpo, era necesario estar "bautizado en el Espíritu" (ver capítulo 21 sobre Ro 8:9 y capítulo 23 sobre 1Co 12:13). Hay dos implicaciones prácticas para la membresía en la iglesia hoy.

Primero, nada *más* que estas cuatro cosas deberían ser exigidas para la plena membresía en una iglesia local. Con demasiada frecuencia, se imponen condiciones adicionales al nuevo converso: una ceremonia adicional (ej: confirmación episcopal), un "compromiso" específico (ej: diezmar) o más reglas (ej: no fumar, no tomar alcohol, no apostar, no bailar, no usar maquillaje). Todos estos temas deberían ser tratados luego de convertirse en miembro, no antes. La recepción en el cuerpo debería señalar el comienzo de la capacitación y no, como suele suceder, el final. Una persona debería ser aceptada porque ha sido justificada (Ro 15:7), y no rechazada porque no está lo suficientemente santificada para una iglesia que se considera a sí misma "pura". ¡Las escaleras deben estar del lado de adentro de la puerta de entrada, y no afuera! ¡Alguien que ha tenido un parto correcto estará ansioso por aprender y a menudo será embarazosamente enseñable! Por supuesto, la disciplina podrá ser necesaria más adelante, si hay una persistencia intencional en ciertos pecados, aun al punto de una exclusión temporaria de la familia (1Co 5:1-13); note que esta excomunión era una decisión mayoritaria de los miembros de la iglesia que llevaba al arrepentimiento y al retorno de la persona recalcitrante, 2Co 2:6-7). Tal vez nuestro desagrado por esta clase de disciplina posterior se deba a nuestro umbral de entrada elevado; ¡si hacemos que sea difícil entrar es más improbable que tengamos que echarlos! Pero esta clase de pensamiento es defectuosa: la iglesia es una guardería para quienes han partido del pecado, ¡y no un hogar de reposo para quienes han arribado a la santidad!

Segundo, nada *menos* que estas cuatro cosas deberían ser exigidas para la plena membresía en una iglesia local. Las clases antes de la admisión deberían cubrir las cuatro en profundidad, asegurándose de que cada una se haya convertido en una cuestión de experiencia más que un tema de educación. Hay que tener en cuenta dos grupos específicos. Existen aquellos conversos que han comenzado su iniciación en otro contexto (pueden haber pasado al frente en una cruzada evangelística y sus nombres han sido pasados a la iglesia); es vital completar su iniciación antes de recibirlos en la membresía, no importa lo que un consejero les haya dicho o supuesto acerca de su decisión. Luego están los que desean transferir su membresía desde otra iglesia donde no se insistía en estas cuatro cosas o, en algunos casos, ni siquiera se esperaban. Esta es una situación más

EPÍLOGO

delicada, que requiere una atención firme pero amorosa. Las personas deben ser informadas plenamente, mediante una cuidadosa enseñanza bíblica, de la convicción de la iglesia de que estas cuatro cosas representan el mínimo fundamento básico para la vida colectiva de la iglesia así como la vida individual del cristiano. Sin todas ellas, la vida se verá disminuida y no será saludable. Si no están dispuestas a buscar esta "totalidad", podría cuestionarse si su transferencia debería ser aceptada. Cada iglesia local es responsable directamente ante la Cabeza de la iglesia por mantener las normas adecuadas, no importa lo que ocurra en otra parte (ver Ap 2-3, donde Jesús trata por separado con siete iglesias del mismo distrito). La situación no puede ser corregida en todas partes a menos que sea enmendada en alguna parte. ¡Una buena maternidad es mejor que ninguna! Muchas buenas pronto reducen la tasa de mortalidad.

Me repito: un "nacimiento cristiano normal" es el principio, no el final, la plataforma de salida y no la de llegada, el comienzo y no la terminación. Un buen principio puede hacer toda la diferencia, siempre que tenga un seguimiento. Un nacimiento holístico en una familia feliz es la intención de Dios para todo ser humano que él ha creado y amado. Increíblemente, él ha dado la responsabilidad de dar a luz y criar a los bebés, tanto físicos como espirituales, a nosotros, los seres humanos. Es una solemne confianza.

Casi siempre he podido encontrar un verso adecuado de Charles Wesley para concluir un mensaje, ¡y ésta no es ninguna excepción! Que el lector concluya este estudio diciendo (o cantando) en voz alta:

Un encargo tengo que guardar
Un Dios que glorificar
Un alma eterna que salvar
Y para el cielo preparar.

APÉNDICE 1: EL BAUTISMO DE INFANTES

El bautismo es aceptado casi universalmente como una parte esencial de la iniciación a la iglesia. En Europa, la inmensa mayoría de los bautismos son de bebés. En Inglaterra, las dos terceras partes de la población han sido "cristianadas" (si bien las denominaciones que bautizan bebés están declinando por lo general, mientras que las iglesias que bautizan creyentes se mantienen estables o están creciendo). En el Tercer Mundo, la mayoría de los bautismos son de creyentes. La escena estadounidense está pasando del modelo europeo al tercermundista, con el principal crecimiento en el extremo bautista/pentecostal del espectro. Al volverse el cristianismo cada vez más una fuerza minoritaria perseguida en un campo misionero pagano, la tendencia universal en la práctica bautismal es de bebés a creyentes.

CONSIDERACIONES HISTÓRICAS

¿Cómo y cuándo comenzó el "bautismo de infantes"? ¿Por qué continuó? ¿Cómo encaja en el bosquejo de iniciación del Nuevo Testamento? ¿Cuál es su importancia o efecto cuando se lo administra a un bebé incapaz de arrepentimiento o fe?

Al buscar una respuesta, usaremos el término "bebé" en vez del ambiguo "infante" (¡los Bautistas del Sur de Estados Unidos suelen bautizar a "infantes" de siete años o menos!) y encararemos el tema históricamente, notando los principios detrás de la práctica en diferentes etapas de su desarrollo. Como ocurre con muchas tradiciones eclesiásticas, el bautismo de bebés comenzó por una razón, pero continuó por razones muy diferentes (o aun por ninguna, salvo la que justifica escalar el monte Everest: "¡porque está ahí!"). Ha sido descrita sagazmente como "una práctica en busca de una teología".

La mayoría de los estudiosos reconocen que no hay ninguna referencia directa de la práctica en el Nuevo

Testamento. Algunos dicen encontrar referencias indirectas, pero la evidencia es, en el mejor de los casos, circunstancial (ver capítulo 15 sobre "tú y tus hijos", el capítulo 19 sobre la "casas" y el capítulo 22 sobre "los hijos son santos"). La práctica solo puede ser establecida a partir de la Biblia sobre principios teológicos generales (ver abajo), y no sobre preceptos textuales específicos (nunca es ordenado por Cristo o por los apóstoles).

Lo que ha ocurrido en realidad a lo largo de los siglos es que verdades doctrinales, perfectamente válidas en su propio contexto, han sido transferidas desde otra parte de las escrituras para ser adosadas a la práctica del bautismo, distorsionando invariablemente el significado del rito y desviando su aplicación hacia personas para las cuales nunca fue ideada. La puerta quedó abierta así a la especulación, el sentimiento y la superstición.

La primera mención explícita del bautismo de bebés ocurre a fines del segundo siglo d.C. Para entonces, el bautismo estaba comenzando a tener una prominencia mayor en la salvación que la que había tenido previamente. Ocurrieron dos procesos bastante opuestos, ¡exactamente por la misma razón! Por un lado, el bautismo era postergado hasta la muerte física, por temor a que el pecado posterior llevara al infierno. Por otro, fue adelantado hacia el nacimiento, por temor a que el bebé fuera al infierno antes de pecar (comprensible a la luz de la alta tasa de mortalidad entre bebés en esos días). En ambos casos, el bautismo era considerado el único medio de salvación.

El sufrimiento eterno en el infierno fue considerado más tarde como una justicia algo severa para bebés que no habían pecado y aun para adultos bautizados que lo habían hecho. Esto se indica por el desarrollo de otras dos tradiciones eclesiásticas: *limbus infantum* (limbo), para el bebé no bautizado (menos desagradable que el infierno, pero igual de permanente) y "purgatorio", para el adulto bautizado (casi tan desagradable como el infierno, pero menos permanente). Lo que no estuvo en disputa durante más de un milenio era que el bautismo *salvaba del infierno* al remover el pecado "original", o sea heredado, del bebé, y tanto el pecado original como el actual del adulto.

Al mismo tiempo que los bebés comenzaron a ser bautizados (no se convirtió en una práctica generalizada hasta que el cristianismo fue "establecido" por Constantino como la religión del Imperio Romano) hubo un desplazamiento general en la iglesia desde la "sustancia" del "nuevo" pacto hacia las "sombras" del "antiguo" pacto (sacerdocio, altares, "templos", vestimentas, incienso, etc.). Además, la estructura de la iglesia se alineó cada vez más con la administración del Imperio (los muchos obispos para una iglesia en el Nuevo Testamento se convirtieron en un obispo para muchas iglesias, con jerarquías regionales y metropolitanas; el proceso alcanzó su culminación cuando el obispo de Roma asumió el título del Emperador, "Pontifex Maximus", y se convirtió en una figura internacional, un "padre" espiritual, un "papa").

La "cristiandad", como llegó a conocerse esta mezcla de iglesia y estado, tenía mucho más en común con el pueblo de Dios del Antiguo Testamento, la "teocracia" de Israel, que con la iglesia del Nuevo: los "sacerdotes y reyes" volvían a ser oficiales del estado en vez de ser los títulos de todos los creyentes (Ap 1:6). No es de sorprender que se comenzara a trazar un paralelo entre el bautismo y la circuncisión, considerándolos a ambos como un reconocimiento de haber nacido al pueblo de "Dios", como súbditos de su reino. Sin embargo, a pesar de este paralelo, debe decirse que el bautismo aún era considerado como un acto de redención, cosa que la circuncisión nunca había sido. A través de él, el bebé era liberado del "pecado original", "nacía de arriba" y, en consecuencia, obtenía la salvación eterna.

Hay algunas historias estrafalarias acerca de la expansión misionera medieval (y moderna) en las que los sacerdotes "evangelizaban" un territorio recién descubierto bautizando bebés a escondidas. Sin embargo, está claro que, mientras que el bautismo de un bebé era considerado como una cualificación suficiente para el ingreso en el cielo en caso de morir, ¡no alcanzaba para la plena membresía en la iglesia! La práctica del Nuevo

Testamento de seguir el bautismo con la imposición de manos para la recepción del Espíritu fue transferida también a los bebés, (con una "crisma" de aceite para representar al Espíritu, presumiblemente ante la ausencia de otras evidencias exteriores). Más tarde, esta parte del rito fue postergada hasta la pubertad y se convirtió en la ceremonia de "confirmación" (considerada como el momento de admisión a la Santa Comunión y a la membresía de la iglesia), por lo menos en la iglesia occidental (las iglesias Ortodoxas Orientales se mantuvieron más consistentes, aunque aún menos escriturales, al dar el bautismo, la "crisma" y la comunión a los bebés). A lo largo de la Edad Media, el foco de atención se desplazó del bautismo a la confirmación (durante siglos, el "obispo" realizaba los bautismos y el "sacerdote" local la confirmación posterior, pero esto se revirtió poco a poco, y es la confirmación episcopal la que prevalece hoy).

La cristiandad tiene otra cosa en común con el antiguo reino de Israel: se sentía más cómodo con sus reyes y sacerdotes que con sus profetas, con su constante llamado a pasar de la tradición a la verdad, de los ritos a la realidad, de la sofisticación a la sencillez. La primera "protesta" contra la frontera difusa entre "iglesia" y "mundo" llevó a la formación de las órdenes monásticas, si bien éstas permanecerían dentro del marco eclesiástico. Más tarde, habría muchos grupos independientes buscando recuperar el carácter de la iglesia primitiva al convertir al Nuevo Testamento en su única "regla"; la mayoría de éstos restaurarían la práctica del bautismo de los creyentes. Por cierto, un prelado católico informaría más adelante al Concilio de Trento que si estos "bautistas" no hubieran sido reprimidos tan despiadadamente a lo largo de los mil años anteriores, ¡habrían sido a esa altura un problema mayor que todos los reformadores juntos!

El mayor factor en este cambio, de pequeños grupos que protestaban y que podían ser reprimidos a grandes cuerpos "protestantes" que terminarían separándose, fue sin duda el redescubrimiento generalizado de la Biblia. El estudio de Erasmo de los manuscritos hebreos y griegos detrás de la versión latina, combinado con la exposición y la traducción al alemán de Lutero, junto con la invención de la imprenta de Gutenberg, permitió a muchos hacer comparaciones (¡generalmente odiosas!) entre las iglesias del tiempo apostólico y las del período medieval.

Una teología basada exclusivamente en la Biblia pronto llegó a la conclusión de que la salvación es solo por gracia y la justificación es solo por la fe. La idea de que el perdón pudiera ganarse, y mucho menos ser comprado y vendido (la gota que colmó el vaso para Lutero fue cuando las "indulgencias" que reducían el tiempo en el purgatorio para familiares muertos fueron vendidas por toda Europa por Tetzel para financiar la construcción de San Pedro, en Roma), se convirtió en el nuevo "anatema" (una aplicación correcta de Gá 1:9). Bajo el estandarte de "el justo vivirá por fe" (Hab 2:4; ver capítulo 3), los agregados medievales fueron eliminados, incluyendo el "sacrificio" de la misa, la adoración de reliquias y estatuas, las oraciones por los santos difuntos, los peregrinajes a sitios sagrados, el celibato clerical y una multitud de otras prácticas piadosas sin justificación escritural.

Pero el bautismo de bebés persistió. Los reformadores protestantes se habían dado cuenta rápidamente de la incompatibilidad entre la salvación mediante el bautismo y la justificación por la fe. Al inicio, todos ellos propiciaron un retorno a la práctica neotestamentaria del bautismo de creyentes.

Dado que esto se desconoce por lo general, y muchos podrían ponerlo en duda, necesitamos hacer referencia a sus propias palabras (para estas citas estoy en deuda con un notable libro de T. E. Watson, *Baptism Not For Infants*[23] (Walter, 1962), ¡donde fundamenta el bautismo de creyentes enteramente a partir de citas de los escritos de los paidobautistas!).

Primero, Lutero:

Sin fe personal nadie debería ser bautizado. Cuando no podemos estar seguros de que los niños pequeños son

---

23 En español, *Bautismo no para infantes*.

ellos mismos creyentes y ellos mismos tienen fe, mi consejo y juicio es que conviene demorar, y aún mejor que dejemos de bautizar a niños, para que no hagamos, con esta clase de despropósitos y engaños, una parodia de la bendita majestad de Dios ni ultrajemos esa majestad. (*Sermón para el tercer domingo después de la Epifanía*)

Luego, Calvino:

Así como Cristo les ordenó enseñar antes de bautizar, y desea que nadie más que creyentes sean admitidos al bautismo, daría la impresión de que el bautismo no es administrado correctamente a menos que se encuentre precedido por la fe. (*Harmony in the Gospels*[24], vol. 3, p. 386, comentando Mateo 28). El bautismo es, de hecho, un accesorio de la fe y, por lo tanto, posterior en orden; en segundo lugar, si es administrado sin fe, del cual es el sello, es a la vez malvado y una profanación demasiado burda. (*Commentary on Acts*[25], vol. I, p. 362).

---

24 En español, *Armonía en los Evangelios*.
25 En español, *Comentario sobre Hechos*.

Zuinglio también sostenía que el bautismo dependía de la fe y carecía de significado sin ella (*Works*[26], vol. 4, p. 191); él consideraba que debía ser demorado hasta los años de discreción (*Vadian II*, p. 231). "Nada", dijo, "me apena más que en el presente tenga que bautizar niños, porque sé que no debe hacerse" (*Quellen IV*, p. 184). Con una sinceridad encomiable, admitió que "si, no obstante, fuera a terminar la práctica, entonces me temo que perdería mi prebenda [salario]". Sin embargo, su opinión de que el bautismo, como la Cena del Señor, era puramente un símbolo y carecía de todo valor o efecto "sacramental", hizo que le resultara más fácil cambiar sus puntos de vista más adelante.

Entonces, ¿por qué ninguno de los reformadores practicó lo que predicaba? La respuesta es tan sencilla como perturbadora. Estaban oponiéndose a una autoridad eclesiástica con autoridad bíblica, pero también dependían de la autoridad cívica para ayudarlos. El éxito de la Reforma descansaba en esta alianza entre la iglesia y el estado, si bien el pacto asumió formas algo distintas en el contexto alemán y el suizo. Inevitablemente, la confusión entre ciudadanía del estado y membresía de la iglesia fue perpetuada. Es imposible mantener una iglesia "nacional" sin acoger en su interior a todos los nacidos dentro de la nación. El bautismo se convierte en un sello de un pacto de membresía cívico-religiosa de una nación considerada como un "nuevo Israel" bajo Dios. (Esto se explica claramente en el libro de Johannes Warns, *Baptism*[27] (Paternoster Press, 1957), que lleva como subtítulo "Estudios en el bautismo original, su historia y conflictos, su relación con una Iglesia Estatal o Nacional y su importancia para el tiempo presente".)

Esta fue la razón "positiva", pero había también una negativa. ¡Lo que los reformadores habían predicado acerca del bautismo comenzó a ser practicado por otros! Quienes habían sido bautizados como bebés sin fe ahora buscaban el "rebautismo" como creyentes (el apodo que se les dio fue "anabautistas", del griego *ana*

---

26 En español, *Obras*.
27 En español, *Bautismo*.

= nuevamente). Al principio, esto era considerado como una simple deslealtad hacia la iglesia (¡lo sigue siendo!) y hacia quienes aún buscan reformarla desde adentro (¡lo siguen haciendo!). Pero cuando se dieron cuenta de que el bautismo de creyentes trae aparejado el concepto de una iglesia "reunida" (a diferencia de una iglesia "nacional"), y una iglesia completamente separada de la autoridad cívica, el rebautismo llegó a asociarse con la traición al estado, en particular un estado que se había convertido "oficialmente" en "protestante". Esto llevó a una reacción contra el bautismo de creyentes y la persecución de los que eran rebautizados (el castigo por ahogamiento es una mancha imposible de erradicar del historial de los reformadores suizos).

El bautismo de creyentes, por lo tanto, fue reprimido de nuevo, aunque esta vez sin el mismo éxito. Muchos grupos "anabautistas" se volvieron excéntricos y extremos cuando fueron forzados al aislamiento, pero han tenido una influencia duradera. En Inglaterra y en los Países Bajos, el concepto de una iglesia "reunida", independiente del estado, echó raíces firmes; los intentos de reprimirlo impulsó a los Padres Peregrinos a llevarlo con ellos al Nuevo Mundo, lo cual ayuda a explicar por qué Estados Unidos nunca ha tenido una religión "establecida", si bien se considera una nación cristiana, y por qué las iglesias bautistas y pentecostales son tan fuertes y tan socialmente aceptables. Pero nos estamos precipitando...

CONSIDERACIONES TEOLÓGICAS

¿Cómo pudieron los principales reformadores justificar su giro completo en el tema del bautismo, ante sus propias conciencias y ante sus seguidores? Está claro que tenían que buscar alguna justificación bíblica o teológica para mantener la práctica medieval. Lutero argumentó algo débilmente que era imposible decir que un bebé no tuviera fe, pero nunca resolvió realmente el dilema. Para Calvino, había una ayuda disponible. Al sucesor de Zuinglio en Zurich, Bullinger, se le ocurrió un concepto totalmente nuevo en teología: tomó los muchos pactos de la Biblia (note el plural de Ro 9:4), los metió en una misma bolsa y los llamó "el pacto de la gracia" (una frase que no aparece en ningún lugar de la Biblia). La continuidad entre los pactos "viejos" y "nuevos" fue enfatizada de tal forma que su discontinuidad esencial quedó neutralizada. Más significativamente, el ingreso a ambos pactos era en esencia igual: por lo general a través de la herencia, mediante la descendencia física de quienes ya estaban en el pacto. Por lo tanto, el bautismo puede ser visto como una transmutación directa de la circuncisión que se aplica más o menos a la misma edad. Por supuesto, "mantenerse" en el pacto exige una fe posterior en Jesús para un niño cristiano, así como se exigía una obediencia a la ley posterior a un niño judío; pero ambos ya se encontraban en el pacto por nacimiento y eran, por lo tanto, elegibles para su "señal y sello" físico.

Dado que esta teología "del pacto" ha sido ahora diseminada tan ampliamente y se usa con tanta frecuencia para justificar el bautismo de bebés hoy (por ejemplo, por todos los presbiterianos y algunos anglicanos, la mayoría de los cuales son evangélicos), tenemos que hacer alguna evaluación crítica antes de considerar todavía otras variaciones de la teoría y la práctica.

La teología del pacto y el vínculo entre el bautismo de bebés y la circuncisión

El mayor problema en el nivel teológico es el énfasis bíblico en la discontinuidad entre el pacto antiguo y el nuevo, donde el último vuelve obsoleto al primero (Heb 8:13 es citado raramente por los que sostienen la visión del pacto; note también la expresión "no será un pacto como . . ." en Jer 31:32). En particular, el viejo era colectivo, mientras el nuevo es individual. Este cambio importante había sido predicho por los profetas del Antiguo Testamento (Jer 31:29-30; Ez 18:1-32; Jl 2:32), pero fue predicado de manera aún más clara por los apóstoles en el Nuevo Testamento ("cada uno de ustedes" en Hch 2:38 es típico). Hay un "todo el que . . ." en el corazón del evangelio (Jn 3:16; Ro 10:10-13). Tanto Juan como Jesús hicieron lo imposible por repudiar todo derecho hereditario a un lugar en el reino de Dios (Mt 3:9; Jn 8:39). El nacimiento espiritual, no el físico, es ahora la cualificación.

El bautismo nunca aparece identificado con la circuncisión en el Nuevo Testamento, una omisión asombrosa si tenemos en cuenta toda la controversia que los primeros cristianos tenían con relación al rito judío (Col 2:9-12 no es una excepción; ver capítulo 25) y a la luz del hecho de que ambos eran actos "físicos". Si hubiera algún paralelo, sería con la propia circuncisión de Abraham, que ocurrió *después* que creyó, como un "sello" sobre su fe, que lo convirtió en el "padre de todos los que creen", sean circuncidados o no (Ro 4:9-12; note que nunca se dice que los creyentes han participado en el "pacto" hecho con Abraham). Las circuncisiones posteriores de sus descendientes no fueron un "sello" de la fe de ellos, ya que ocurrieron antes de la fe, si es que creyeron; era una señal de la promesa que un día alcanzaría a cada uno de ellos (la "descendencia" de Abraham, singular, Gá 3:16). Cristo, habiendo completado esta "línea" prometida, convierte en obsoleto el rito para propósitos espirituales, pero todavía puede ser deseable alguna vez por razones sociales (como en el caso de Timoteo, aun cuando había sido bautizado, Hch 16:3).

¡Uno esperaría que quienes predican el bautismo "del pacto" para los bebés lo practiquen! Por un lado, deberían renunciar a la práctica del bautismo indiscriminado. Los padres mismos deberían ser creyentes, especialmente el esposo, como cabeza de la familia (la sustitución de "padrinos", con sus votos vicarios, no puede cumplir con los requisitos del pacto). Además, a la luz de la tesis en estas páginas, los padres tienen que haber recibido el Espíritu. Por otra parte, aquellos bautismos hechos fuera del pacto, en los que los padres no eran creyentes —probablemente la enorme mayoría en Gran Bretaña— deberían ser repudiados y repetidos. Se les deberá decir a los receptores que no han tenido un bautismo cristiano y necesitan ser rebautizados, lo cual debería hacerse entonces. He encontrado una cantidad creciente de clérigos que están dispuestos a

EL BAUTISMO DE INFANTES

desalentar a padres no creyentes (pocos tienen la valentía para rehusarse), pero muy, muy pocos que estén dispuestos a "rebautizar" a los millones que se han escurrido por la red, lo cual demuestra que siguen aceptando la validez del bautismo indiscriminado, aun cuando no lo practiquen ellos mismos.

Estas anomalías, tanto en los principios como en la práctica, del bautismo "del pacto" de bebés, junto con el hecho de que el origen de la teología puede ser rastreada a una única fuente solo cuatrocientos años atrás, plantean la pregunta de si no es, de hecho, una racionalización brillante más que una razón bíblica. Si se enseñara tan claramente en el Nuevo Testamento como dicen sus proponentes, este punto de vista habría surgido de manera espontánea dondequiera se estudie la Biblia; en realidad, solo se sostiene donde una persona ha sido enseñada a encontrarla en las escrituras por alguien influido por el ala "reformada" de la Reforma. El Secretario General Anglicano de la Sociedad Bíblica me dijo una vez que las crónicas de la llegada de Biblias a las personas sin un intérprete misionero revelaban que todas las comunidades cristianas resultantes practicaban el bautismo de creyentes.

El confuso legado de los reformadores acerca del bautismo en agua está relacionado con no haber redescubierto el bautismo en el Espíritu, o aun verdades más generales acerca del Espíritu Santo. Eran fuertes en la obra de la segunda persona de la Trinidad, pero débiles en la tercera (en *La institución de la religión cristiana* de Calvino hay cuatro páginas sobre el Espíritu Santo y sesenta y tres sobre la ley de Moisés, una probable razón por la que sus devotos tienen una predisposición especial hacia el legalismo). Dado que el bautismo en agua y el bautismo en el Espíritu tienen un vínculo tan estrecho, si bien nunca aparecen identificados en el Nuevo Testamento (cf. Mt 3:16; Hch 19:2-3), sorprende mucho que el tratamiento de los reformadores de un bautismo llevó a un punto ciego en el otro. La integridad de la iniciación cristiana no fue restaurada, dejando la cuestión del bautismo de bebés abierto a una mala interpretación más.

La gracia anticipatoria y el bautismo de bebés

El último fundamento teológico a considerar es comparativamente reciente. Esta vez, el punto de partida es la "gracia anticipatoria", una preciosa verdad en sí misma, que subraya la iniciativa divina en la salvación y que Calvino hizo bien en enfatizar. Dios nos ama antes que lo amemos a él, nos busca antes que lo busquemos, nos llama antes que lo llamemos, y envió a su Hijo a la tierra para que podamos ser sus hijos en el cielo. Jesús lo resumió de una forma hermosa: "Nadie puede venir a mí si no lo atrae el Padre que me envió . . ." (Jn 6:44).

Algunos han llegado a considerar al bautismo como la expresión perfecta de esa verdad. Por lo tanto, es considerado *más* apropiado para bebés que para creyentes, al enfatizar que, "como éramos incapaces de salvarnos", Cristo murió por nosotros (si bien es probable que Pablo se estuviera refiriendo a una incapacidad moral más que física, Ro 5:6). Dios se introduce en nuestras vidas antes que nos introduzcamos en la suya. El relato de la bendición de Jesús de los niños es un punto de referencia favorito para quienes apoyan esta perspectiva (si bien no siempre se señala que los niños ya no eran bebés, Mt 19:13) es leído frecuentemente, a veces como la única escritura, en el bautismo de bebés.

Esta interpretación, que es común entre los metodistas (ver especialmente W. F. Flemington, *The New Testament Doctrine of Baptism*[28] (SPCK, 1948) y los congregacionalistas, es del agrado particular de quienes han abrazado el universalismo, la creencia de que al final todos serán salvos, si no en este mundo, en el próximo. Esta visión ve en la cruz una redención "cósmica", de *eficacia* y suficiencia universal. El evangelio, entonces, es la proclamación de que toda la raza humana ha sido "liberada"; el bautismo, en consecuencia, declara que todos los nacidos a ella tienen el "derecho" de disfrutar de esta libertad y, en teoría, ya lo están haciendo.

La principal objeción a este enfoque de la "gracia anticipatoria" es que el Nuevo Testamento considera al bautismo como un sacramento de gracia *apropiada* más

---

[28] En español, *La doctrina del bautismo del Nuevo Testamento*.

que de gracia anticipatoria. Es el punto donde la gracia se encuentra con una respuesta voluntaria y consciente (en arrepentimiento y fe) a las buenas nuevas de la suficiencia de la expiación de Cristo por un pecador agradecido. Es *a la vez* un acto divino y humano, y no puede ser realizado de modo vicario en nombre de otra persona (ver capítulo 24).

Dificultades con el bautismo de bebés
Estas son, entonces, las tres razones teológicas básicas que se dan a favor del bautismo de bebés: el pecado original, el derecho de nacimiento por el pacto y la gracia anticipatoria. La Iglesia de Inglaterra (Church of England) contiene una mezcla (alguien diría una típica "mezcolanza" inglesa) de las tres. A la iglesia "alta" le gustaría retener la visión católica de la "regeneración bautismal" (que se refleja en el Libro de Oración Común). A la iglesia "amplia" le gustaría enfatizar la gracia y el amor de Dios, dando la bienvenida a la última incorporación a la "familia". A la iglesia "baja" le gustaría reflejar el período puritano/presbiteriano de la historia anglicana, usando conceptos "del pacto" para justificar una presencia evangélica en una iglesia "establecida". El mayor problema práctico que enfrenta el ala evangélica es que las otras dos posiciones teológicas (católica y liberal) fomentan de manera inevitable la práctica del bautismo indiscriminado, tan aborrecido por ellos pero ampliamente propiciado por la jerarquía superior. Para un observador imparcial, parece que los anglicanos solo coinciden en su determinación por defender la práctica del bautismo de bebés, ¡sea cual fuere la razón que puedan encontrar para justificarlo! Una vez más, parece más una racionalización de la tradición que la comprensión de la verdad. Como ya hemos visto, sería prácticamente imposible mantener una iglesia "nacional" solo con el bautismo de creyentes, y ésta puede ser la verdadera fundamentación lógica, que difiere de la racionalización anterior.

Sin embargo, las tres corrientes (católica, liberal y evangélica, tanto dentro como más allá del anglicanismo) están siendo afectadas por la "renovación carismática". El redescubrimiento del bautismo en el Espíritu está llevando a una fresca evaluación del bautismo en agua (revirtiendo el patrón de la Reforma en este aspecto). Una experiencia personal del Espíritu Santo renueva el interés y restaura la confianza en las escrituras. El resultado es un deseo generalizado de ver al bautismo "restaurado" a su significado y modo originales, si bien es comprensible que esto haya sido más fácil de realizar por los laicos que por los clérigos, cuya vocación está centrada en la administración de los sacramentos.

El principal daño causado por el bautismo indiscriminado es dar una falsa sensación de seguridad espiritual a sus receptores, que a menudo son extrañamente inmunes a apelaciones o desafíos posteriores (como si estuvieran inoculados contra el evangelio). Pero se hace daño también con el bautismo "discriminado" de bebés, sobre todo al cambiar el *significado* del suceso. Sea que se lo vea como la remisión del pecado original, el reconocimiento de un derecho de nacimiento por el pacto o la revelación de la gracia anticipatoria, el bautismo ya no transmite el significado del rito del Nuevo Testamento. Muchos paidobautistas reconocen abiertamente que es imposible aplicar la enseñanza neotestamentaria sobre el bautismo a un bebé sin convertirlo en un rito meramente simbólico o manifiestamente mágico. En vez de usar alguno de los treinta pasajes del Nuevo Testamento sobre el bautismo, se recurre a doctrinas encontradas en otras partes de las escrituras, en especial en el Antiguo Testamento, que no menciona el bautismo una sola vez.

Hay un efecto aún más serio. No solo el significado y la importancia del bautismo suelen ser alterados, sino que el bebé es privado de esta manera de un bautismo con el verdadero significado e importancia del Nuevo Testamento, si suponemos que la iglesia prohíbe el rebautismo. Esto es algo que siempre hace oficialmente, aunque las condiciones locales están comenzando a flexibilizarse. Cuando una persona luego se arrepiente del pecado y cree en el Salvador, se le prohibirá expresar su deseo de purificación de una manera natural y completamente escritural. Por lo tanto, no experimentará esa purificación divina que es transmitida a través del sacramento,

EL BAUTISMO DE INFANTES

en el momento preciso en que más la necesita, y todo porque sus padres la sometieron a una ceremonia que involucra una pocas gotas de agua y una fórmula verbal cuando no tenía ningún papel activo que jugar. El divorcio total del bautismo de la voluntad del principal participante es tal vez el aspecto más perturbador de esta perspectiva cambiada. ¡El bautismo de bebés en realidad quita *toda* opción! Alguien cristianado de bebé puede luego convencerse de que el bautismo de creyentes es lo correcto, pero se le prohíbe obedecer su conciencia, so pena de ofender a su iglesia. A la inversa, alguien que no fue cristianado de bebé puede más adelante en la vida convencerse de que tendría que haber sido bautizado, ¡pero no hay manera de hacerlo ahora! Esta clase de dilemas nunca habrían surgido si la iglesia se hubiera mantenido firme en la enseñanza de los apóstoles.

Por todas estas razones, no hay ningún intento en el cuerpo principal de este libro de integrar el bautismo de bebés —que Lutero llamaba cándidamente "bautismo de los incrédulos"— a una plena doctrina de la iniciación cristiana, aunque de ninguna manera se lo ha ignorado (se invita al lector a leer especialmente los capítulos 4, 19, 22, 24, 25 y 34). Sin embargo, se espera que los lectores paidobautistas puedan beneficiarse de todas maneras de la enseñanza sobre el arrepentimiento, la fe y la recepción del Espíritu. Además, espero que los paidobautistas estudien en profundidad el caso de los "credobautistas" a favor del bautismo de creyentes. Junto con las obras mencionadas antes, las siguientes son importantes contribuciones al debate: Karl Barth, *The Teaching of the Church Regarding Baptism*[29] (SCM Press, 1948); G. R. Beasley-Murray, *Baptism Today and Tomorrow*[30] (Macmillan, 1966); A. Gilmore (ed.), *Christian Baptism*[31] (Lutterworth, 1959); David Kingdom, *Children of Abraham*[32] (Carey, 1973); R. E. O. White, *The Biblical Doctrine of Initiation*[33] (Hodder & Stoughton, 1960).

---

29 En español, *La enseñanza de la iglesia con relación al bautismo.*
30 En español, *El bautismo, hoy y mañana.*
31 En español, *El bautismo cristiano.*
32 En español, *Hijos de Abraham.*
33 En español, *La doctrina bíblica de la iniciación.*

APÉNDICE 2:
"ESPÍRITU" SIN EL ARTÍCULO DEFINIDO

El Nuevo Testamento en griego no siempre usa el artículo definido ("el") al referirse al Espíritu Santo. Por ejemplo, habla tanto de "el don del Espíritu Santo" (Hch 2:38) como de "ser llenos de Espíritu Santo" (Hch 2:4).

E. J. Young (en el prefacio de su libro *Literal Translation of the New Testament*[34]) señala que la presencia o ausencia del artículo definido era en sí mismo un rasgo importante de la palabra inspirada y debería reflejarse en las traducciones inglesas (para nuestro asombro, ¡luego procedió a ignorar su propio principio al traducir afirmaciones acerca del Espíritu Santo!).

La pregunta básica es si la presencia o ausencia de "el" es una cuestión puramente *gramatical* y estilista o tiene un contenido *teológico* que aporta un énfasis o significado específico.

Algunos eruditos han encontrado una fundamentación lógica en la construcción de las oraciones. Por ejemplo, hay una tendencia en griego a omitir el artículo luego de una preposición. La misma tendencia se asocia con frases que emplean un dativo instrumental o un genitivo rector.

Pero hay algunas anomalías gramaticales. La primera mención de un sujeto personal u objeto impersonal es generalmente *anarthrous* (sin el artículo), mientras que las menciones subsiguientes no (por ejemplo: "Él compró un Rolls-Royce" sería seguido por "Él llevó *el* Rolls-Royce a dar una vuelta" y "Él chocó *el* Rolls-Royce"). Este hábito, característico del griego y del inglés-español, se rompe vez tras vez en el Nuevo Testamento al hablar acerca de(l) Espíritu.

Es cierto, como ha notado D. G. Dunn en su libro *Baptism in the Holy Spirit*[35] (SCM Press, 1970), p. 68f.,

---
34 En español, *Traducción literal del Nuevo Testamento*.
35 En español, *El bautismo en el Espíritu Santo*.

"ESPÍRITU" SIN EL ARTÍCULO DEFINIDO

que nueve situaciones en Lucas/Hechos tienen ambas formas para describir el mismo suceso (ej: Hch 1:5 dice: "ustedes serán bautizados con/en (el) Espíritu Santo" (NVI, nota al pie), en tanto Hch 1:8 dice: ". . . cuando venga el Espíritu Santo sobre ustedes"). Sin embargo, no se detiene a preguntar si las diferentes construcciones podrían estar enfatizando, en realidad, dos aspectos distintos del mismo suceso.

Hay una historia bastante larga de eruditos bíblicos que han encontrado razones para la variación en el contenido así como en la construcción de estas frases. Es decir, ¡la presencia o ausencia del artículo tiene importancia para la comprensión así como para la oración!

En 1881, el obispo B. F. Westcott reimprimió su obra *Notes on John's Gospel*[36], originalmente escritas para "The Speaker's Commentary". Con relación a Jn 7:39 ("Hasta ese momento el Espíritu no había sido dado . . ."), comenta:

El agregado de la palabra *dado* expresa la verdadera forma del original, en el cual *Espíritu* está sin el artículo definido [*houpo hen pneuma*]. Cuando el término ocurre de esta forma, marca una operación, manifestación o don del Espíritu, y no el Espíritu personal. Comparar 1:33; 20:22; Mt 1:18, 20; 3:11; 12:28; Lc 1:15, 35, 41, 67; 2:25; 4:1 (*Gospel of St. John*[37] (Murray, 1903), p. 123; transliteración mía)

En 1909, en su libro *The Holy Spirit in the New Testament*[38] (Macmillan, 1909), p. 395, H. B. Swete dedicó todo un Apéndice al tema. Concluyó: "El canon de Middleton parece mantenerse vigente: mientras que *to pneuma to hagion* o *to hagion pneuma* es el Espíritu Santo considerado como una Persona Divina, *pneuma hagion* es un don o manifestación del Espíritu en su relación con la vida del hombre" (transliteración mía).

---

36 En español, *Notas sobre el Evangelio de Juan*.
37 En español, *Evangelio de San Juan*.
38 En español, *El Espíritu Santo en el Nuevo Testamento*.

El Dr. S. G. Green, en su libro *Handbook to the Grammar of the New Testament*[39], p. 189, dice lo mismo: "El nombre del Espíritu Santo exige el artículo cuando se habla de Él mismo, pero cuando la referencia es a su operación, dones o manifestaciones en los hombres, el artículo casi siempre se omite".

Mucho más recientemente, D. Pitt Francis escribió un artículo titulado "The Holy Spirit – A Statistical Enquiry"[40] en *Expository Times*, Vol. 96, No. 5 (febrero de 1985), p. 136. Al clasificar las ochenta y nueve referencias al "Espíritu Santo" en el Nuevo Testamento, llegó a la conclusión de "que las referencias al 'poder' (49) no contienen el artículo definido, pero las referencias al Espíritu Santo como una persona (40) lo contienen invariablemente". Afirma que "una prueba de ji cuadrada [una conocida prueba estadística] ... con seis grados de libertad arroja un valor significativo de 85.228". En términos sencillos, esto significa que la probabilidad de que la presencia o ausencia del artículo definido sea una casualidad, sin ningún significado o importancia, ¡es menos de uno entre mil!

Esta distinción, en la que coinciden muchos eruditos, entre la "persona" y el "poder" del Espíritu Santo, es avalada en términos generales por el contenido o el contexto de los textos individuales.

Con el artículo
El Espíritu descendiendo (3x), derramado (3x), cayendo sobre (2x), enviado por el Padre (2x), descansando sobre, provisto. El Espíritu habla (19x), enseña (2x), testifica (5x), busca, conoce. Comunicado por, identificado mediante (2x), hablando con, revelado por. Las personas vienen por, son tomadas por, echadas por (2x), impedidas por, no permitidas por, colocadas por y atadas en el Espíritu. Se lo puede blasfemar (4x), hablar acerca de, se le puede mentir, insultar, tentar, apagar, resistir, desear (2x), contristar, sembrar, cosechar, le parece bueno. Una persona puede ser sellada con, lavada por, justificada por, santificada por (2x),

---

[39] En español, *Manual para la gramática del Nuevo Testamento*.
[40] En español, *El Espíritu Santo: una encuesta estadística*.

"ESPÍRITU" SIN EL ARTÍCULO DEFINIDO

poderosa mediante y regocijarse en el Espíritu. El Espíritu levantó a Jesús, ayuda a nuestras debilidades y sopla donde quiere. Él es el Espíritu del Señor, de su Hijo, de verdad (3x), el mismo Espíritu (3x) y el Señor es el Espíritu. La escritura habla del nombre de, el poder de, la promesa de, el don de (2x), la consolación de, las primicias de, la mente de, el amor de, las cosas de, el templo de, las manifestaciones de, la provisión de, la unidad de, el fruto de, la garantía de (2x) y la comunión de (2x) el Espíritu Santo.

Sin el artículo
Bautizado en (7x), llenado con (10x; Hch 4:31 está sin el artículo en el texto "mayoritario"), lleno de (4x), ungido con, tener, no tener, comenzar en, embarazado de/nacido de (4x), en Espíritu (3x), Espíritu en (2x), morando en (3x), amor en (2x), señales y prodigios en, demostración de, testificar con dones de, demonios echados fuera en el poder de, revelado por, hablando en (2x), orar en, adorar en, instruir mediante, declarado de acuerdo con, ofrecerse a través de, escrito con (2x), renovado por, santificado por, partícipes de, vivir en, andar en (2x), esperando a través, mortificando por, en esperanza por el poder de, justicia y paz y gozo en, perseguido por, conciencia dando testimonio a través de Espíritu.

Hay unas pocas excepciones en ambas listas (solo siete textos en total, algunos de dudosa autenticidad en los manuscritos), pero el patrón general parece claro.

Ambas formas son usadas libremente (y casi de forma pareja) en Romanos 8; también pueden clasificarse de la misma forma. *Con* el artículo (9x), el énfasis está en lo que el Espíritu es: ley de (v. 2), deseos de (v. 5), mentalidad/intención de (vv. 6, 27), primicias de (v. 23); y en lo que el Espíritu hace: levantó a Jesús (v. 11), da testimonio de (v. 16), nos ayuda en nuestra debilidad (v. 26), intercede por nosotros (v. 26). *Sin* el artículo (8x), el énfasis está en lo que tenemos: vivimos según él (v. 9), vive en nosotros (v. 9), lo tenemos/no lo tenemos (v. 9), vive en nosotros (v. 11); y en lo que podemos hacer en él: vivir conforme a él (v. 4 y v. 5), hacer morir la vida por él (v. 13) y ser guiados por él (v. 14).

Conclusiones

Resumiendo, la presencia del artículo definido llama la atención a los atributos objetivos y las actividades de la Persona, con una dirección "hacia abajo" de Dios, que actúa sobre las personas; la ausencia del artículo definido atrae la atención sobre la experiencia subjetiva y el empoderamiento, con una dirección "hacia arriba" de las personas, que actúan en Dios. La diferencia es de grado más que de naturaleza, así que no puede trazarse ninguna línea definida entre ambos, pero la tendencia está claramente presente.

La conclusión errónea que puede sacarse de esta tendencia sería que hay dos "recepciones" del Espíritu. Tanto los pentecostales como los evangélicos han explorado este camino de reconciliación, ¡y brindaría una solución conveniente para las tensiones entre ellos! Creer que un discípulo recibe la persona del Espíritu en la "conversión" (es decir, en el momento de la fe) de manera automática y generalmente inconsciente, y luego recibe el poder del Espíritu, más tarde y de manera consciente (en lo que los pentecostales denominan "*el* bautismo del Espíritu" y los evangélicos a veces llaman "*un* bautismo del Espíritu" (¡otra situación donde la presencia o ausencia del artículo definido es teológicamente significativo!) sería una solución elegante. Algunos han intentado basar esta "recepción" doble en las dos menciones de recepción de los apóstoles (en Jn 20:22 y Hch 1:8), pero es muy dudoso que éstos hayan recibido algo en la primera ocasión.

Pero el hecho es que el Nuevo Testamento parece enseñar solo una "recepción" del Espíritu Santo: de la *persona con poder*. En este sentido, es interesante notar que "bautizado en Espíritu Santo" aparece 100% sin el artículo, "llenado con" 92,8% sin y "recibir" 71,5% sin. El énfasis está claramente en los aspectos subjetivos y manifiestos. Recibir (el) Espíritu es una experiencia con evidencia (ver capítulo 5); si bien esta opinión no depende de la presencia o ausencia del artículo definido, encuentra confirmación en su uso.

Nos ayuda también a entender la enseñanza ambigua,

"ESPÍRITU" SIN EL ARTÍCULO DEFINIDO

si no paradójica del Nuevo Testamento sobre el tema, alternando como lo hace entre "*el* Espíritu Santo", como un ser personal que piensa, siente, actúa y habla como nosotros, y "Espíritu Santo", como una fuerza impersonal que sopla como el viento, se derrama como el agua y fluye como el aceite. Ser "bautizado en Espíritu Santo" se sentirá entonces más como un influjo de energía impersonal que como una introducción a un encuentro personal. En su experiencia existencial, es más probable que el creyente sea consciente del poder antes que la persona; ¡en la instrucción intelectual, suele ser al revés!

APÉNDICE 3: ¿TRINIDAD O TRITEÍSMO?

La principal objeción a mi tesis básica se relaciona con mi entendimiento de la Deidad. Al separar "creer en Jesús" (tanto teológica como cronológicamente) de "recibir el Espíritu", se considera que estoy poniendo en peligro la unidad de la Trinidad y rayando en el Triteísmo (la creencia en tres Dioses). En términos sencillos, los críticos preguntan: ¿Cómo es posible recibir a una Persona divina sin las otras dos, dado que están todas "en" cada una?

Yo podría decir que los escritores apostólicos están sujetos a la misma acusación, si mi argumento es una auténtica explicación de su enseñanza (la pregunta de Pablo a los discípulos efesios, en Hch 19:2, por ejemplo; ver capítulo 20).

Es un hecho también que, históricamente, los apóstoles entraron en una relación con las tres Personas divinas en momentos separados. Como judíos, habían conocido al Padre (si bien no se habrían atrevido a llamarlo así); luego conocieron al Hijo (si bien no se dieron cuenta al inicio); finalmente, recibieron al Espíritu (si bien había estado "con" ellos de incógnito; ver capítulo 12). Incluso había habido un período de diez días en los cuales no tuvieron ni al Hijo ni al Espíritu "con" ellos, entre la Ascensión y Pentecostés. Pero estaban orando al Padre durante este tiempo (tal vez en línea con Lc 11:13), supuestamente en el nombre de Jesús (Jn 16:23), que ya había comenzado su ministerio intercesor a favor de ellos (Jn 14:16; cf. Hch 2:33, Heb 7:25).

Pero todo esto fue antes de Pentecostés, y mi postura supone que la evangelización posterior a Pentecostés es la norma. Esto requiere tomar en cuenta también los anuncios predictivos del Señor antes y después de su muerte. Por ejemplo, dijo que "se iría" y enviaría a otro para ocupar su lugar (Jn 16:7), ¡pero les prometió su presencia permanente con ellos (Mt 28:20)! Dijo que el Espíritu estaría en ellos (Jn 14:17), ¡pero también prometió que el Padre y él mismo harían lo mismo (Jn 14:23)! Por cierto, las afirmaciones de Jesús acerca de "volver" a sus discípulos podrían ser aplicadas a su resurrección, a Pentecostés o a la *parusía* al final de los tiempos (el lector puede estudiar la ambigüedad en Jn 14:18f., 16:22).

La única forma de resolver la paradoja es creer que, cuando el Espíritu vino a ellos en Pentecostés, el Padre y el Hijo se instalaron al mismo tiempo, pero manteniéndose también afuera de ellos. Esta combinación de inmanencia y trascendencia es característica del ser divino.

En términos sencillos, entonces, *cuando viene el Espíritu, el Padre y el Hijo también vienen*. En un sentido real, toda la Trinidad vive en el discípulo iniciado, de quien puede decirse que tiene el Espíritu en él (o que está "en el Espíritu", no tan frecuente en el Nuevo Testamento), que tiene a Cristo en él (Gá 2:20, Col 1:27, pero note que esto es raro en el Nuevo Testamento, donde los apóstoles acostumbran usar la frase inversa, "en Cristo") y que tiene al Padre en él (colectiva e individualmente, los creyentes son el "templo de Dios").

Dado que esto es lo que creo, ¿por qué debería ser sospechoso de ideas heterodoxas, si no heréticas, acerca de la Trinidad? Porque sigue habiendo una clara diferencia de opinión con relación a la etapa de iniciación en la cual la Deidad "fija su residencia".

El evangelicalismo tradicional y le pentecostalismo clásico persisten en usar el término (para mí, no bíblico) "recibir a Jesús" para la *segunda* etapa de "creer en Jesús" (basados en una interpretación errónea de un versículo, Jn 1:12, donde transfieren su aplicación desde la fase histórica, cuando Jesús estaba en la carne, a la fase contemporánea, en el Espíritu; ver cap. 5, la sección *Muchos confunden la fe con la recepción del Espíritu* para una refutación de este error). En base a esta premisa, se me acusa de enseñar *dos* recepciones separadas de Jesús y del Espíritu, de quienes dicen con razón que son tan "uno" que ninguno puede ser recibido sin el otro.

Estoy de acuerdo con esta última aseveración, pero difiero acerca del momento en que esta "morada" doble (o, más bien, triple) comienza. En vez de la idea tradicional de que, cuando Cristo es "recibido", el Espíritu es recibido, yo lo expreso al revés: cuando el Espíritu es recibido, Cristo (con su Padre) es recibido. Esto hace que el momento de ingreso sea la *cuarta* etapa de la iniciación, en vez de la segunda, ¡pero mantiene unida a la Trinidad! No se trata de una mera discusión por nimiedades, ya que hay enormes implicaciones pastorales (¡piense en el daño causado cuando se les dice a las personas que están siendo "habitados" antes que sea realmente verdad!). ¡Algunos lectores ni siquiera consideran la posibilidad de repensar su posición por temor a las repercusiones!

No obstante, parece haber sido una predicación y una práctica apostólicas alentar a las personas interesadas a entrar en esta relación de morada interior —y a disfrutarla— con el Padre, el Hijo y el Espíritu mediante la "recepción" de la *tercera* Persona de la Trinidad en una experiencia con evidencia, como ellos mismos habían tenido el día de Pentecostés (invito al lector que cuestione esto a realizar un estudio cuidadoso de la exégesis de los capítulos 7 a 30). Esta era la culminación del nuevo nacimiento, la respuesta de Dios a quienes habían respondido al evangelio en arrepentimiento, fe y bautismo.

Acerca de David Pawson

Reconocido como uno de los más excelentes expositores internacionales de la Biblia del mundo moderno, David es un conferencista y autor con una fidelidad sin concesiones a las Sagradas Escrituras. Aporta claridad y un mensaje de urgencia a los cristianos, invitándolos a descubrir los tesoros ocultos en la Palabra de Dios.

Millones de copias de sus enseñanzas han sido distribuidas en más de 120 países. Su obra más conocida, Unlocking the Bible (Abramos la Biblia), es un éxito de librería mundial en formato impreso, de audio y de video. Es considerado como el "predicador occidental más influyente en China" gracias a la transmisión de sus enseñanzas a cada provincia de ese país a través de Good TV.

Hay incontables creyentes en todo el mundo que se han beneficiado de su generosa decisión de poner a disposición sin cargo su amplia biblioteca de enseñanza en audio/video en www.davidpawson.org

Nacido en Inglaterra en 1930, el destino de David era ser un agricultor luego de completar una licenciatura en Agronomía en Durham University, pero Dios intervino y lo llamó al pastorado. Completó una maestría en Teología en Cambridge University y sirvió como capellán en la Real Fuerza Aérea británica 3 años.

Durante este período decidió predicar la Biblia de manera sistemática, del principio al final. El resultado entre los soldados fue una sorpresa, tanto para él como para ellos, tomándolo como una confirmación de la inspiración de las escrituras. Desde entonces, su predicación ha sido mediante estudios bíblicos o estudio temáticos basados en un análisis detallado y contextualizado de lo que dice la Biblia.

David pasó luego a pastorear varias iglesias, incluyendo el Millmead Centre, en Guildford, que se convirtió en un modelo para muchos líderes de iglesia del Reino Unido. Ha establecido una reputación, tanto entre evangélicos como carismáticos, como un expositor de la Biblia.

En 1979 el Señor lo llevó a un ministerio internacional. Su actual ministerio itinerante es principalmente para líderes de iglesia. Es un conferencista habitual en el Reino Unido y en muchas partes del mundo, incluyendo Europa, Australia, Nueva Zelanda, Sudáfrica, Países Bajos, Israel, el sudeste asiático y Estados Unidos.

David Pawson vive con su esposa Enid en el pueblo de Basingstoke, en Hampshire, Inglaterra.

Libros de David Pawson disponibles de
www.davidpawsonbooks.com

Unlocking the Bible
Abramos la Biblia (en 2014)

Serie Unlocking the New Testament Commentary:
- the Gospel of Mark
- the Gospel of John
- Galatians
- Romans
- Jude
- the Book of Revelation

Habrá otros libros de esta serie en breve

By God, I Will (The Biblical Covenants)
Christianity Explained
Come with me through Isaiah
Defending Christian Zionism
The God and the Gospel of Righteousness
Is John 3:16 the Gospel?
Israel in the New Testament
Jesus: The Seven Wonders of HIStory
Jesus Baptises in One Holy Spirit
Leadership is Male
Living in Hope
Not as Bad as the Truth (autobiografía)
Once Saved, Always Saved?
Una vez salvo, ¿siempre salvo?
Practising the Principles of Prayer
Remarriage is Adultery Unless....
The Challenge of Islam to Christians
The Maker's Instructions (The Ten Commandments)
The Normal Christian Birth
El nacimiento cristiano normal
The Road to Hell
When Jesus Returns
Cuando vuelva Jesús
Where has the Body been for 2000 years?
Where is Jesus Now?
Why Does God Allow Natural Disasters?
Word and Spirit Together
Explaining the Second Coming
Explaining the Resurrection
Explaining Water Baptism

Unlocking the Bible
está disponible también en formato DVD de
www.davidpawson.com

www.ingramcontent.com/pod-product-compliance
Lightning Source LLC
Chambersburg PA
CBHW071300110526
44591CB00010B/722